产教融合·职业创新能力数字化运营系列教材

社交电商

刘 琛 主编

电子工业出版社
Publishing House of Electronics Industry
北京·BEIJING

内容简介

本书全面系统地介绍拼购类、分销型、内容类和社区团购类 4 类主要社交电商的概念、特点及应用实践，从发展历程、用户分析、商家服务、机会与挑战等角度，介绍拼多多、云集、小红书、兴盛优选等典型社交电商平台具体的运营策略，并精心安排相关实训任务，力求借此提升读者的实践能力。

本书按突出重点、详略得当的思路设计内容，在介绍社交电商的概念、特点、类型的同时，突出其运营思路和方法，并辅以具体的操作实践，力求达到理论与实践相结合的目的。

本书既可作为高等职业院校社交电商课程的教材，也适合作为社交电商运营初学者的参考书。

未经许可，不得以任何方式复制或抄袭本书之部分或全部内容。
版权所有，侵权必究。

图书在版编目（CIP）数据

社交电商 / 刘琛主编. -- 北京 : 电子工业出版社，2025.4. -- ISBN 978-7-121-50086-2

Ⅰ.F713.365.2

中国国家版本馆 CIP 数据核字第 20256YK398 号

责任编辑：朱干支
印　　刷：三河市兴达印务有限公司
装　　订：三河市兴达印务有限公司
出版发行：电子工业出版社
　　　　　北京市海淀区万寿路 173 信箱　邮编　100036
开　　本：787×1 092　1/16　印张：11　字数：281.6 千字
版　　次：2025 年 4 月第 1 版
印　　次：2025 年 4 月第 1 次印刷
定　　价：49.00 元

凡所购买电子工业出版社图书有缺损问题，请向购买书店调换。若书店售缺，请与本社发行部联系，联系及邮购电话：（010）88254888，88258888。
质量投诉请发邮件至 zlts@phei.com.cn，盗版侵权举报请发邮件至 dbqq@phei.com.cn。
本书咨询联系方式：（010）88254573，zgz@phei.com.cn。

前 言

社交电商是电子商务的一种衍生模式。它借助社交网站、SNS、微博、社交媒体、网络媒介等传播途径,通过社交互动、用户自生内容等手段来辅助商品的购买和销售行为,并将关注、分享、沟通、讨论、互动等社交化的元素应用于电子商务的交易过程中。

社交电商加快了社交媒体和电子商务的融合:社交媒体为我们提供了谈论我们喜欢的产品或服务的平台;电子商务让我们可以快速买到我们喜欢的产品或服务。本书旨在概述这种融合是如何产生并发展的,它是如何改变我们的在线购买方式的,以及未来它可能面临的机会与挑战有哪些。

本书按照认真贯彻"加快发展数字经济,促进数字经济和实体经济深度融合"的要求,通过介绍具有代表性的社交电商平台的特点及创新点,使学生树立创新思维,更加符合高等职业教育人才建设的需求。

本书结构

本书分为5个项目。项目一对社交电商进行概述,主要让学生对社交电商有一个初步的认识,项目二至项目四从概述、用户分析、商家服务、机会与挑战4个方面介绍不同类型社交电商的特点,详细说明如下:

项目一社交电商概述,主要介绍社交电商的发展历程、概念和特点、类型,以及社交电商面临的机会与挑战。

项目二拼购类社交电商,主要介绍以拼多多为代表的"低价团购和自主分享"的社交电商运营模式。

项目三分销型社交电商,主要介绍以云集为代表的"自购省钱,分享赚钱"的社交电商运营模式,以及分销型社交电商是如何应对市场挑战和寻求创新发展机会的。

项目四内容类社交电商,主要介绍以小红书为代表的"内容引导消费者进行购物,实现商品与内容的协同"的社交电商运营模式,着重介绍内容类社交电商如何进行内容运营和电商运营的融合。

项目五社区团购类社交电商,主要介绍以兴盛优选为代表的"通过社区以低折扣购买同一种商品"的社交电商运营模式,着重分析社区团购类社交电商爆发式增长后面临的问题及未来的发展方向。

本书特色

● 内容设置重点突出,详略得当

本书涵盖当前流行的四大社交电商类型,在进行内容设置时,既包括对运营知识、技巧的讲解,还对不同类型社交电商的运营模式、用户行为、特点及面临的机会与挑战进行分析,使学生在掌握基本知识点、技能点的同时,学会分析不同阶段社交电商发展变化的特点,培养学生的分析能力和应变能力。

● 案例真实，以实用原则为主

本书中的案例及运营策略大部分来自真实社交电商平台，运营策略也都源于编者及相关行业人士的实践经验；本书自始至终依托实用原则进行编写，力求让学生能轻松有效地学以致用。例如，项目二中对拼多多电商平台经营各个环节，包括注册店铺、商品管理、营销推广、物流和售后环节中的具体规范进行详细讲解，培养学生的运营能力。

● 理论与实践相结合，突出职业教育教学的特点

本书采用理论与实践相结合，以任务驱动的教学方式组织教学内容。每个任务设有任务清单、知识导图、任务实施、任务小结、任务实训和任务评价，既有专业知识的讲解，也有实训任务的实操，突出教材的实践性，更加符合职业教育教学的特点。

编者介绍

本书主编刘琛博士（新西兰怀卡托大学信息系统专业）既有多年的高职院校教学经验，又有丰富的新媒体平台运营经验。除了任职大学新媒体教师，还是人人都是产品经理专栏作家、百度百科 TA 说特邀作者、草莓学堂创始人，多篇文章被多家知名平台转载。

教学支持

本书提供了丰富的教学资源包，内容包括教学计划、教学课件等，需要者可登录华信教育资源网免费下载。为了拓展知识面和方便教学，本书提供部分案例和阅读材料，读者可以通过扫描书中二维码的方式进行阅读。

致谢

我们要感谢自始至终给我们提供帮助的人。感谢各大研究机构提供的参考数据，感谢读者阅读和使用本书。希望本书能够帮助读者更深入地理解社交电商，并提升读者的社交电商运营实操技能。

由于社交电商模式、应用技术创新和迭代迅速，而图书编撰、资源开发需要一定的周期，在一定程度上较难及时跟进行业应用的前沿技术。加之编者水平有限，书中难免存在不足之处，恳请广大读者和专家批评指正并提供宝贵意见，我们将不断努力修改和完善。

编　者

目　　录

项目一　社交电商概述 ... 1
任务一　认识社交电商 ... 2
一、社交电商的发展历程 ... 2
二、社交电商的概念和特点 ... 10
三、社交电商的类型 ... 11
任务二　社交电商的机会与挑战 ... 14
一、社交电商的机会 ... 14
二、社交电商的挑战 ... 16

项目二　拼购类社交电商 ... 18
任务一　拼购类社交电商概述 ... 19
一、概念 ... 19
二、行业发展历程 ... 20
三、代表企业（拼多多）发展历程 ... 22
任务二　拼购类社交电商的用户分析 ... 25
一、用户特征分析 ... 25
二、用户体验分析 ... 27
任务三　拼购类社交电商的商家服务 ... 33
一、注册店铺 ... 33
二、商品管理 ... 40
三、营销推广 ... 48
四、物流和售后 ... 61
任务四　拼购类社交电商的机会与挑战 ... 65
一、机会 ... 66
二、挑战 ... 70

项目三　分销型社交电商 ... 74
任务一　分销型社交电商概述 ... 75
一、概念 ... 75
二、行业发展历程 ... 76
三、代表企业（云集）发展历程 ... 77
任务二　分销型社交电商的用户分析 ... 81
一、用户特征 ... 81

  二、用户体验 82
 任务三 分销型社交电商的商家服务 84
  一、商品管理 84
  二、营销推广 92
  三、物流和售后 98
 任务四 分销型社交电商的机会与挑战 100
  一、机会 100
  二、挑战 103

项目四 内容类社交电商ㆍㆍㆍㆍㆍㆍㆍㆍㆍㆍㆍㆍㆍㆍㆍㆍㆍㆍㆍㆍㆍㆍㆍㆍㆍㆍㆍㆍㆍㆍㆍㆍㆍㆍㆍㆍㆍ 106

 任务一 内容类社交电商概述 107
  一、概念 107
  二、行业发展历程 108
  三、代表企业（小红书）发展历程 110
 任务二 内容类社交电商的用户分析 114
  一、用户特征 114
  二、用户体验 116
 任务三 内容类社交电商的商家服务 119
  一、内容社区 120
  二、电商平台 128
 任务四 内容类社交电商的机会与挑战 136
  一、机会 137
  二、挑战 140

项目五 社区团购类社交电商ㆍㆍㆍㆍㆍㆍㆍㆍㆍㆍㆍㆍㆍㆍㆍㆍㆍㆍㆍㆍㆍㆍㆍㆍㆍㆍㆍㆍㆍㆍㆍ 142

 任务一 社区团购类社交电商概述 143
  一、概念 143
  二、行业发展历程 144
  三、代表企业（兴盛优选）发展历程 146
 任务二 社区团购类社交电商的用户分析 149
  一、用户特征 150
  二、用户体验 151
 任务三 社区团购类社交电商的商家服务 154
  一、供应商 155
  二、团长 156
 任务四 社区团购类社交电商的机会与挑战 160
  一、机会 161
  二、挑战 163

参考资料 ㆍㆍㆍ 167

项目一

社交电商概述

国内研究人员认为，社交电商是电子商务的一种衍生模式。它借助社交网站、SNS、微博、社交媒体、网络媒介等传播途径，通过社交互动、用户自生内容等手段来辅助商品的购买和销售行为，并将关注、分享、沟通、讨论、互动等社交化的元素应用于电子商务的交易过程中。社交电商加快了电子商务与社交媒体的融合。

社交电商的特点主要有：低成本、高转化率和高用户体验。社交电商可以分为拼购类社交电商、分销型社交电商、内容类社交电商、社区团购类社交电商4种。

社交电商面临的机会包括新的社交软件创造新的发展空间、新的科技成果带来新的体验方式等；社交电商面临的主要挑战包括运作模式亟待规范、平台口碑需要关注和核心竞争力有待加强等。

■ 社交电商

任务一　认识社交电商

任务清单

工作任务	认识社交电商	教学模式	任务驱动
建议学时	2学时	教学地点	一体化实训室
任务描述	学习社交电商在全球及国内的发展历程；学习社交电商的概念和特点、类型		
学习目标	知识目标	了解社交电商在全球的发展历程； 了解社交电商在国内的发展历程； 掌握社交电商的概念、特点和类型	
	能力目标	能够独立分析社交电商的未来发展趋势	
	素质目标	通过对社交电商发展趋势的学习，形成分析事物发展一般规律的思维	
思政目标	通过梳理全球社交电商行业的发展历程，培养学生的国际化视野；通过梳理国内社交电商行业的发展历程，引导学生关注民族企业的崛起和发展；通过对比国内外社交电商行业的发展历程，引导学生认识民族企业崛起的不易，增强民族荣誉感。 通过重点讲解国家政策对国内社交电商行业发展的推动作用，以及民族企业家如何带领国内社交电商企业发展壮大，并与国外社交电商行业巨头竞争，帮助学生了解并学习艰苦奋斗、勇于开拓、敢于创新的民族企业家精神，增强民族自信心和民族自豪感		

知识导图

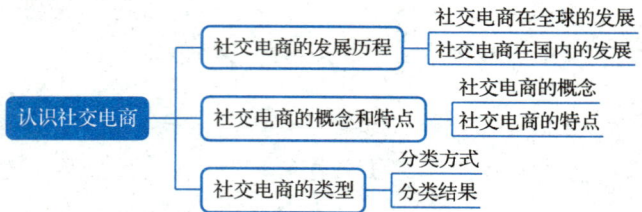

任务实施

一、社交电商的发展历程

（一）社交电商在全球的发展

社交电商的概念最早出现于20世纪90年代后期，即Amazon和eBay使消费者能够撰写评论并对他们的产品和服务进行评分时。然而，直到2005年，"社交电商"一词才由雅虎提出，用来描述其网站上的一项新功能，使消费者能够创建、分享和评论产品。

Groupon、LivingSocial等公司是最早利用社交网络帮助销售的网站，Groupon公司的网站页面如图1-1所示。这些企业创建了病毒营销平台，以促进销售、清空库存，并利用社交网络进行营销。但是，他们只是零售商渠道的网络形式而已，社交的使用是被用来聚拢消费者，以此与零售商谈判获得相对优惠的价格，社交网络的功能未被完整利用。

图 1-1　Groupon 公司的网站页面

2007 年 2 月，Facebook 进行了一项虚拟礼物测试，允许个人为朋友和亲人购买礼物，不过礼物仅限于在网络上使用和展示。同年 5 月，Facebook 推出 Facebook Pages，为品牌提供潜在的销售推广机会。Facebook 的虚拟礼物测试页面如图 1-2 所示。

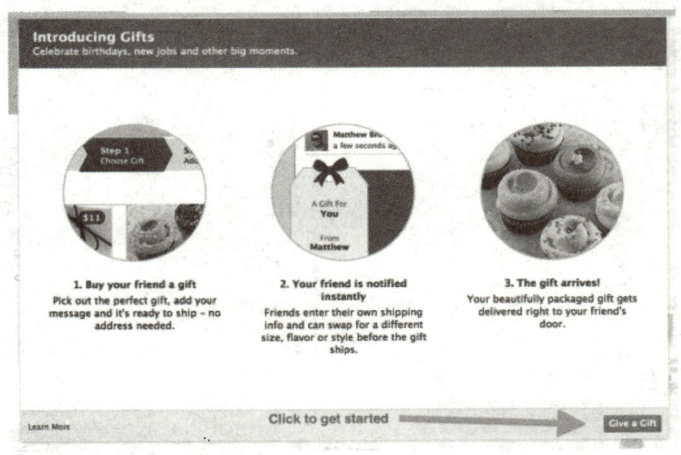

图 1-2　Facebook 的虚拟礼物测试页面

2009 年 7 月，美国鲜花和礼品零售商 1-800-Flowers.com（简称 FLWS）网站开始通过 Facebook 销售商品，并产生了 Facebook 上的第一笔订单，这被视为社交电商史上的里程碑。随后，Delta Airlines（达美航空）提供直接从 Facebook 上购买机票的功能，帮宝适、迪士尼等品牌也相继开设了品牌商店。FLWS 和 Delta Airlines 在 Facebook 上的主页如图 1-3 所示。

2010 年 4 月，Twitter 提供了它的第一个可以帮助电子商务公司展示品牌的功能——赞助推文，这项功能后来发展成一种付费促销活动。2014 年 9 月，Twitter 推出了"立即购买"按钮功能，允许直接从推文中销售特定商品。但在 2017 年 1 月扩展"立即购买"按钮功能后，Twitter 最终认为这是一项毫无意义的努力，并逐渐弱化了该功能直至取消。Twitter 的"立即购买"按钮页面如图 1-4 所示。

■ 社交电商

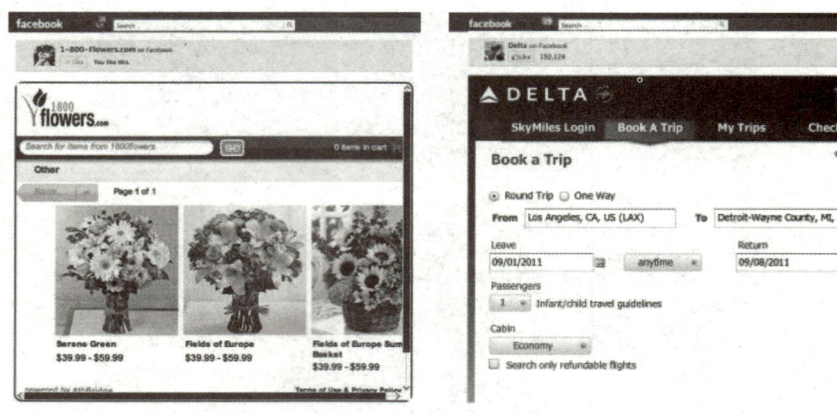

图 1-3　FLWS 和 Delta Airlines 在 Facebook 上的主页

图 1-4　Twitter 的"立即购买"按钮页面

2015 年 6 月，Instagram 推出 Shop Now 按钮功能，同时，Pinterest 网站开始提供其独特的可购买图钉改编版，允许选定的少数品牌在其图钉上添加购买按钮。2016 年 11 月，Instagram 推出产品标签功能，以便用户可以快速识别他们在广告中看到的产品及价格（向有限数量的品牌推出）。2017 年 10 月，BigCommerce 开始通过 Instagram 向美国的买家提供应用内购物。2018 年 3 月，Instagram 的 Shoppable Posts 功能上线，让品牌能够在自然帖子中标记商品，单击这些帖子后，会显示一个新页面，然后进行结账。Instagram 的界面如图 1-5 所示。

此后，全球社交电商开始蓬勃发展，特别是随着 Web 2.0 和社交媒体渠道的快速发展，使其成功应用于现有电子商务业务并适应必要的变化。

项目一　社交电商概述

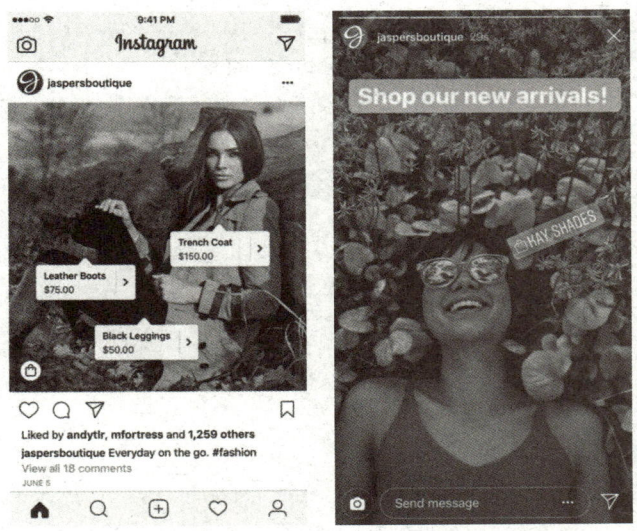

图 1-5　Instagram 的界面

（二）社交电商在国内的发展

1. 国内社交电商的发展背景

（1）传统电商红利结束

中国电商行业在经历多年的高速发展后，2018 年中国网络购物交易规模已经突破 8 万亿元，此后中国电子商务行业增速逐渐放缓，以天猫、京东、唯品会为代表的传统主流电商平台用户增速已持续放缓至 20% 甚至更低的水平。

社交电商的高效获客和裂变能力吸引了众多企业加入。2018 年，社交电商成为资本的宠儿，拼多多、云集、蘑菇街等社交电商的上市更是将社交电商推上风口。行业规模快速增长，2018 年中国社交电商行业规模达 6 268.5 亿元，同比增长 255.8%，成为网络购物市场的一匹黑马。随着社交流量与电商交易的融合程度不断深入，社交电商占网络购物市场的比例也不断增加，2015—2018 年三年间，社交电商购物占整体网络购物市场的比例从 0.1% 增加到 7.8%。2023 年中国社交电商市场规模达到 34 166 亿元。2017—2023 年中国社交电商市场规模及增速如图 1-6 所示。

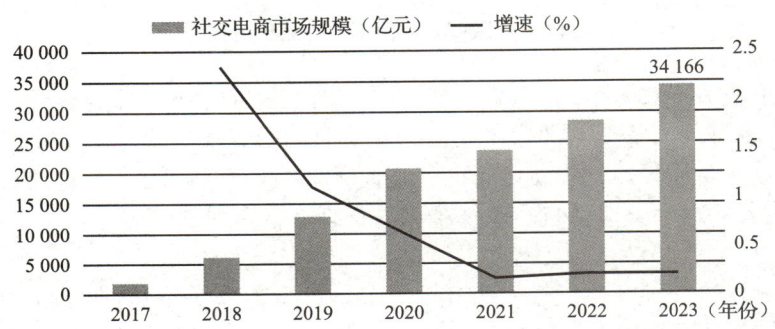

图 1-6　2017—2023 年中国社交电商市场规模及增速

（资料来源：共研产业咨询）

5

（2）社交媒体迅速发展

移动互联网时代，以微信为代表的社交 App 全面普及，成为移动端最主要的流量入口。这些社交 App 占据了用户的大量时间，使用频次高，用户黏性强，流量价值极为丰富。以微信为例，2018 年年底，微信月活跃用户已高达 10.98 亿人，微信生态以其即时通信功能为基础，拥有朋友圈、公众号、小程序等不同形态的流量触点，同时借助微信支付，用户在一个生态体系内可以完成社交、娱乐、支付等多项活动，为电商降低引流成本提供了良好的解决方案。从促进销售方面来看，社交 App 的传播优势如下：

① 社交 App 自带传播效应，可以促进零售商品的购买信息、使用体验等高效、自发地在强社交关系群中传递，对用户来说信息由熟人提供，其真实性更加可靠，购买转化率更高。

② 社交 App 覆盖人群更为全面，能够较好地补充用户群体。社交 App 的有效利用为电商的进一步发展带来新的契机。

2. 国内社交电商的发展历程

（1）萌芽起步期（2011—2014 年）

严格意义上讲，从 2011 年开始兴起的社交平台微博是中国社交电商的发源地。微博适合用户生产内容与社交互动，部分关键意见领袖（KOL）为品牌积累了一定的影响力和粉丝群后，开始尝试商业变现，这便是最早的社交内容电商，即借助社交平台生产内容，再设法实现商业变现。但因为微博的支付、客户关系管理（CRM）功能不足，所以微博社交电商始终没有形成足够大的影响力。

微信的出现加速了中国移动互联网时代的到来。2011 年 1 月，腾讯公司推出微信。2012 年 4 月，微信更新至 4.0 版本，出现了朋友圈，成为无数平民创业者创业的肥沃土壤，无数本来机会很少的平民创业者崛起，俏十岁、欧蒂芙等自有品牌借助移动互联网这股势力换道超车，在短短几年时间内创造了众多传统大品牌不可能创造的奇迹。俏十岁面膜意外走红后，其创始人将这种在微信朋友圈销售产品的商业行为定义为"微商"。在此之前，微商创业一直被称为微信创业，因为它起源于微信这个庞大的社交平台。微商鼻祖俏十岁的宣传海报如图 1-7 所示。

图 1-7　微商鼻祖俏十岁的宣传海报

但早年的微商由于管理混乱，致使假货泛滥，俏十岁的客户大批量流失，加上越来越多的商家杀入微商领域，卖货变得非常困难。一些底层的微商开始放弃，导致许多代理商手里压了很多货，致使具备比较好的出货能力的代理商手里的货卖不出去。于是，俏十岁考虑转型，发布公告停止所有的微商渠道供货，退掉了微商代理 2 亿多元的货款。

（2）规范发展期（2015—2018 年）

2015 年年中开始，社交电商涉及传销、假货、三无产品等负面消息四起，一时从事社交电商的商家人心惶惶，加上此时微商已远不如 2012—2014 年那么好做，比如货难卖、代理难招等。许多社交电商商家因为看不到希望，开始放弃或转行。许多媒体也开始煽风点火，预言社交电商即将灭亡。但也就是这段时间，新的社交电商平台纷纷成立。

2013年6月，小红书在上海成立；同年12月，小红书推出海外购物分享社区；2014年12月，小红书正式上线电商平台"福利社"，从社区升级为电商，完成商业闭环，也是国内较早的成熟型社交电商平台；2018年5月，小红书宣布完成超过3亿美元的财务融资，公司估值超过30亿美元；2019年1月，小红书用户突破2亿人。

2015年5月，平台型社交电商的鼻祖云集诞生。云集原名云集微店，是一家借助社交工具获客拉新、实现流量裂变的平台型社交电商，采用三级分销模式迅速裂变并发展了大量分销商。2017年因涉嫌传销被罚后转型为分销型社交电商，专注于为会员提供美妆个护、手机数码、母婴玩具、水果生鲜等品类的精选商品，并于2019年5月在美国纳斯达克挂牌上市。云集官网主页如图1-8所示。

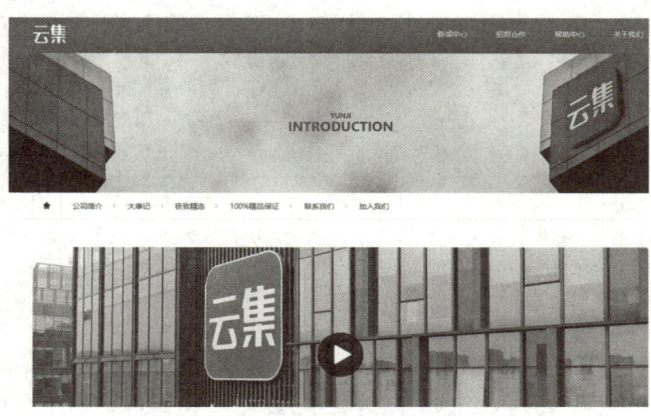

图1-8　云集官网主页

2015年9月，专注于C2M（从消费者到生产）拼团购物的第三方社交电商平台拼多多创立，用户通过发起和朋友、家人、邻居等的拼团，可以以更低的价格购买优质商品；2016年7月，拼多多用户量突破1亿人，获得B轮1.1亿美元融资，IDG资本、腾讯、高榕资本领投；2018年7月26日，拼多多在美国纳斯达克上市，发行价19美元，市值达到240亿美元。

随着社交电商行业的快速发展，国家对该行业的重视程度也在不断加强，陆续出台了一系列政策，在鼓励行业发展的同时明确相关部门的责任，规范社交电商行业发展。相关法律法规的颁布为行业从业者合规化经营提供了参考依据，同时也有助于打破公众的偏见和顾虑，为建立行业正面形象起到了推动作用。中国社交电商行业监管政策如表1-1所示。

表1-1　中国社交电商行业监管政策

时间	发展变化	政策名称	颁布单位	具体内容
2015年11月	首次纳入监管	《关于加强网络市场监管的意见》（印发）	国家市场监督管理总局（以下简称市场监管总局）	积极开展网络市场监管机制建设前瞻性研究，研究社交电商、跨境电子商务、团购、O2O等商业模式、新型业态的发展变化，针对性提出依法监管的措施方法
2016年11月	首次提倡鼓励发展	《"十三五"国家战略性新兴产业发展规划》（印发）	国务院	加快重点领域融合发展。推动数字创意在电子商务、社交网络中的应用，发展虚拟现实购物、社交电商、"粉丝经济"等营销新模式

续表

时　间	发展变化	政策名称	颁布单位	具体内容
2016年12月	鼓励发展	《电子商务"十三五"发展规划》（联合发布）	商务部、中央网络安全和信息化委员会办公室、国家发展和改革委员会	积极鼓励社交网络电子商务模式。鼓励社交网络发挥内容、创意及用户关系优势，建立链接电子商务的运营模式，支持健康规范的微商发展模式，为消费者提供个性化电子商务服务，刺激网络消费持续增长
2018年9月	首部社交电商经营规范落地实施	《社交电商经营规范》（进入审核阶段）	商务部办公厅	旨在建立社交电商发展的良好生态环境，加快创建社交电商发展的新秩序；促进社交电商市场健康有序发展，落实互联网相关法律规范及标准规范，夯实行业自律基础，界定相关主体的责任；加快建设社交电商信息基础设施，健全社交电商发展支撑体系
2019年1月	电商领域首部综合性法律正式实施	《中华人民共和国电子商务法》（实施）	全国人民代表大会常务委员会	国家鼓励发展电子商务新业态，创新商业模式
2020年7月	支持微商等多样化自主就业	《关于支持新业态、新模式健康发展，激活消费市场带动扩大就业的意见》（联合发布）	国家发展和改革委员会等	鼓励发展新个体经济，开辟消费和就业新空间。支持微商电商、网络直播等多样化的自主就业、分时就业
2021年2月	首部直接提及社交电商模式合规的标准	《社交电商企业经营服务规范》团体标准	中国服务贸易协会等	拟定了社交电商服务体系、社交电商服务要求、基础保障服务要求、交易过程服务要求和客户关系服务要求等
2022年3月	鼓励中小企业开展新业态、新模式	关于开展"一起益企"中小企业服务行动的通知	工业和信息化部办公厅	组织互联网平台企业开展"降成本、拓市场、促转型"服务活动，帮助中小企业利用直播电商、社交电商等新业态新模式，拓展销售渠道，提高企业和产品知名度

（3）创新发展期（2019年至今）

2019年1月1日，《中华人民共和国电子商务法》（简称《电子商务法》）正式施行。关注度极高的微商、社交电商被正式纳入电子商务领域，为法律所认可。《电子商务法》的实施，是社交电商发展的里程碑事件，极大地促进了社交电商行业的规范、健康发展。

与此同时，早期的社交电商平台开始走向不同的发展方向：上市之后的云集股价一路下滑，面临发展的瓶颈时期；同期成立的社交电商拼多多，市值得到爆发式增长。

2020年以来，一种全新的社交电商模式——社区团购迎来了爆发式增长。各大互联网巨头纷纷进入战场。2020年6月，滴滴旗下社区团购品牌"橙心优选"上线；7月，美团宣布成立"优选事业部"；8月，拼多多旗下社区团购项目"多多买菜"上线；10月，苏宁的菜场社区团购平台上线；12月11日，京东集团发布公告，向社区团购平台"兴盛优选"投资7亿美元。社区团购的主要App如图1-9所示。

项目一　社交电商概述

图 1-9　社区团购的主要 App

电商化之路非常曲折的微博，在尝试过微卖、微博淘宝版、微博达人通、微任务、微博橱窗、微电商达人等电商化手段后，仍在继续探索更适合自己的玩法。2020 年 3 月，微博推出电商板块"微博小店"。同年 7 月 8 日，微博打造的直播活动"V 选好物"上线开播。微博对电商新玩法的尝试取得了成功。首场开播累计观看次数达 4 800 万次，相关话题阅读量 11 亿次，订单量大于 409 万单，购物成交额超过 2.35 亿元。微博推出的"V 选好物"直播活动页面如图 1-10 所示。

图 1-10　微博推出的"V 选好物"直播活动页面

近几年，社交电商快速发展，吸引了大量企业进行布局。但也存在行业门槛较低、从业人员学历水平不一、从业人员专业性较差等问题。2022 年 11 月，中国服务贸易协会发布《社交电商从业人员服务能力评价通则》，提出要提升社交电商从业人员服务能力，加强对行业从业人员评测，提高从业人员专业技能水平，促进行业健康持续发展。在该政策的驱动下，社交电商行业将更加注重从业人员专业技能水平，对售后、客服等相关岗位人员进行细致分类和专业培训，推动行业高质量发展。

社交电商能够根据消费者的兴趣爱好进行市场细分，随着抖音、快手等短视频平台用户规模不断扩大及消费者消费多样化需求增加，社交电商细分市场将增多。例如，针对女性消费的社交电商市场也逐渐增多并细化，包括专注妈妈群体和女性消费及创业等方面的社交电商平台。此外，新生代消费者对个性化、多元化的产品消费需求更高。随着"00 后"新生代消费群体逐渐成为主要消费中坚力量，个性化、多元化商品将成为市场主流。

社交电商以社交媒体带动销售，已成为当前我国最热门的商业趋势之一。我国拥有巨大的消费市场、先进的供应链优势和持续创新的技术能力，从长远来看，我国社交电商行业前景广阔。随着传统意义上的电商获客成本不断提高，社交电商依托社交裂变快速触达消费人群的优势日益凸显，能否依托自身核心优势，构建有竞争力门槛的业务"闭环"乃至生态圈，是社交电商持续发展的关键。

二、社交电商的概念和特点

（一）社交电商的概念

2005年11月，Yahoo首先提出了社交电商这一概念并将其定义为"运用社会化媒体，在电子商务的背景下，购买和销售产品或服务的在线协助"。国内研究人员认为，社交电商是电子商务的一种衍生模式。它借助社交网站、SNS、微博、社交媒体、网络媒介等传播途径，通过社交互动、用户自生内容等手段来辅助商品的购买和销售行为，并将关注、分享、沟通、讨论、互动等社交化的元素应用于电子商务的交易过程中。社交电商加快了电子商务与社交媒体的融合。

（二）社交电商的特点

1. 低成本

社交电商的低成本表现在两个方面。对商家来说，传统电商形式的获客成本因为红利结束而逐年攀升，而社交电商通过用户的人际关系传播及激活下沉市场小型商家的供应链，节省了大量的获客成本和渠道成本；对用户来说，通过拼团等社交电商的典型模式购物，能显著降低购物成本。

2. 高转化率

在用户购物的整个流程中，社交电商与传统电商在三个重要节点上存在差异，这些差异都会促进转化率的提升。

① 产生需求阶段：通过社交分享或优质内容激发用户非计划性购物需求。

② 购买决策阶段：通过信任机制快速促成购买，提高转化效率。

③ 分享传播阶段：激发用户主动分享意愿，促进新用户的获取。

传统电商与社交电商用户购物路径的对比如图1-11所示。

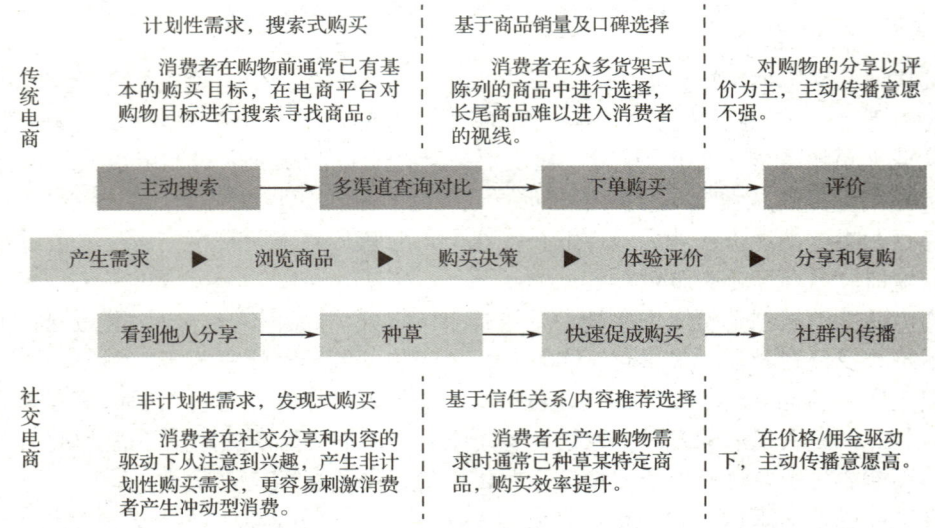

图1-11 传统电商与社交电商用户购物路径的对比

3. 高用户体验

与传统电商直接通过广告吸引或用户主动搜索进行购买不同，社交电商一般通过优质内容或社交互动吸引用户进行购买，将购物过程与娱乐和社交过程自然融合，为用户带来更好的购物体验。此外，社交电商平台在传统电商平台的基础上进一步优化购物流程，也带来了用户购物体验的提升。例如，拼多多简化了购物车环节，用户可以直接在商品页一键完成购买。

三、社交电商的类型

（一）分类方式

1. 根据营销推广方式不同分类

电子商务企业一般筛选优质供应商的货物进行销售，不涉及产品研发。社交电商企业从选品角度进行创新的较少，除小红书外，大部分社交电商企业在销售的产品品类上并无创意。社交电商最核心的创新是营销推广方式，主要通过社交互动、优质内容等手段进行商品的营销推广。因此，根据营销推广方式的不同，可以把社交电商分为基于社交互动的推广和基于内容的推广两种类型。基于社交互动的推广又可以分为线下社交推广和线上社交推广两种类型。基于内容的推广又可以分为PGC（Professional Generated Content，专业生产内容）推广和UGC（User Generated Content，用户生成内容）推广两种类型。根据营销推广方式不同对社交电商进行的分类如图1-12所示。

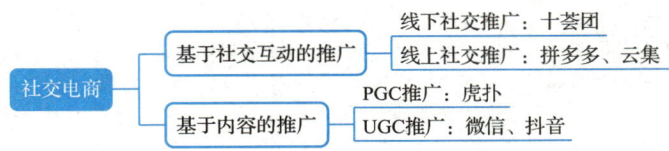

图1-12 根据营销推广方式不同对社交电商进行的分类

2. 根据供应链模式不同分类

社交电商中存在两种主要的供应链模式，即S2B2C型供应链和B2C型供应链。S2B2C全称Supply Platform to Business to Customer，即整合了供应平台S（Supply Platform），赋能于商家B（Business），一起更好地服务于客户C（Customer），由阿里巴巴集团前参谋长曾鸣先生于2017年首次提出。其中，S（Supply Platform）指的是一个重构的大的供应平台，也是一个创新的协同网络平台，它的存在旨在大幅度提升供应端的效率，配合B更好地服务于C。B（Business）指的是一个大平台接入的数万级的小B，通过它们完成对C的服务。小B的核心价值是完成对客户实时的低成本互动，小B要自带流量，因为S不提供小B流量，不保证小B的生存，小B只是借助于S提供的资源，与S一起共同服务于C。C（Customer）在S2B2C模式中指的是客户（Customer），而不是特指消费者（Consumer）。社交电商平台中的云集就是典型的S2B2C型供应链模式，如图1-13所示。

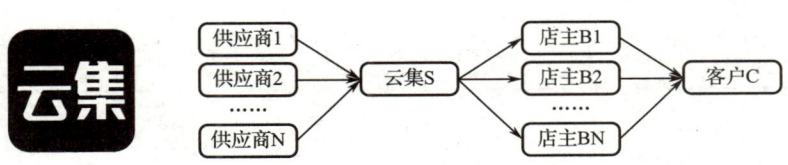

图1-13 云集的S2B2C型供应链模式

■ 社交电商

B2C，全称 Business to Consumer，是传统电商中常见的供应链模式，平台只提供展示和销售渠道，各商家独立管理各自的供应商和客户，没有明显交集。社交电商平台中的拼多多是典型的 B2C 型供应链模式，如图 1-14 所示。

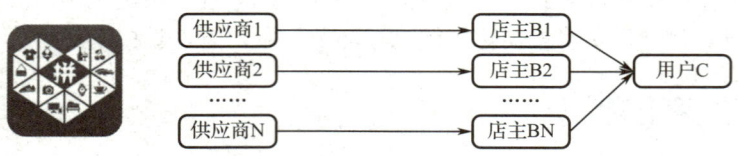

图 1-14　B2C 型供应链模式

（二）分类结果

综合以上分析，我国社交电商主要可以分为拼购类社交电商、分销型社交电商、内容类社交电商和社区团购类社交电商 4 类。我国社交电商的分类及对比如表 1-2 所示。

表 1-2　我国社交电商的分类及对比

比较项目	拼购类社交电商	分销型社交电商	内容类社交电商	社区团购类社交电商
概念定义	聚集 2 人及以上的用户，通过拼团减送和售后等全供应链流程实现交易；通过低价模式，激发用户分享，形成自传播	S2B2C 模式，平台负责选品、配送和售后等全供应链流程；通过销售提成刺激用户成为分销商，利用其自有社交关系进行分享裂变，实现"自购省钱，分享赚钱"	通过形式多样的内容引导消费者进行购物，实现商品与内容的协同，从而提升电商营销效果	以社区为基础，社区居民加入社群后通过微信小程序等工具下订单，社区团购平台在第二天将商品统一配送至团长处，消费者上门自取或由团长进行最后一公里的配送
模式特点	以低价为核心吸引力，每个用户成为一个传播点，再以大额订单降低上游供应链及物流成本	通过分销机制，让用户主动邀请熟人加入形成关系链，平台统一提供货、仓、配及售后服务	形成"发现—购买—分享"的商业闭环，通过内容运营激发用户购买热情，同时反过来进一步了解用户喜好	以团长为基点，降低获客、运营及物流成本；通过预售制及集采集销的模式提升供应链效率
流量来源	关系链（熟人社交）	关系链（熟人社交）	内容链（泛社交）	关系链（熟人社交）
目标用户	价格敏感型用户	有分销能力及意愿的人群	容易受 KOL 影响的消费人群及有共同兴趣的社群	家庭用户
适用商品	个性化弱、普遍适用、单价较低的商品	有一定毛利空间的商品	根据平台内容的特征，适用的商品品类不同	复购率高的家庭日常生活用品
典型平台	拼多多	云集	小红书	兴盛优选

项目一 社交电商概述

任务小结

1. 社交电商的概念最早出现于 20 世纪 90 年代后期，即 Amazon 和 eBay 使消费者能够撰写评论并对他们的产品和服务进行评分时。然而，直到 2005 年，"社交电商"一词才由雅虎提出，用来描述其网站上的一项新功能，使消费者能够创建、分享和评论产品。Groupon、LivingSocial、Facebook、Twitter、Instagram 等公司相继利用社交网络开展电子商务。

2. 国内社交电商的兴起源于传统电商红利结束和社交媒体迅速发展。国内社交电商的发展主要经历了三个阶段：萌芽起步期（2011—2014 年）、规范发展期（2015—2018 年）和创新发展期（2019 年至今）。

3. 国内研究人员认为社交电商是电子商务的一种衍生模式。它借助社交网站、SNS、微博、社交媒体、网络媒介等传播途径，通过社交互动、用户自生内容等手段来辅助商品的购买和销售行为，并将关注、分享、沟通、讨论、互动等社交化的元素应用于电子商务的交易过程中。

4. 社交电商的特点主要有：低成本、高转化率和高用户体验。我国社交电商主要可以分为拼购类社交电商、分销型社交电商、内容类社交电商和社区团购类社交电商 4 类。

任务实训

请用自己的语言简要分析拼购类社交电商、分销型社交电商、内容类社交电商和社区团购类社交电商的核心特点和差异，然后结合具体案例和数据分析说明哪种模式最有竞争力、为什么，并以文档的形式提交实训报告。

任务评价

评价类目	评价内容及标准	分值（分）	自己评分	小组评分	教师评分
学习态度	全勤（5分）	10			
	遵守课堂纪律（5分）				
学习过程	能说出本次工作任务的学习目标（5分）	40			
	上课积极发言，积极回答老师提出的问题（5分）				
	了解社交电商的全球发展历程（5分）				
	了解社交电商的国内发展历程（5分）				
	掌握社交电商的概念、特点和类型（20分）				
学习结果	"任务实训"考评（50分）	50			
合 计		100			
所占比例		100%	30%	30%	40%
综合评分					

■ 社交电商

任务二　社交电商的机会与挑战

任务清单

工作任务	社交电商的机会与挑战	教学模式	任务驱动
建议学时	1学时	教学地点	一体化实训室
任务描述	学习社交电商的机会与挑战		
学习目标	知识目标	了解社交电商的机会；了解社交电商的挑战	
	能力目标	对社交电商的机会与挑战有独特见解	
	素质目标	通过对社交电商机会与挑战的学习，形成分析事物发展一般规律的思维	
思政目标	在学习和掌握全球社交电商发展面临的机会与挑战的同时，重点分析我国社交电商面临的机会与挑战，引导学生形成全球视野，同时建立立足国内行业，解决国内行业面临的问题的方法论		

知识导图

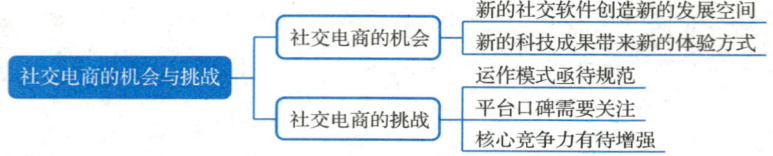

任务实施

一、社交电商的机会

（一）新的社交软件创造新的发展空间

社交电商的发展很大程度上是借助微信等大型社交软件发展的红利，利用大型社交平台实现去中心化裂变传播，并触达更多用户的。新的社交软件如短视频类社交软件、元宇宙社交软件的不断涌现，为社交电商的发展创造了新的发展空间。

1. 短视频社交

社交方向的短视频平台是指基于社交属性建立的视频内容平台，标配是"支持自拍作品发布，基于个体（账号）展示内容"。在经历了文字、图片时代后，互联网社交已然步入了视频时代。伴随着短视频社交的迅速发展，直播电商的交易规模也不断提升。近年来，电商和直播平台的快速崛起，让万物皆可直播带货。直播电商已然成为线上营销的热门赛道，见人、见物，还能互动。截至2023年12月，我国网络购物用户规模达9.15亿人。直播电商用户达到5.26亿人，网络购物渗透率持续提升。2022年，商务部重点监测的电商平台累计直播场次超1.2亿场，累计观看超1.1万亿人次，直播商品超9 500万个，活跃主播近110万人。2022年，我国直播电商交易总额在3.5万亿元左右，同比增速为48%。2024年1—11月全国直播电商零售额达到4.3万亿元。

2. 元宇宙社交

互联网发展至今，用户的沉浸感越来越强，虚拟与现实的边界也逐渐缩小。按照这样的趋势发展下去，沉浸感、参与度都很强的元宇宙（Metaverse）无疑将是互联网的热门形态。

清华大学沈阳教授团队发布的《元宇宙发展研究报告2.0版》指出，元宇宙是整合多种新技术产生的下一代互联网应用和社会形态，它基于扩展现实技术和数字孪生实现时空拓展性，基于AI和物联网实现虚拟人、自然人和机器人的人机融合性，基于区块链、Web 3.0、数字藏品/NFT等实现经济增值性。在社交系统、生产系统、经济系统上虚实共生，每个用户可进行编辑、内容生产和数字资产自所有。以社交领域为例，社交元宇宙应该是场景沉浸、多元交互的，用户能依据自身需求定制虚拟与实体形象，选择进入不同元宇宙场景，体验不同人生，与古今中外不同领域的人社交，并有着紧密的虚拟资产绑定。

基于这些特点，国内新兴社交软件Soul被视为社交元宇宙领域中的典型代表。Soul在元宇宙概念上的探索最早可追溯至2015年。当时，Soul在筹备阶段时就提出，利用灵魂匹配、情感机器人等技术构建新型社交关系。在当时还没有元宇宙具体定义的情况下，Soul的这一构想已经形成了类似元宇宙社交概念的雏形。2021年3月，Soul率先在行业内宣布构建以Soul为连接的"社交元宇宙"。同年5月，Soul在公开的美股招股书里再次明确该愿景。根据Soul的总结，社交元宇宙的五大特征分别为虚拟化身、社交资产、沉浸感、经济体系、包容性。

2021年3月，Soul的平均日活跃用户数已经达到了910万，其中73.9%来自"90后"。Soul于2021年第一季度上线了Giftmoji社交电商功能。用户之间为加深关系可以互相赠送Giftmoji，收到Giftmoji的一方可以在Soul进行实体礼物兑换。这种电商模式，实现了现实世界与虚拟世界的交互，并且能够为用户带来友好的体验。Soul App页面如图1-15所示。

图1-15　Soul App页面

（二）新的科技成果带来新的体验方式

社交电商本质上是以社交关系拓展为电商平台实现拓展助力的，而目前主要细分的类型中，内容类社交电商通过创造内容为社群引流，通过鼓励分享促进用户社交互动以此达到吸引新客的目的。从社交电商的本质和分类可见，其社交玩法仍然存在广阔的探索空间。随着社交电商巨大的发展市场吸引更多玩家入局，未来将出现更多新类型的社交电商产品。

2018年3月，Instagram推出了"立即购买"功能，零售商可以在帖子中标记最多5种产品，并提供指向零售商网站的直接链接，以便消费者完成购买。这被认为是购物和社交媒体采用的一种创新方法。现在，KOL、博主和视频博主开始采用这种方法使他们的产品"可购物"。因此，显然不应将电子商务视为孤立的渠道，零售商必须专注于通过完全融合来创造整体购物体验。未来可以使用新兴技术进一步增强这一点，如增强现实技术、虚拟助手和语音识别技术等。

1. 增强现实技术

增强现实技术为社交媒体平台上的电子商务提供了进一步发展的潜力。2018年4月，Snapchat推出了"购物增强现实"功能，它允许广告商使用赞助的Snapchat镜头，直接向用户展示和销售产品。例如，Kay Jewelers宣布与Snapchat建立合作伙伴关系，用户可以使用Snapchat的世界镜头。通过允许消费者在购买前进行虚拟试用，零售商可以增加消费者购买产品的意愿，因为他们能够在最终购买之前试用产品。这表明增强现实技术可以在未来的电子商务中发挥重要作用。使用增强现实技术的另一个例子是欧莱雅，它与Facebook和Instagram建立了合作伙伴关系，这种技术创新让消费者可以试用美容产品，然后直接单击欧莱雅网站购买产品。

2. 虚拟助手和语音识别技术

电子商务的另一个面临的机会与虚拟助手和语音识别技术的进步有关。虚拟助手正在成为消费者购物之旅的重要组成部分。研究发现，有46%的购物者有兴趣使用虚拟助手来购买服装，有40%的消费者希望在未来三年内使用语音识别技术代替移动应用程序或网站。因此，虚拟助手和语音识别技术的未来影响力是不可否认的，因为这种数字技术正在逐步发展，包括看、听和理解的能力。例如，亚马逊Echo Look配备了一个摄像头，用户可以借此给自己或想要的产品拍照，然后直接与应用程序和语音识别"谈论"它们，并知道可能在哪里找到它们。因此，可以想象，未来社交媒体应用程序可能会结合虚拟助手和语音识别技术，让消费者通过语音命令搜索和购买衣服。

二、社交电商的挑战

（一）运作模式亟待规范

消费返利的经营模式是将消费者在网站上购买商品花出去的钱，通过积分消费的形式又部分地返回到消费者的钱包的模式。作为一种营销手段，返利平台、消费者、商家都能从中获得实惠。但在我国发展过程中被不法分子利用，不卖商品而靠发展下线盈利，逐渐演变为网络传销。对于此种现象，监管部门应该不断完善现有的电子商务法律法规，规范电子商务经营主体，创新发展模式，保护消费者合法权益。

此外，社交电商的运作模式虽然能以更低的成本获取流量，但在各种社交玩法探索的同时，也同样会衍生新的运营模式。特别是对于社交零售平台，分级商城的运作模式如果不注重监管，就容易发展成为传销模式，平台及商家需要始终注重电商平台产品零售的本质，注重运作模式的合规性。

（二）平台口碑需要关注

社交电商行业的快速发展吸引了众多商家进驻平台，而社交电商较低的进入门槛使平台上商家及产品质量参差不齐，社交电商的产品质量问题也倍受关注。社交电商主要靠社交关系实现裂变传播，这种形式下平台口碑的重要性更加突出。如果不注重平台商品质量的监管，社交传播的方式对口碑较差的平台带来的负面影响更大。

（三）核心竞争力有待增强

社交电商本质上是电商行业营销模式与销售渠道的一种创新，凭借社交网络进行引流的商业模式在中短期内为社交电商的高速发展提供了保障。但这种模式的创新并非难以复制，无法成为企业的核心竞争力。社交电商流量来源相对碎片化且受制于社交平台，社交平台的政策或规则变化可能会对其产生毁灭性的打击。此外，社交渠道的流量来得快去得也快，消费者在平台产生了交易流水并不代表消费者和平台产生了黏性，后续如何将这些流量沉淀下来并激发其购买力，将对平台的精细化运营能力提出巨大考验。

对于消费者来说，无论商家采用什么样的营销方式，商品的物美价廉和配送服务的快速高效是其对平台产生忠诚度、愿意持续复购的关键。以流量起步的社交电商平台最终将演化成两种不同的路径：一种将仍以流量运营为核心关注点，与电商巨头进行合作，成为电商企业的导流入口，这种发展路径下企业对商品没有把控力，盈利空间相对受限；另一种将不断深化供应链的建设和投入，增强自身的商品履约能力，这种发展路径下需要企业进行较多的投入，且发展到一定规模后将不得不直接面对来自巨头的竞争压力。

任务小结

1. 社交电商的主要机会包括新的社交软件创造新的发展空间和新的科技成果带来新的体验方式。
2. 社交电商的主要挑战包括运作模式亟待规范、平台口碑需要关注、核心竞争力有待增强。

任务实训

请通过网络搜索与元宇宙相关的资料，思考在元宇宙社交平台中如何具体开展社交电商，并以文档的形式提交实训报告。

任务评价

评价类目	评价内容及标准	分值（分）	自己评分	小组评分	教师评分
学习态度	全勤（5分）	10			
	遵守课堂纪律（5分）				
学习过程	能说出本次工作任务的学习目标（5分）	40			
	上课积极发言，积极回答老师提出的问题（5分）				
	了解社交电商的机会（5分）				
	了解社交电商的挑战（5分）				
	对社交电商的机会与挑战有独特见解（20分）				
学习结果	"任务实训"考评（50分）	50			
合计		100			
所占比例		100%	30%	30%	40%
综合评分					

项目二

拼购类社交电商

拼购类社交电商是一种基于社交关系的低价团购和自主分享型电商。拼购类社交电商平台通过低价折扣等优惠引导消费者购买商品，同时激励消费者在微信等社交渠道上自发传播并组团，用户组团成功后可以以比单人购买时更低的价格购买商品。

用户在拼购类社交电商平台上购买商品，具有便宜、有趣、便捷等使用体验。

拼购类社交电商的商家服务包括注册店铺、商品管理、营销推广、物流和售后等内容。

以拼多多为代表的拼购类社交电商面临的主要机会有农产品销售、高新技术探索、新品牌计划、直播和跨境电商等；面临的主要挑战是行业竞争加剧、营销成本上涨和口碑问题频出等。

项目二　拼购类社交电商

任务一　拼购类社交电商概述

任务清单

工作任务	拼购类社交电商概述	教学模式	任务驱动
建议学时	1学时	教学地点	一体化实训室
任务描述	学习拼购类社交电商的概念、发展历程，了解拼购类社交电商的代表企业		
学习目标	知识目标	了解拼购类社交电商的概念； 了解拼购类社交电商的发展历程； 了解拼购类社交电商的代表企业	
	能力目标	能够判断拼购类社交电商的适用产品类型； 能够分析拼购类社交电商和传统电商的差异	
	素质目标	通过对拼购类社交电商发展历程的分析，形成分析事物发展一般规律的思维	
思政目标	通过梳理国内拼购类社交电商行业的发展历程，引导学生关注民族企业的崛起和发展；通过对代表企业创始人的成长经历，以及他们如何带领国内拼购类社交电商企业发展壮大，并与国外社交电商行业巨头竞争的过程的学习，帮助学生了解并学习艰苦奋斗、勇于开拓、敢于创新的民族企业家精神，增强民族自信心和民族自豪感		

知识导图

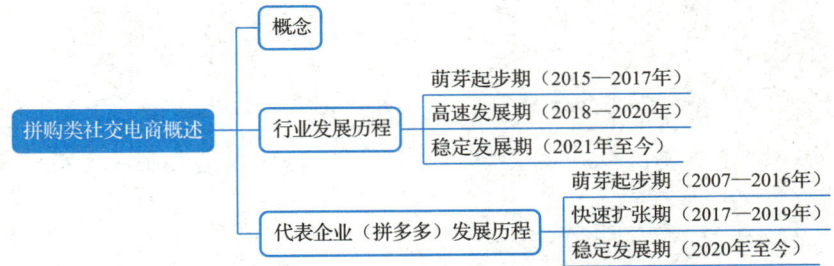

任务实施

一、概念

拼购类社交电商是一种基于社交关系的低价团购和自主分享型电商，其模式如图2-1所示。平台通过低价、折扣等优惠引导消费者购买商品，同时激励消费者在微信等社交渠道上自发传播并组团，用户组团成功后可以以比单人购买时更低的价格购买商品。

拼购类社交电商的特点如下：
（1）把低价作为平台引流的关键；
（2）多层次、多维度诱导社交分享；
（3）通过逆向推荐打造爆款。

■ 社交电商

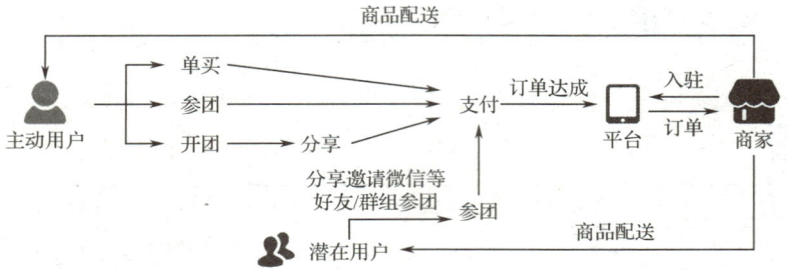

图 2-1　拼购类社交电商的模式

二、行业发展历程

（一）萌芽起步期（2015—2017 年）

2015 年 9 月，拼多多公司成立，正式上线 App、公众号；2016 年 7 月，苏宁易购乐拼购业务上线；2016 年 9 月，拼好货与拼多多合并；2016—2017 年，贝贝拼团、九块九拼团、51 拼团等众多中小型拼购电商平台上线。

此阶段，拼购类社交电商市场主要由中小企业主导，最早入局的拼多多还处于发展初期，并未形成较大的影响力。早期的拼购类社交电商平台图标如图 2-2 所示。

图 2-2　早期的拼购类社交电商平台图标

（二）高速发展期（2018—2020 年）

在拼多多成功上市及其迅速扩大市场份额的影响下，京东、淘宝等传统电商巨头开始关注拼购类社交电商市场，并陆续推出了相关平台，希望夺回被拼多多抢占的电商市场。

2018 年 3 月，京东拼购上线；2018 年 7 月，拼多多在美国上市；2018 年 8 月，苏宁在乐拼购的基础上成立了苏宁拼购，上线了独立的 App，并创新地提出了"拼购日"玩法；淘宝联合支付宝推出"每日必抢"板块；2019 年 3 月，京东拼购开启新一轮招商，推出"原产地直采"模式，2019 年 9 月更名为京喜；2020 年 3 月，阿里巴巴推出淘宝特价版，以 C2M 模式定制商品。

在高速发展期，拼购类社交电商虽然遍地开花，但在市场发展中存在良莠不齐的现象。在众多拼购类平台中，拼多多确实在流量、用户数量、销售业绩等方面比较领先，但收到的风评却不是很好。据艾媒咨询的数据：拼多多的品牌口碑一直处于比较负面的状态，相比而言，苏宁拼购的口碑较好，超过其他拼购类社交电商；拼购类社交电商用户对拼多多的认知度最高，但是在整体服务满意度一项，苏宁拼购依然得分最高，苏宁拼购在物流配送、正品保障、整体服务满意度方面取得了用户的信任；在对用户是否愿意继续使用拼购类社交电商的调查中，因优惠力度大而愿意继续使用的占64.4%，而在不愿意使用的原因中，排名第一的是对商品质量问题的担忧。可见，虽然价格便宜是拼购类社交电商的立足点，但只依靠低价却不能长久地留住用户。我国拼购类社交电商用户关于主流拼购类电商平台服务满意度调查如表2-1所示。

表2-1 我国拼购类社交电商用户关于主流拼购类电商平台服务满意度调查

拼购电商平台	物流配送满意度	正品保障满意度	整体服务满意度
拼多多	7.51	6.45	7.27
淘宝特价	7.53	7.69	7.76
苏宁拼购	7.72	8.03	7.84
拼趣多	7.43	7.07	6.75

资料来源：2018—2019年艾媒咨询《中国拼购电商行业研究报告》。

（三）稳定发展期（2021年至今）

这一时期，作为拼购类社交电商典型代表的拼多多，其财务数据与阿里巴巴、京东相比，在营收增速上面保持优势。

根据2023年数字零售"三巨头"的二季度财务数据，阿里巴巴、京东、拼多多均在营收及净利润方面获得了稳健增长，且净利润增速旗鼓相当。不过在研发费用与营销费用投入等方面的数据略有差异。阿里巴巴、京东、拼多多2023年二季度财务报告核心数据对比如表2-2所示。

表2-2 阿里巴巴、京东、拼多多2023年二季度财务报告核心数据对比

指　　标	阿里巴巴	京　　东	拼　多　多
营收	2 342亿元	2 879亿元	522.8亿元
营收增速	13.91%	7.60%	66.29%
净利润	342.4亿元	65.81亿元	131.1亿元
净利润增速	51.12%	50.39%	47.34%
研发费用	104.7亿元	40.72亿元	27.34亿元
研发费用增速	−26.22%	1.12%	4.71%
营销费用	270.5亿元	110.6亿元	175.4亿元
营销费用增速	5.75%	16.70%	54.67%

资料来源：网经社。

从网经社统计的数据来看，"三巨头"表现出的特点如下：
① 营收方面，京东营收规模仍占第一，拼多多营收增速优势继续保持；
② 净利润方面，阿里巴巴占比最大，三家公司净利润增速相当；
③ 研发费用与营销费用投入方面，阿里巴巴研发费用、营销费用投入均最多，但增速最低；
④ 总体来看，阿里巴巴更强调消费者，京东更关注商家，而拼多多在持续加码研发。

三、代表企业（拼多多）发展历程

（一）萌芽起步期（2007—2016年）

拼多多萌芽起步期发展历程及特点如图2-3所示。

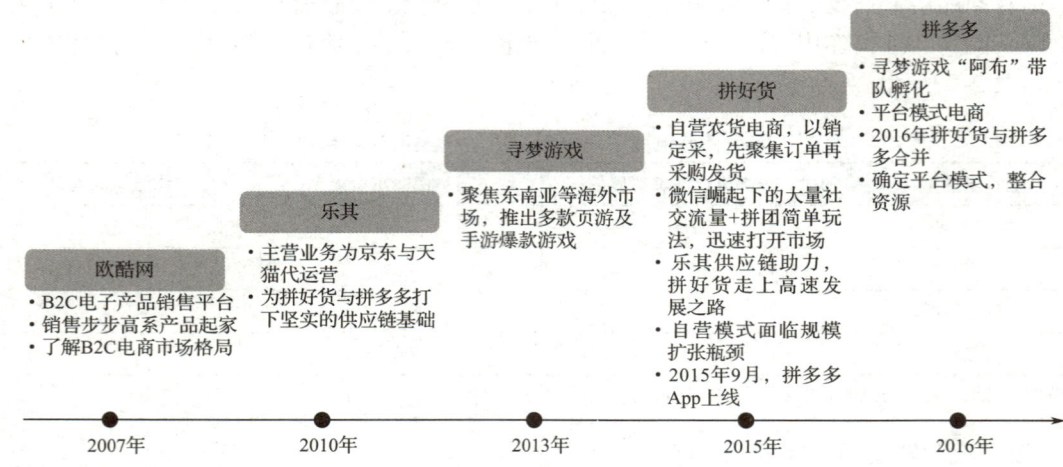

图2-3　拼多多萌芽起步期发展历程及特点

2007年，黄峥从谷歌辞职后，成立了步步高系B2C线上平台欧酷网，主要通过销售步步高教育产品和OPPO蓝光播放器起家，平台在三年内GMV（商品交易总额）达到6 000万元。但此时电商平台"马太效应"逐渐显现，与欧酷网经营品类相同的苏宁电器于2010年达到755亿元的营收，同年京东营收也破百亿元。加上欧酷网主营的手机在市场上价格相对透明，导致平台出现高营收低利润的困境。为避免后期与京东的持久消耗战，黄峥决定将欧酷网卖给兰亭集势，仅保留其核心技术团队。

2010年，黄峥创办乐其，主营业务为京东与天猫代运营，其中包括店铺运营、选品、仓储物流及售后服务，在三年内团队规模扩张至100多人，年销售额过亿元，利润超过千万元。这段创业经历不仅促使团队深度学习了电商平台内在的运营逻辑和体系，同时也为拼好货与拼多多打下了坚实的供应链基础。同时，黄峥也抓住游戏市场的新机遇，参与创办上海寻梦信息技术有限公司，聚焦东南亚等海外市场，推出多款页游及手游爆款游戏。

拼多多开发团队把握了人们每天社交媒体使用时间长、电商平台使用时长短，社交媒体内达成的电商销售量低的特点，决定利用微信的社交关系做拼团以开拓电商的新战场，并在2015年创办了拼好货。用户可以在拼好货App内发起拼团或参团，再通过微信社群把拼团、参团信息"病毒"式传播扩散出去，当客户凑够成团人数下单时，拼好货团队再去采购水果发货。这种"社交+高性价比"的打法迅速打开了市场，在不到一个月的时间内，平台就达到了日均1万单的水平。但后台的运转能力跟不上订单的增长速度，仓储、订单处理、售后等问题一并出现。黄峥通过整合乐其的供应链资源，大力发展后台运转能力，提升订单处理的速度，拼好货开始走上高速发展之路，仅仅几个月就突破了千万用户。

2015年9月，拼多多App上线。拼多多采取商家入驻的平台经营模式。

据微信官方的数据，2014年春节微信红包共计800多万用户参加，超过4 000万个红包被领取，当时线下扫码支付还未全面普及，拼多多正好利用朋友圈拼单的方式凭借社交裂变迅速扩张，上线两周后"粉丝"破百万。2016年9月，拼好货和拼多多宣布合并，平台用户总量破亿。拼多多和拼好货合并后业务转型示意图如图 2-4 所示。

图 2-4　拼多多和拼好货合并后业务转型示意图

（二）快速扩张期（2017—2019 年）

自 2017 年第一季度起，拼多多开始业务转型，彻底取消自营业务，凭借低价商品迅速开拓下沉市场，与阿里巴巴、京东形成错位竞争，平台用户数量迅速扩张。北京时间 2018 年 7 月 26 日，拼多多以 19 美元的发行价在纳斯达克挂牌上市。随后，拼多多推出了一系列举措，加强平台治理，提升商品质量：

① 开展双打活动，强制关店 1 128 家，下架商品 430 万件，拦截疑似假冒商品链接 45 万多条；

② 推出退货包运费服务，对提供退货包邮的商家给予标识，提升商家卖假货的隐性成本；

③ 2018 年 10 月，国美电器、当当网、小米等知名品牌入驻，平台货源质量得到提升；

④ 2019 年 6 月，拼多多针对中高端消费水平的客户群体实施百亿补贴政策，打开了一二线市场。

（三）稳定发展期（2020 年至今）

根据光大证券研究所提供的数据，2020 年第三季度，拼多多首次实现季度盈利。2022 年拼多多 GMV 高达 3 万亿元，与京东几乎持平。由于阿里巴巴同时拥有天猫和淘宝平台，在 GMV 方面占据绝对优势。从活跃买家方面看，拼多多 2020 年活跃买家增长至 7.884 亿人，首次超过阿里巴巴（中国市场买家）和京东，位列中国电商行业第一，但在 2021 年和 2022 年，其活跃买家数略低于阿里巴巴（中国市场买家），明显高于京东的活跃买家数。2019—2022 年拼多多、阿里巴巴（中国市场买家）、京东活跃买家数量对比示意图如图 2-5 所示。

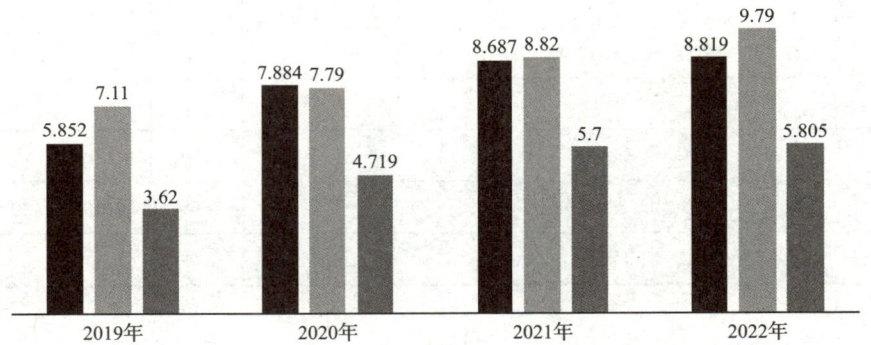

说明：电商平台从左至右依次为拼多多、阿里巴巴（中国市场买家）、京东，单位为亿人

图 2-5　2019—2022 年拼多多、阿里巴巴（中国市场买家）、京东活跃买家数量对比示意图

【阅读材料】拼多多创始人介绍

■ 社交电商

任务小结

1. 拼购类社交电商是一种基于社交关系的低价团购和自主分享型电商。平台通过低价折扣等优惠引导消费者购买商品，同时激励消费者在微信等社交渠道上自发传播并组团，用户组团成功后可以以比单人购买时更低的价格购买商品。

2. 拼购类社交电商的特点有三个：把低价作为平台引流的关键；多层次、多维度诱导社交分享；通过逆向推荐打造爆款。

3. 拼购类社交电商的发展主要经历了三个阶段：萌芽起步期（2015—2017年）；高速发展期（2018—2020年）；稳定发展期（2021年至今）。

4. 拼购类社交电商中最具有代表性的企业是拼多多。

任务实训

请分别试用拼多多、淘宝特价版、京东拼购、苏宁拼购等拼购类社交电商平台，描述它们的共同点和差异点，并以文档的形式提交实训报告。

任务评价

评价类目	评价内容及标准	分值（分）	自己评分	小组评分	教师评分
学习态度	全勤（5分）	10			
	遵守课堂纪律（5分）				
学习过程	能说出本次工作任务的学习目标（5分）	40			
	上课积极发言，积极回答老师提出的问题（5分）				
	了解拼购类社交电商的概念及发展历程（5分）				
	能够说出拼购类社交电商的代表企业及其显著特点（5分）				
	能够判断拼购类社交电商的适用产品类型；能够分析拼购类社交电商和传统电商的差异（20分）				
学习结果	"任务实训"考评（50分）	50			
合计		100			
所占比例		100%	30%	30%	40%
综合评分					

任务二　拼购类社交电商的用户分析

任务清单

工作任务	拼购类社交电商的用户分析	教学模式	任务驱动
建议学时	1 学时	教学地点	一体化实训室
任务描述	以拼多多为例，学习拼购类社交电商的用户特征和用户体验		
学习目标	知识目标	了解拼购类社交电商用户的社会特征和行为特征； 了解拼购类社交电商的用户体验	
	能力目标	能够独立分析拼购类社交电商的用户体验	
	素质目标	培养学生的用户思维，从用户的角度去思考产品和服务	
思政目标	通过重点讲解拼多多如何通过百亿补贴、新品牌计划和C2M型供应链等战略方法降低商品价格，提升用户体验，引导学生关注社交电商行业的发展，培养学生形成"以民为本""以用户为中心"的商业思维		

知识导图

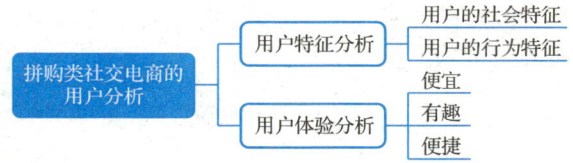

任务实施

一、用户特征分析

（一）用户的社会特征

根据易观千帆、艾瑞咨询、西南证券等机构提供的数据，淘宝、京东、拼多多在性别比例、用户地域、使用人群年龄占比及消费能力方面各有特点：

（1）性别比例。淘宝的用户性别比例各占50%，说明其男性用户和女性用户数量均衡；京东男性用户占比为54%，说明其男性用户的数量高于女性用户的数量；拼多多女性用户高达59%，说明其用户以女性为主。

（2）用户地域。淘宝、京东超一线城市、一线城市的用户比例均高于拼多多，而拼多多二线城市、三线及以下城市用户占比达52%。

（3）使用人群年龄占比。淘宝、京东、拼多多30岁及以下的用户占比分别为57%、58%、57%，三家电商40岁以上的用户占比均小于10%，说明电商购物人群仍偏向年轻人。

（4）消费能力。淘宝高端及中高端消费占比最高，达42%；拼多多低端及中低端消费占比达31%，中端消费占比32%。

淘宝、京东、拼多多的用户画像如图2-6所示。

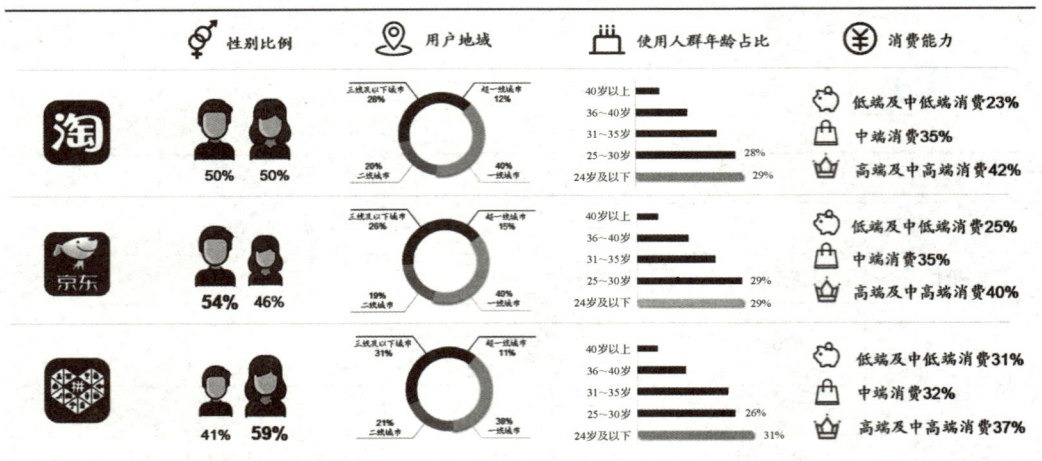

图2-6　淘宝、京东、拼多多的用户画像

（二）用户的行为特征

根据企鹅调研平台对拼多多用户的消费观进行调研的数据，在对"假如有三件价格不同但你都喜欢的衣服，你更倾向于买哪件"的一项调查中，59%的拼多多用户选择了"原价600元，折后300元"的衣服；愿意购买"原价100元，不打折"的衣服的拼多多用户占比为34.5%。说明拼多多用户并非传统意义上的"低价导向"，而是更倾向于性价比和折扣类商品。拼多多用户的消费观调研如图2-7所示。

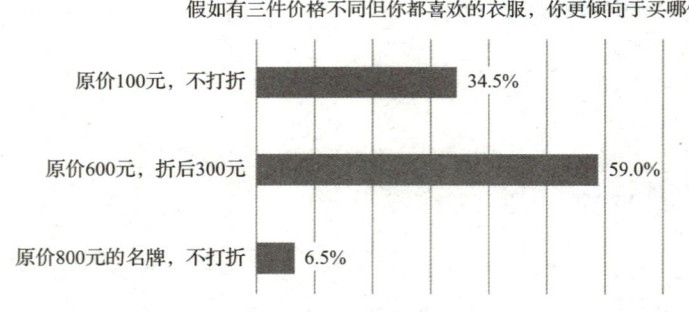

图2-7　拼多多用户的消费观调研

从"吸引你在拼多多购物的原因"的调研数据来看，拼多多最吸引人的是主打的拼团购物。通过熟人拼团，用户既能以更便宜的价格购买商品，还能互相推荐商品，购物过程在一定程度上达到了社交的功能。拼多多各种签到红包、抽奖、帮忙砍价、助力免单等游戏活动，也吸引了一部分用户参与。吸引用户在拼多多购物的原因调研如图2-8所示。

在对"选择在拼多多购买商品的原因"的调查中，有41.3%的用户是因为拼多多上价格比淘宝或超市更便宜；有40.9%的用户是因为划算而囤货，过早地释放了长期性购物需求；有24.8%的人是受拼多多的影响而产生了新的购物需求，他们在拼多多购买的商品是原来根本没见过或没用过的商品。选择在拼多多购买商品的原因调研如图2-9所示。

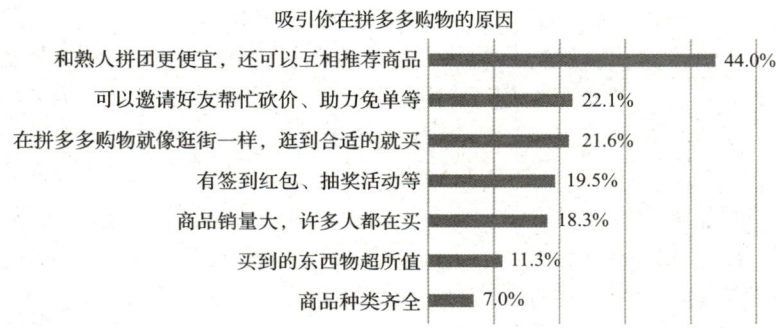

图 2-8 吸引用户在拼多多购物的原因调研

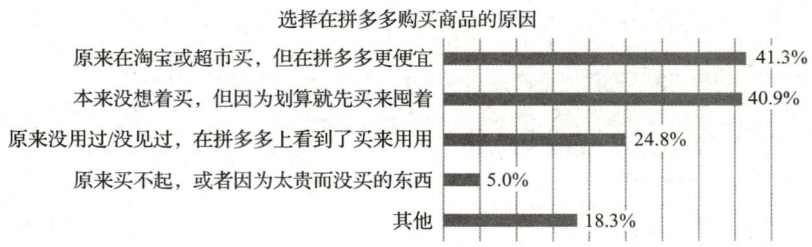

图 2-9 选择在拼多多购买商品的原因调研

在传统的电商网站购物中,大部分用户具备明确的购物目的,通过搜索购物和在收藏店铺中购买是传统电商网站中高频的两种购物行为;在拼多多平台上,用户主要依赖浏览式和引导性购物,约有一半以上拼多多用户的购物习惯是从首页"秒杀/特卖/清仓/免单"等区域进入购买。拼多多用户的购物习惯调研如图 2-10 所示。

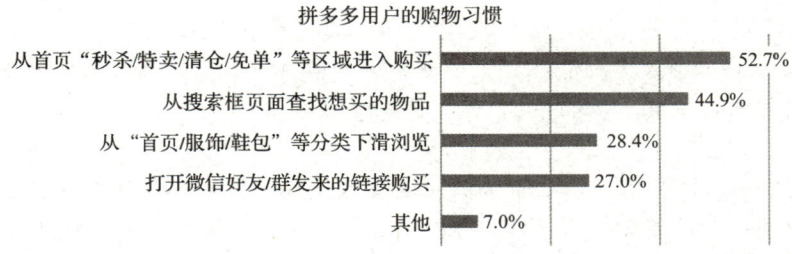

图 2-10 拼多多用户的购物习惯调研

二、用户体验分析

(一)便宜

低价是拼购类社交平台的核心竞争力。传统电商平台的平均客单价大约为 100 ~ 500 元,而 2018 年拼多多的平均客单价只有 42.5 元。客单价低有两个方面的原因。

(1)商品的成本低。拼多多通过对消费者需求数量的聚集,可以要求上游供应链进行批量生产,从而降低生产成本;拼多多入驻商家多为工厂店和一手经销商,流通环节少,故中间成本低；消费者自主分享拼团，订单集中在有限的精选爆款商品上，营销成本也有所降低。成本的降低便于压低价格，价格优势由此体现，并且形成了低价和引流的良性循环。

（2）商家的主动让利。低价战略便于流量的倾斜，原来许多腰部、尾部商家将主动让利作为竞争手段，试图通过聚集流量发展成为头部商家。

1."百亿补贴"政策

拼多多通过"百亿补贴"政策打开一二线城市市场，获得新增销售量，突破发展瓶颈。拼多多自2019年推行"百亿补贴"政策以来，主打"正品低价"，对一二线城市消费者喜欢的产品品类进行补贴，并将其作为常态化的营销手段。以拼多多2021年4月1日"百亿补贴"首页三款"超人气补贴"商品为例（海尔洗衣机、真我realme Q2手机和iPhone 12手机），三款产品经过拼多多平台补贴后，比淘宝和京东平台中的同类型产品价格优惠达10%～20%。除了3C产品，"百亿补贴"还涵盖了服饰、鞋包、生鲜食品、办公等日常百货用品。同款型号产品在拼多多、淘宝和京东的价格比较如表2-3所示。

表2-3　同款型号产品在拼多多、淘宝和京东的价格比较

产　品	型　号	拼多多百亿补贴价格/元	淘宝价格/元	京东价格/元
海尔洗衣机	G100108HB12G	1 899	2 599	2 599
真我realme Q2手机	6G+128G	1 099	1 249	1 399
iPhone 12手机	64G	5 499	6 299	5 999
iPhone 12手机	128G	5 999	6 799	6 499
iPhone 12手机	256G	6 749	7 599	7 299

资料来源：拼多多、淘宝、京东App，价格为2021年4月1日当天价格（使用优惠券后），光大证券研究所整理。

"百亿补贴"通过补贴大牌产品的方式改变了拼多多原有的"廉价"形象，吸引了更多一二线城市新用户。在经过下载App、注册用户、填写收货地址、绑定付款信息等操作后，新用户复购的操作成本会大大降低。一二线城市客户群体开始使用拼多多购物后，会被高性价比的商品吸引并进行复购，从而带动GMV的提高。

2. C2M型供应链

拼多多抓住商家痛点，通过C2M型供应链降低损耗。许多小型作坊生产线单一，增加SKU（最小存货单位）需要新增生产线、购买新的设计图、提供新的模型等，边际成本很高。淘宝中排名较前的店铺往往产品种类丰富，产品种类不足的店铺因曝光不足很难预测未来一段时间内的销量与产能需求，很容易产生库存损耗。拼多多通过拼购的形式，将相对确定的产能需求分发给不同厂商，解决上下游信息不对称的问题，降低了库存损耗，从而提高了商品的性价比。拼多多C2M型供应链示意图如图2-11所示。

3. 推行"新品牌计划"

拼多多连接供应链上下游，通过"新品牌计划"进行反向定制、品销合一。2018年年底，拼多多推行"新品牌计划"，为我国中小微制造商提供相关数据信息和流量支持，针对消费者需求，生产更可能成为爆款的单品，培育新品牌。

项目二　拼购类社交电商

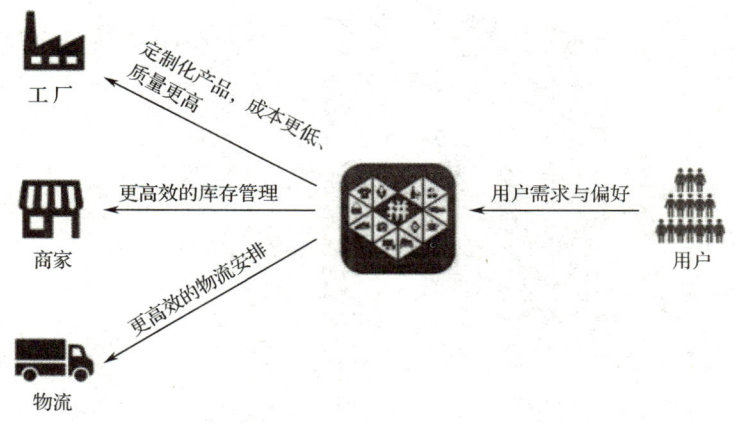

图 2-11　拼多多 C2M 型供应链示意图

2020 年 10 月，拼多多在上海宣布全面升级"新品牌计划"，提出将在 2021—2025 年期间加大扶持力度，以定制 100 个产业带内的 10 万款新品牌产品为目标，带动 1 万亿元的总交易额。升级的"新品牌计划"分为"知名品牌子品牌打造、产业带新锐品牌扶持、国货老品牌再造、代工企业自主品牌培育"4 个部分，参与的品牌方扩充至 5 000 家。拼多多"新品牌计划"扶持的代表品牌如表 2-4 所示。

表 2-4　拼多多"新品牌计划"扶持的代表品牌

知名品牌子品牌打造	产业带新锐品牌扶持	国货老品牌再造	代工企业自主品牌培育
韩束束而 一叶子花而生 珀莱雅芮加	南方生活 联圆世家 汇明创家 优居未来	百雀羚蓓丽 王麻子 百花萃	凯琴 喜时 博锐 贝婴爽

拼多多对厂家的支持主要包括两个方面：

（1）反向定制，对用户行为数据进行采集分析，与厂家合作，针对用户需求开发定制化产品，从而打造爆款产品；

（2）品销合一，利用平台自有流量资源，通过平台内各类营销活动扶持相应品牌和推广相关产品。

通过"新品牌计划"，拼多多进一步打通上游厂商与 C 端消费者之间的信息壁垒，精简供应链，提供平价好货。随着民族自豪感的提升和国潮文化的兴起，消费者对国货新品牌的接受度在逐步提高，这将为拼多多提供更广阔的增量空间。拼多多为"新品牌计划"厂家提供的展示位示意图如图 2-12 所示。

（二）有趣

拼多多通过推出各类游戏机制，提升购物的趣味性，将"多乐趣"和"多实惠"有机连接，提升用户黏性和活跃度。拼多多推出"签到""多多果园""现金大转盘""现金大富翁"等游戏活动，目的包括以下三点：

（1）增加用户黏性，增加用户使用 App 的时长。用户在玩游戏的过程中，得到游戏乐趣的同时可以获得相应的奖励，增加使用拼多多的频次和时长。例如，在"多多果园"中设有"领水滴""发券中心"等模块，养成果树可以领取免费水果，引导用户每日打开拼多多参加活动。

社交电商

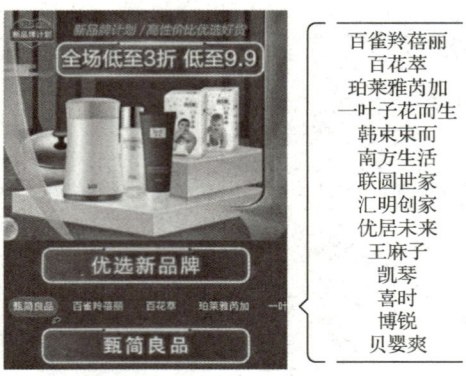

图 2-12 拼多多为"新品牌计划"厂家提供的展示位示意图

（2）增设商家商品展示位，增加广告营收。

（3）引导用户分享链接，增加 App 月活用户数量，打造社交链。

拼多多通过"砍价"和"抢红包"活动触达用户社交圈，从而引流至拼多多平台内。拼多多通过推出"砍价"和"抢红包"等活动，引导用户将链接发给朋友，获得更多新用户。拼多多的"砍价"和"抢红包"的首次参与难度很低，"砍第一刀"便可以获得大部分折扣价，用户形成良好的心理预期，将继续参与砍价。"砍第一刀"之后的"砍价"难度逐渐增加，同时，平台通过其他方式（如倒计时提醒给用户紧迫感、弹窗出现"××人完成任务"）来增加用户继续转发链接的概率。拼多多还设有砍价记录、砍成攻略、砍成晒单等模块，用户除了获得现金奖励，还可以体验"炫耀成绩"的成就感，进一步加强了用户的社交属性，加强了平台社交圈的打造。

拼多多的"砍价"和"抢红包"活动及说明如图 2-13 所示。

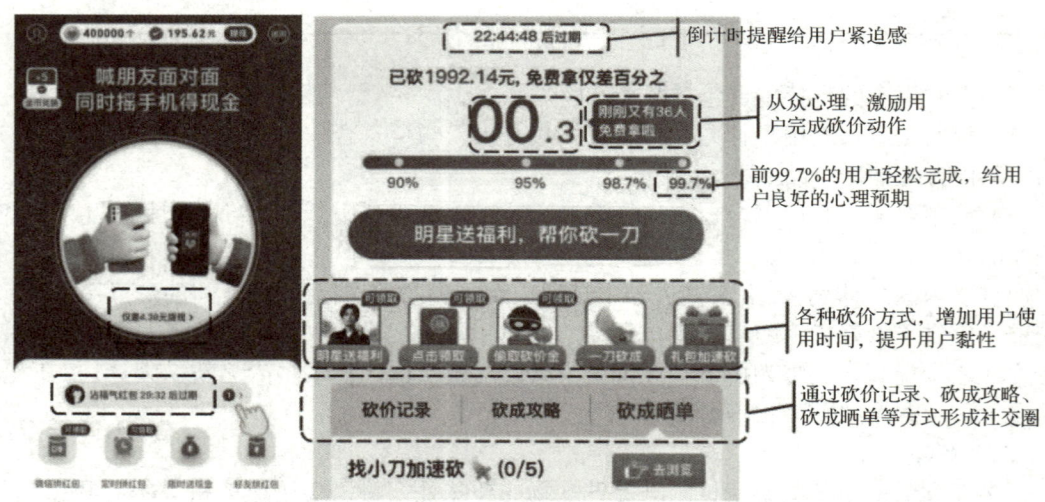

"砍价"和"抢红包"活动—用户将链接分享给自己原有的社交圈—App活跃用户数量提升+用户黏性提升

图 2-13 拼多多的"砍价"和"抢红包"活动及说明

拼多多通过拼单团购活动重构平台内部流量，将原有用户流量按需分类，增强用户黏性；通过拼单、万人团等活动引导用户在购物时社交，从而形成具有相似购物需求和偏好的社交圈。这些举措使拼多多用户流量池在一定程度上能够自发按需分类，为拼多多打造 C2M 体系模式奠定底层基础。拼多多拼单团购活动及说明如图 2-14 所示。

App拼单团购—用户认识其他有相似消费需求偏好的陌生用户—建立新的购物社交圈—用户按需分类—增强用户黏性

图 2-14　拼多多拼单团购活动及说明

（三）便捷

拼多多不仅通过多种方式降低用户的购物成本，而且通过友好的界面设计增强用户的消费冲动，主要表现在以下几个方面：

（1）默认包邮；

（2）在付款界面选项中去掉了购物车功能；

（3）对拼购价格和单独购买价格进行横向对比。

拼多多的用户多对价格相对敏感，在单次购买行为中，容易因为低价实惠产生消费冲动进而直接购买。如果将商品加入购物车，将加大二次筛选的可能性。因为在购物车中一次性支付，会因为支付金额较大而降低消费欲望。拼多多的商品收藏栏类似购物车功能，收藏某种商品后，在个人中心里面可以看到该商品，但收藏栏不支持集中结算，也看到不到累计金额。拼多多、淘宝、京东购物方式对比如图 2-15 所示。

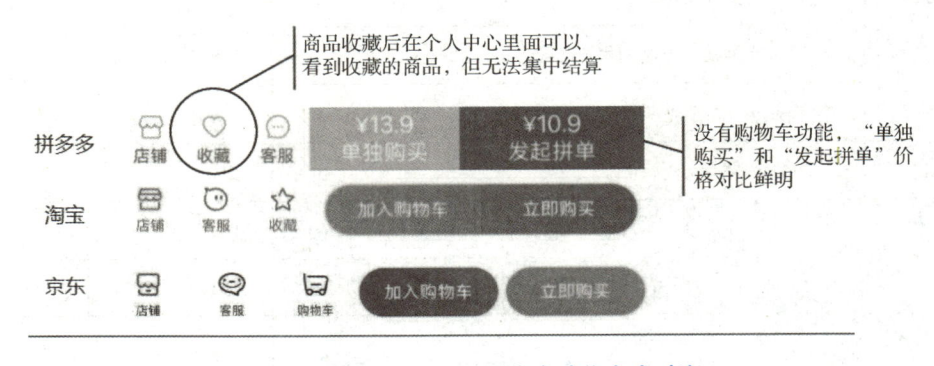

图 2-15　拼多多、淘宝、京东购物方式对比

■ 社交电商

任务小结

1. 拼多多用户的社会特征：以低端及中低端消费、中端消费群体为主，女性用户为主，且使用人群相对年轻；二线城市和三线及以下用户占比较高。

2. 拼多多用户的行为特征：拼多多用户并非传统意义上的"低价导向"，而是更倾向性价比和折扣类购物；拼多多用户被吸引购物的原因主要是拼团购物更便宜，选择在拼多多购买的原因是寻找价格比淘宝或超市更便宜的商品；拼多多用户主要依赖浏览式和引导性购物。

3. 拼多多的用户体验主要包括便宜、有趣和便捷。

任务实训

"Costco+迪士尼"模式是拼多多的核心战略方向，拼多多管理人员在多个场合多次提到该种模式。例如，拼多多的高管曾怀亿曾经在"新活力赋能老字号新发展"高峰论坛上演讲表示，"我们每天都在探索如何帮助大家乐趣多多地买到实惠的好产品，希望能同时汲取'Costco'和'迪士尼'的长处，助力质优价平的'上海老字号'迅速成为平台主流商品"。黄峥在"致公司全员信：拼多多的一小步"中表示，现在互联网解决的已经不只是效率问题，"Costco+迪士尼"模式将是零售消费市场的未来。

请查阅相关资料，用自己的语言论述什么是"Costco+迪士尼"模式，拼多多目前的经营中哪些地方用到了这种模式，以及未来拼多多还可以如何发展来完善这种模式，请以文档的形式提交实训报告。

任务评价

评价类目	评价内容及标准	分值（分）	自己评分	小组评分	教师评分
学习态度	全勤（5分）	10			
	遵守课堂纪律（5分）				
学习过程	能说出本次工作任务的学习目标（5分）	40			
	上课积极发言，积极回答老师提出的问题（5分）				
	了解拼购类社交电商用户的社会特征和行为特征（5分）				
	了解拼购类社交电商的用户体验（5分）				
	能够独立分析拼购类社交电商的用户体验（20分）				
学习结果	"任务实训"考评（50分）	50			
合　计		100			
所占比例		100%	30%	30%	40%
综合评分					

任务三　拼购类社交电商的商家服务

任务清单

工作任务	拼购类社交电商的商家服务	教学模式	任务驱动
建议学时	4学时	教学地点	一体化实训室
任务描述	以拼多多平台为例,学习拼购类社交电商的店铺注册、商品管理、营销推广及物流和售后的方法		
学习目标	知识目标	了解拼多多注册个人店铺和企业店铺的资质要求; 掌握拼多多店铺商品管理过程中的选款、测款、定价、发布4个环节的知识要点; 掌握拼多多平台店铺营销推广的主要方法; 掌握拼多多平台的物流和售后中发货管理、售后管理和评价管理的知识要点	
	能力目标	能够独立注册拼多多的个人店铺和企业店铺; 能够完成商品管理中选款、测款、定价和发布流程; 能够应用社交分享、营销工具、营销活动和付费推广等方法对店铺进行营销推广; 能够完成发货管理、售后管理和评价管理	
	素质目标	通过在商品管理、营销推广的学习中不断引导学生进行独立决策,培养学生自主进行商业决策的能力	
思政目标	通过对拼多多电商平台经营各个环节,包括注册店铺、商品管理、营销推广、物流和售后环节中具体规范的详细讲解,引导学生形成兢兢业业、脚踏实地的工匠精神,培养学生的职业道德和职业素养		

知识导图

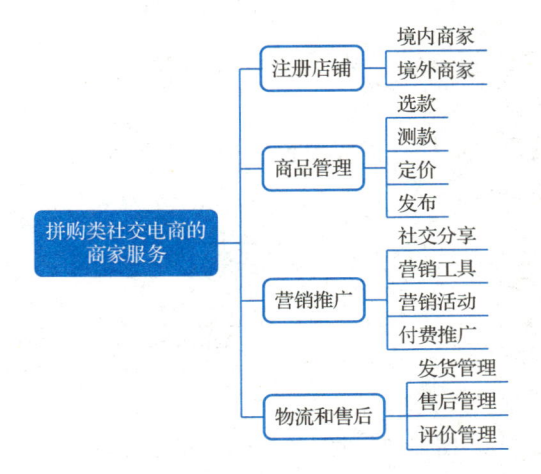

拼购类社交电商的商家服务
- 注册店铺
  - 境内商家
  - 境外商家
- 商品管理
  - 选款
  - 测款
  - 定价
  - 发布
- 营销推广
  - 社交分享
  - 营销工具
  - 营销活动
  - 付费推广
- 物流和售后
  - 发货管理
  - 售后管理
  - 评价管理

任务实施

一、注册店铺

(一)境内商家

商家入驻拼多多平台只需根据相应的开店类目缴纳一定金额的保证金。由于拼多多平台具有海量用户流量和相对较低的开店成本等优势，吸引了大量商家在平台上提供商品，通过用户拼单和平台向爆款单品引流，往往会产生高销量的商品，从而形成"更低生产和供应链成本→更多优惠给用户→更多性价比高的商品→吸引更多用户"的良性循环，逐步实现平台价值的提升。

拼多多店铺类型分为个人店和企业店（企业店类型包括旗舰店、专卖店、专营店和普通店）。

拼多多境内商家入驻流程如图 2-16 所示。

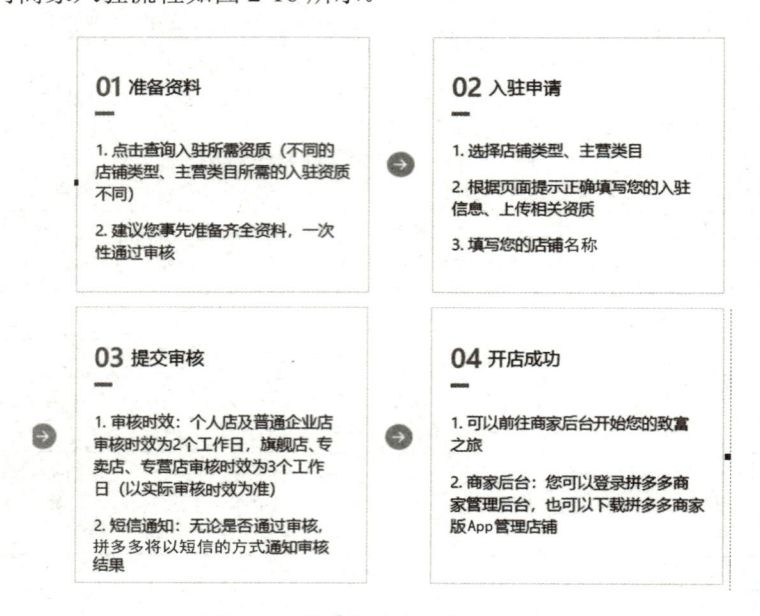

图 2-16　拼多多境内商家入驻流程

1. 个人店

（1）资质要求

个人入驻拼多多非常简单快捷，只需要提供身份证人像面照片和国徽面照片即可。拼多多个人入驻资质要求如图 2-17 所示。

	主体资质	详情描述
1	身份证人像面照片 身份证国徽面照片	1. 必须是中国大陆身份证 2. 距离有效期截止时间应大于1个月 3. 证件清晰，不要上传倒置的图片

图 2-17　拼多多个人入驻资质要求

拼多多个体工商户入驻资质要求如图 2-18 所示。个体工商户入驻拼多多除了需要提供身份证人像面照片和国徽面照片，还需要提供个体工商户营业执照。

（2）注册店铺

第一步：选择店铺类型中普通入驻的"个人店"，如图 2-19 所示。

个体工商户

	主体资质	详情描述
1	身份证人像面照片 身份证国徽面照片	1. 必须是中国大陆身份证 2. 距离有效期截止时间应大于1个月 3. 证件清晰，不要上传倒置的图片
2	个体工商户营业执照	1. 个体工商户营业执照需要上传原件 2. 属于入驻人的个体工商户营业执照 3. 公司类型为个体户性质 4. 距离有效期截止时间应大于3个月 5. 证件清晰

图 2-18　拼多多个体工商户入驻资质要求

图 2-19　拼多多"请选择你的店铺类型"页面

第二步：填写店铺信息。拼多多"店铺信息"页面如图 2-20 所示。

图 2-20　拼多多"店铺信息"页面

填写店铺名称的时候需要注意以下几点内容。

① 店铺名称不得与已经通过审核的店铺名称重复。若两个或两个以上店铺申请相同的符合规定的店铺名称，拼多多依照申请在先原则核定，未通过审核的店铺需要更换店铺名称后重新提交申请。

② 未经拼多多许可，店铺名称、店铺标识、店铺简介等均不得使用"拼多多特许""拼多多授权"或其他带有类似含义的内容。

③ 未经相关权利人授权并提交有效证明文件，店铺名称、店铺标识、店铺简介等均不得使用"特约经营""特约经销""总经销""总代理""厂家认证""官方店铺"或其他可能使买家误认为该店铺已经取得相应品牌授权的内容。

④ 个人店铺的店铺名称不得使用"旗舰""专卖""专营""官方""直营""官字""官方认证""官方授权""特许经营""特约经销"或其他带有类似含义的内容。

⑤ 店铺名称不得带有电话号码、电子邮箱、网址、二维码、即时通信工具或其他联系信息（如 QQ 号码、微信号等）。

⑥ 店铺名称不得包含具有下列情形的内容：

- 有损国家、社会公共利益，或者有损民族尊严的内容；
- 侵犯他人合法权利的内容；
- 夸大宣传、可能误导公众的内容；
- 外国国家或地区的名称；
- 国际组织的名称；
- 政治敏感信息，包括但不限于国家领导人姓名、政党名称、党政军机关名称；
- 含有封建文化糟粕、有消极政治影响，或者违背少数民族习俗、带有歧视性的内容；
- 与经营主体无关，含有除拼多多外的其他电子商务平台信息；
- 其他违反法律法规或社会善良风俗的内容。

⑦ 店铺名称一旦确认，最多只能修改 3 次。因此，要谨慎填写或修改店铺名称。

2. 企业店

（1）资质要求

企业店入驻的资质要求依据入驻类型、店铺类型和主营类目的不同而不同。入驻类型分为普通入驻和一般贸易入驻。一般贸易入驻仅限销售进口商品的店铺，店铺拥有全球购标识。拼多多企业店入驻类型说明如图 2-21 所示。

模块	普通入驻（企业店）	一般贸易入驻
销售商品类型	普通商品、进口商品	仅进口商品
全球购标识	无	有
不缴纳保证金是否可发布商品	是	否

图 2-21 拼多多企业店入驻类型说明

企业店类型分为旗舰店、专卖店、专营店和普通店 4 类。企业店类型及对应的资质要求如图 2-22 所示。

企业店类型	普通入驻（企业店）	需上传的资质证明			
		企业三证	商标注册证	授权书	身份证
旗舰店	1. 经营1个或多个自有品牌的旗舰店	✓	✓		✓
	2. 经营1个授权品牌的旗舰店，且授权品牌为一级独占授权	✓	✓	✓	✓
	3. 卖场型品牌（服务类商标）所有者开设的品牌旗舰店（限拼多多商城主动邀请入驻）	✓	✓		✓
专卖店	1. 经营1个或多个自有品牌的专卖店	✓	✓		✓
	2. 经营1个授权销售品牌商品的专卖店（授权不超过2级）	✓	✓	✓	✓
专营店	1. 经营1个或者多个自有品牌商品的专营店	✓	✓		✓
	2. 经营1个或多个他人品牌商品的专营店（授权不超过4级）	✓	✓	✓	✓
	3. 既经营他人品牌商品又经营自有品牌商品的专营店（授权不超过4级）	✓	✓	✓	✓
普通店	普通企业店铺	✓			✓

图 2-22　企业店类型及对应的资质要求

（2）注册店铺

第一步：填写入驻企业信息。"入驻企业信息"页面如图 2-23 所示。

图 2-23　"入驻企业信息"页面

按照自己售卖的商品选择对应的主营类目，如果不清楚售卖的商品对应的主营类目，则可单击"查看类目明细"按钮，了解或者输入商品名称，搜索适合的主营类目。

旗舰店、专卖店、专营店主营类目有水果生鲜、美容个护、家居生活、服饰箱包、母婴玩具、食品保健、虚拟商品、运动户外、数码电器、家纺家具家装、医药健康、汽配摩托等。

普通店主营类目有普通商品、虚拟商品、医药健康等。普通商品分类包括水果生鲜、美容个护、家居生活、服饰箱包、母婴玩具、食品保健、运动户外、数码电器、家纺家具家装、汽配摩托等。

第二步：填写企业法定代表人基本信息。"企业法定代表人基本信息"页面如图 2-24 所示。

图 2-24 "企业法定代表人基本信息"页面

在"身份证件像"处选择"上传人像面"和"上传国徽面"选项,上传成功后,系统会对身份证件像相关信息进行识别。请仔细核对识别出的信息是否和上传的身份证件像一致。如果一致,请继续进行管理人员的身份证像上传;如果不一致,请按照您所上传的身份证件内容补充并完善你的身份信息。

第三步:填写品牌商标信息。商家如果选择"普通店",则无须上传"商标注册证明"及"品牌授权证明";商家如果选择"旗舰店""专卖店""专营店",则必须上传"商标注册证明"及"品牌授权证明"。"商标信息"页面如图 2-25 所示。

图 2-25 "商标信息"页面

38

在上传"商标注册证明"及"品牌授权证明"等文件时需要注意：
- 商标注册号只需填写所上传商标注册证上的"第×××号"中的数字，不要填入汉字；
- 旗舰店必须上传独占授权书；商标权利人的全资子公司、境内唯一总代理（仅适用于境外商标权利人）等的授权可视为商标权利人的授权；
- 若某一品牌为多级授权的，建议将该品牌的全部授权书有序合并在同一个PDF文件中，上传至"品牌授权证明"处。

第四步：填写店铺基本信息。"店铺基本信息"页面如图2-26所示。

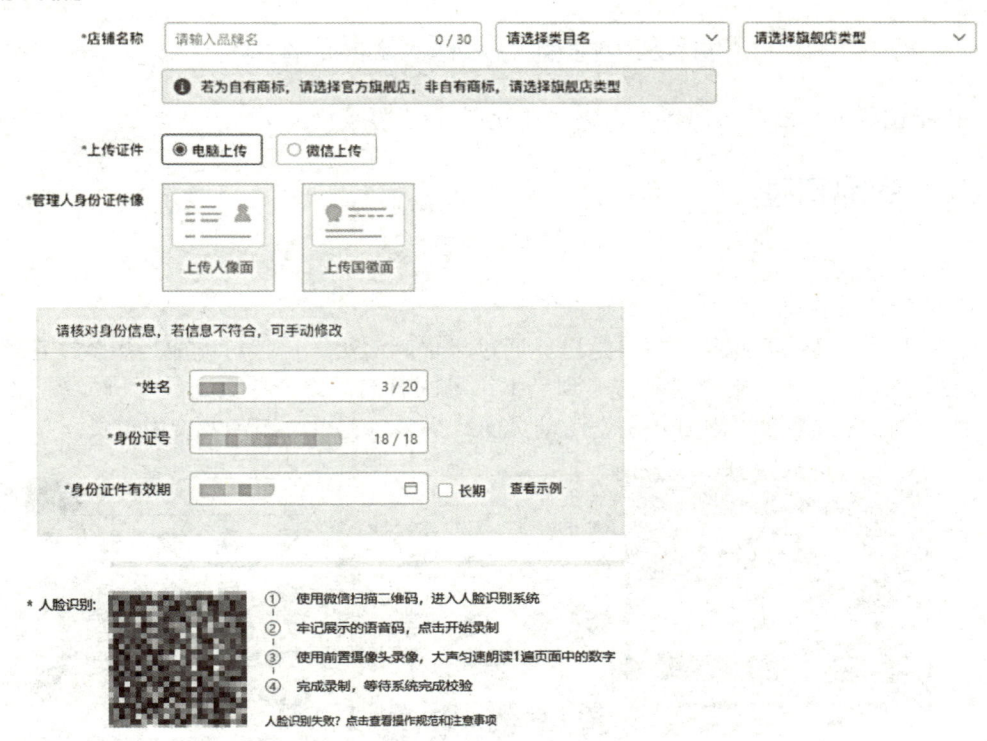

图2-26 "店铺基本信息"页面

旗舰店、专卖店、专营店的店铺名称命名格式如下：
- 旗舰店命名格式为"品牌名+类目（选填）+旗舰店"；
- 专卖店命名格式为"品牌名+商号+专卖店"，当品牌名与商号一致时，命名格式为"品牌名+类目+专卖店"；
- 专营店命名格式为"商号+类目+专营店"。

说明：①在选择类目名时，若选择"自定义"（选项），则可自行填写类目；若选择"无"选项，则不显示类目。②商号是指用来区分不同企业的关键词，如上海欢乐贸易有限公司，商号即为"欢乐"。

（二）境外商家

拼多多国际入驻具体要求和所需资料如图2-27所示。

图 2-27　拼多多国际入驻具体要求和所需资料

（由于国际入驻实际应用较少，因此在此不进行详细介绍。）

二、商品管理

（一）选款

1. 参考首页商品

能在首页上显示的商品意味着是已经通过"优胜劣汰"后很可能成为爆款或已经成为爆款的商品，我们可以从这些商品中嗅到当下市场的风向。参考首页商品示例如图 2-28 所示，从左至右依次为拼多多"限时秒杀"活动页面、拼多多首页、淘宝特价版首页。

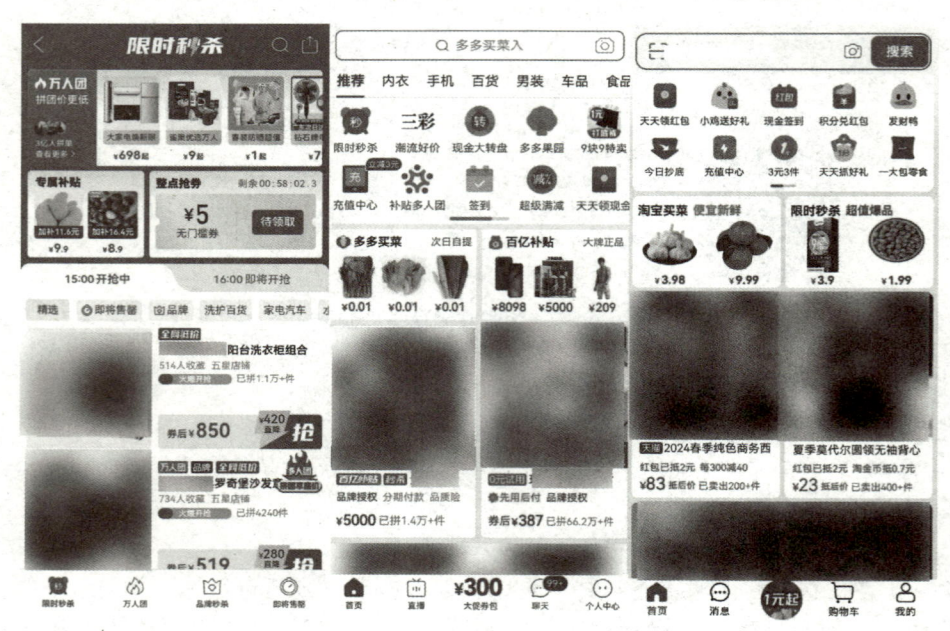

图 2-28　参考首页商品示例

2. 参考竞价活动商品

进入拼多多"商家管理后台"→"店铺营销"→"竞价活动"页面，可以查看平台所有的竞价活动的商品信息。从这些商品信息中得到选款的方向不失为一种有效方法。拼多多竞价活动"历史活动商品"页面如图 2-29 所示。

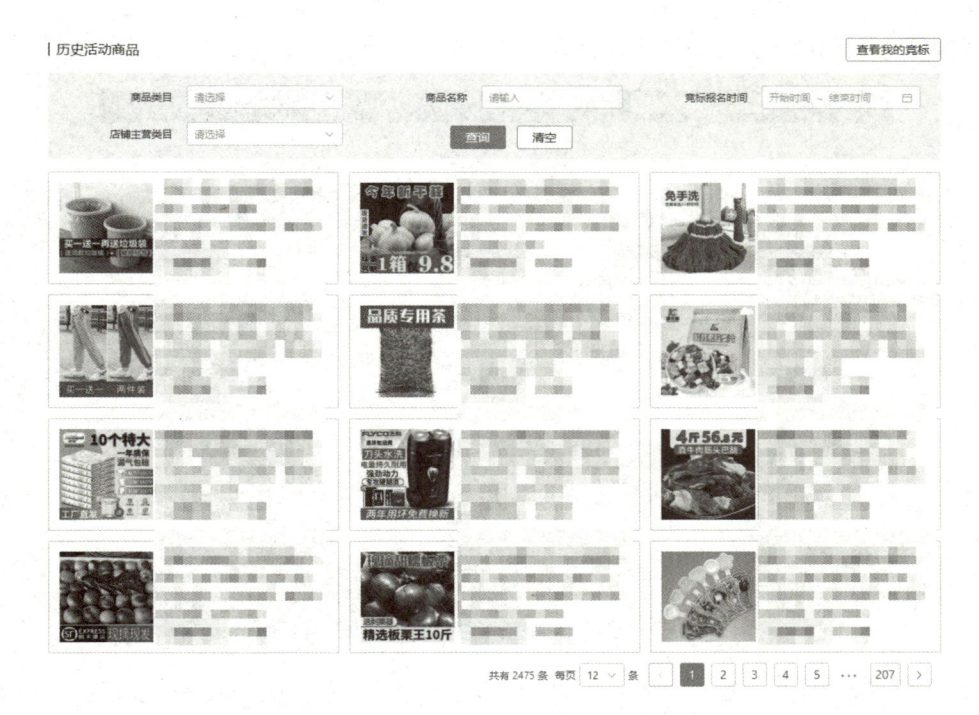

图 2-29　拼多多竞价活动"历史活动商品"页面

3. 参考其他平台爆款

网红爆款、同类大品牌的款式、以往热销款式对我们选款的参考价值是非常高的。另外，对于其他购物平台没有形成爆款的商品，但适合本土孵化的款式也是可以作为选款参考的。例如，可以通过飞瓜数据软件查找抖音、快手等平台浏览量高但又没成为爆款的商品。飞瓜数据的"商品/SPU"页面如图 2-30 所示。

图 2-30　飞瓜数据的"商品/SPU"页面

4. 参考商品热搜词

通过拼多多商家后台的"商品热搜词"页面选款（适用选择上架商品和主推款）。登录拼多多商家后台，执行"数据中心"→"流量数据"命令，打开"流量数据"页面，如图 2-31 所示，单击"商品热搜词"选项，选择你想看的商品分类，查看热搜词排行榜。排名靠前的就是消费者在搜索中最常用的词，热搜词对应的商品也更有爆款潜质。

图 2-31　拼多多商家后台"流量数据"页面

通过淘宝热搜选款。打开淘宝网，单击"搜索"按钮旁的文本输入框，下拉就能看到"淘宝热搜"页面了，如图 2-32 所示。如果想要看其他的热搜推荐，单击"查看更多热点"按钮即可。

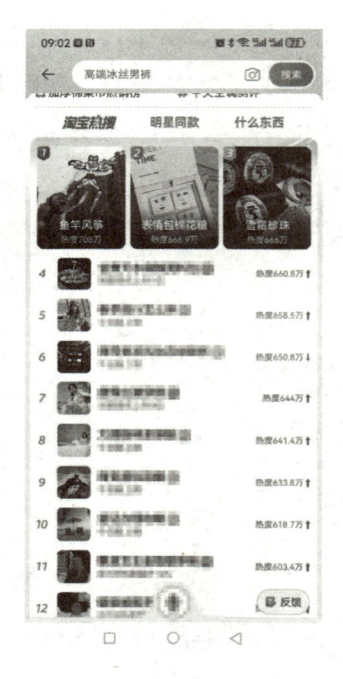

图 2-32　淘宝网"淘宝热搜"页面

5. 浏览采购平台

浏览 1688、拼多多批发等采购平台，依据个人偏好或对市场的预测进行选款也是一种可行的方法。采购平台示例页面如图 2-33 所示。

图 2-33　采购平台示例页面

（二）测款

在电商行业，为了大概率地保证商品上线后的销售量，往往会在正式销售或推广前进行测款。测款的好处有以下三点：

① 测款可以降低投资风险，砍掉在市场中反响平平的款式，避免投资打水漂；

② 测款可以根据数据对店铺商品做不同的布局，如分主推款和普通款等，针对不同款制订不同的营销策略；

③ 测款可以优化库存，根据不同款的布局和数据情况来预估未来的销售情况，可以针对性地准备库存；

由于新款商品刚上架没有基础销量，故不建议进行测款，待有一定的销量和好评以后，再开始进行测款。拼多多推广测款流程如图 2-34 所示。

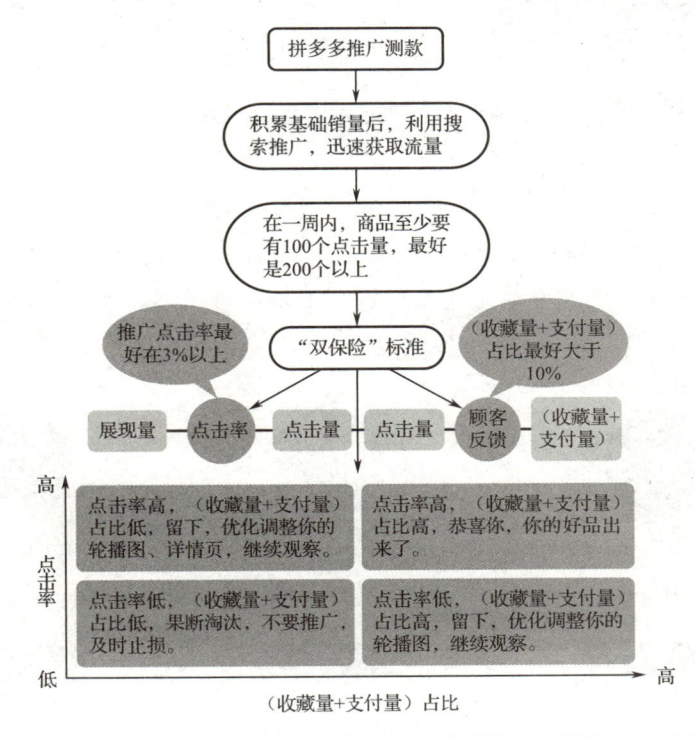

说明：（收藏量＋支付量）占比的计算方法为（收藏量＋支付量）÷ 点击量

图 2-34　拼多多推广测款流程

(三)定价

商品定价一般可分为三步。

① 明确商品结构。店铺商品结构不同,制订的运营策略和预计的推广资金也会有所不同,如商品可以分为引流款和利润款等,明确店铺商品结构后再进行定价,更有助于商品的良性发展。

② 全面考虑成本。定价不仅需要考虑商品的成本价格,还需要考虑包装费用、破损成本(如水果生鲜会存在正常的破损率,需考虑这部分成本)、快递费用和日常开支(人工开支、租金等),若有推广计划,则可以在定价时就考虑计入推广费用。商品的主要成本组成如图2-35所示。

③ 参考销量较高的同行商品定价。选择销量较高的同行商品的定价作为参考,这是比较基础的定价方法。但需要注意的是,不仅仅是关注竞品的销售价格,还需要关注他们活动、资源位的价格,以及使用店铺优惠券后的价格。在进行商品定价时,切忌违反价格规律、陷入价格战。

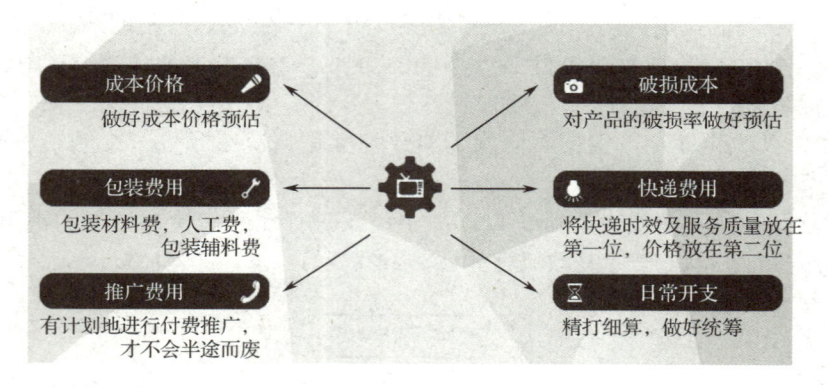

图 2-35　商品的主要成本组成

(四)发布

1.选择发布渠道

在拼多多平台上,商家有多种方式可以创建商品。在电脑端拼多多商家管理后台、拼多多商家版App及拼多多商家服务微信公众号上都可以发布商品。拼多多的商品发布渠道如图2-36所示。

图 2-36　拼多多的商品发布渠道

2. 选择商品属性

在进行商品属性设置时，更加详细和准确的商品属性可以提高搜索时的权重，将商品更精准地推荐给适合消费的人群，从而提高商品的转化率。

拼多多平台的流量匹配逻辑为精准化匹配，即人群会被细分打标签，商品也会按照不同维度被打标签，然后按照算法模型在搜索和推荐等个性化场景下进行匹配。只靠标题信息是无法帮助算法了解商品从而推荐给消费者的。所以，算法会在商品的所有文字信息中进行重要信息的抓取，包括商品的标题信息、属性信息、买家评价信息，甚至是经常浏览商品的买家端的信息，以帮助商品更好地匹配给消费者。而在这些信息来源中，商品属性信息是最系统的且是结构化的信息，不管是抓取还是匹配，算法端的应用程度都会更高。

在填写商品属性时需要注意：

① 商品属性要尽可能写全、写准确。这样不仅可以增加精准流量，还有利于活动报名。

② 如果商品涉及保质期、生产日期等，这些是必填的项目，一定要注意发出商品的生产日期与所填日期是否相符，避免出现售后纠纷。

不同类目的商品对应需填写的商品属性不同，以发布半身裙商品为例，需要填写的商品属性如图 2-37 所示。

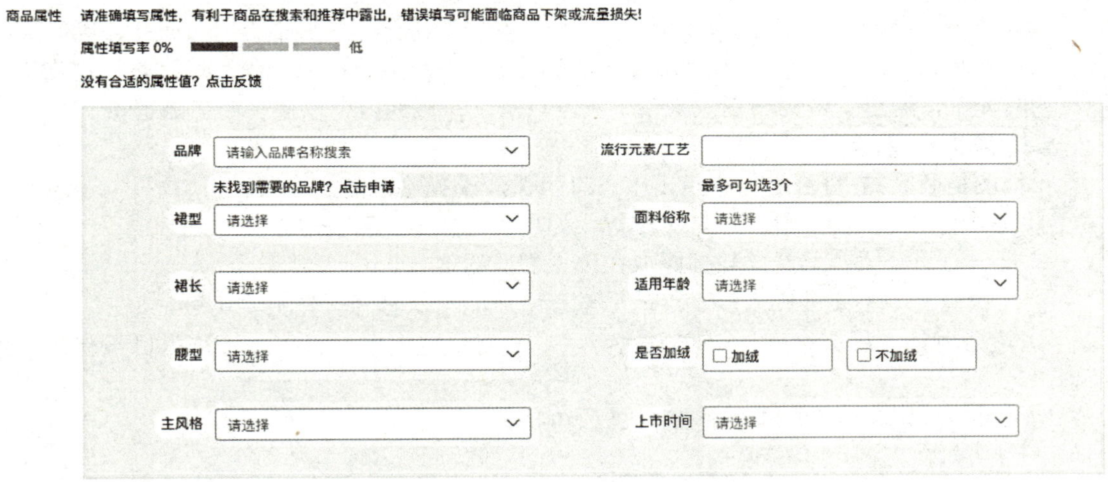

图 2-37 半身裙"商品属性"页面

3. 填写商品标题

好的标题可以带来更多的曝光量，能够切中目标用户，提高点击量。填写商品标题的注意事项如下：

① 非品牌的商品不能出现品牌信息。

② 不能出现价格敏感词，如跳楼价、劲爆价、血价、亏本甩卖等词语。

③ 不允许出现除拼多多外的其他电商平台、网站或线下店铺的信息。拼多多"新建商品"页面如图 2-38 所示。

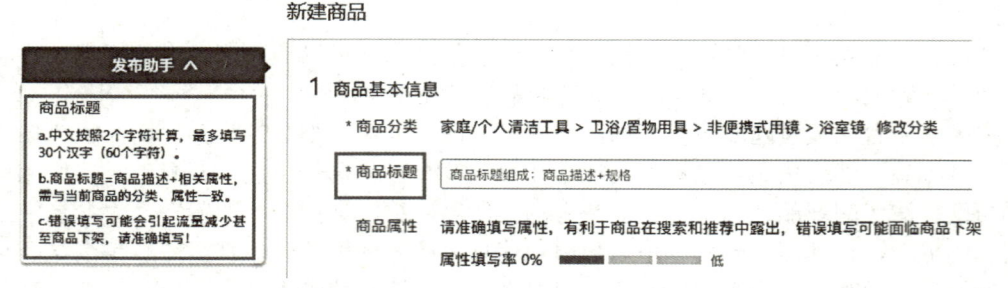

图 2-38 拼多多"新建商品"页面

拼多多平台上常见的标题组合公式有以下三种：

① 热搜词+核心词+精准关键词+冷门词。这种组合适合非品牌无销量的商品。由于商品无销量，如果用一些热搜词，在同等的搜索情况下，则商品的竞争力肯定不大，展示机会非常少。所以，我们要通过下拉框和精准关键词去寻找商品对应的精准客户，根据精准客户的需求来匹配他们需要的商品。

② 品牌词+类目词+核心词+属性词。增加品牌词的目的是吸引比较重视品牌的客户，这种组合能把这部分流量锁住，转化率也会比较高。

③ 营销词+核心词+热搜词+卖点。这种组合适用于正在参加活动的商品，因为商品参加活动就是为了冲击销量，这种情况一定要增加我们商品的搜索热度，通过热搜词来增加商品的曝光率，通过营销词和卖点来吸引买家点击，在短期内可以提高商品的销量。

4. 选择轮播图

轮播图是商品的"门面"，跟点击率息息相关，设置轮播图的注意事项如下：

① 充分利用轮播图位置，尽量不空置，如果有 10 个位置，就放 10 张图片。
② 把含有重要卖点信息的轮播图放在位置靠前的地方。
③ 一张图片中不要堆砌太多卖点，尽量让用户能第一时间抓住主要卖点。
④ 轮播视频。可多维度展示产品优势，提升商品转化率。但部分特殊类目不支持轮播视频。

拼多多轮播图"发布助手"页面如图 2-39 所示。

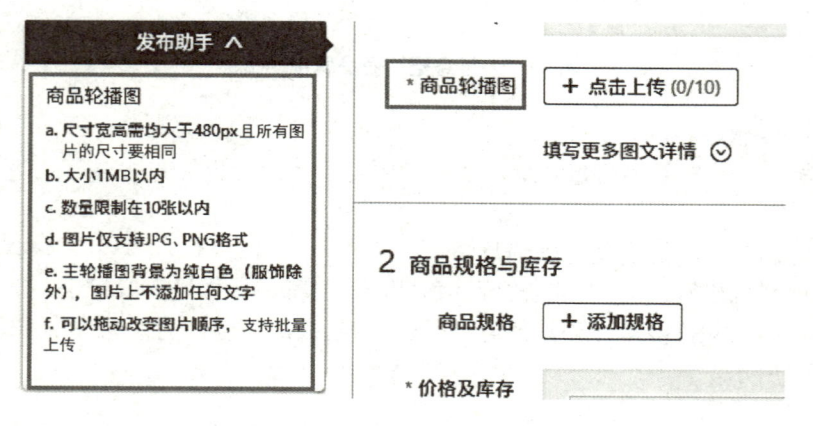

图 2-39 拼多多轮播图"发布助手"页面

5. 设置商品详情页

好的商品详情页可以让用户浏览之后马上下单，从而提高转化率。商品详情页的设置需要注意以下几点：

① 展示内容以用户痛点为宗旨，用户关心什么就展示什么。

② 可以考虑浏览习惯设置图片顺序，建议以"首页主屏→卖点→产品展示（功能、信息、场景图等）"的顺序设置。

③ 可以考虑放置优秀的买家秀图片，消除用户顾虑，从而获取用户信任。

④ 商家也可以进行商品详情视频的添加，添加成功后会在商品详情页的最上方显示，但部分类目不支持上传商品详情视频。

拼多多"商品详情页"发布页面如图 2-40 所示。

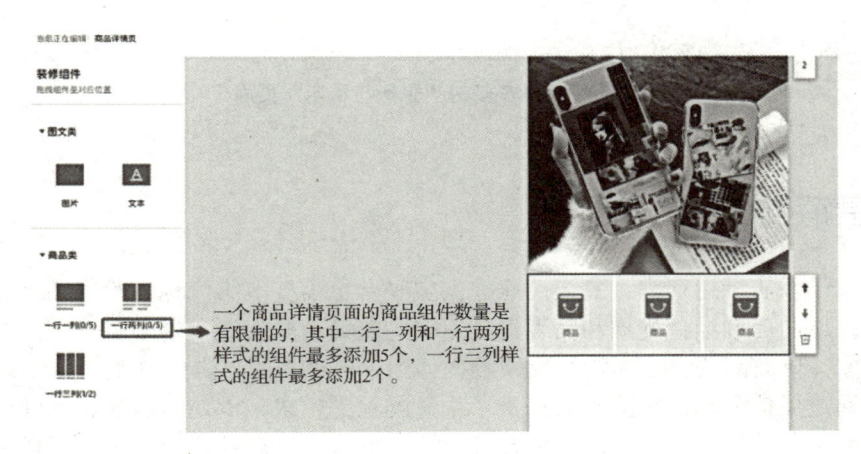

图 2-40 拼多多"商品详情页"发布页面

6. 设置运费模板

在拼多多商家后台的发货管理模块中选择"物流工具"选项，可以设置"运费模板""送装服务模板""地址管理"信息。拼多多支持偏远地区付费配送（偏远地区的指定范围可在运费模板配置页面查看），其他地区只能选择"包邮"或"不配送"选项。需要用顺丰快递邮寄商品的商家，可在"运费模板"中勾选，部分类目商家可设置送货入户、上门安装等增值服务。拼多多物流工具的"送装服务模板"页面如图 2-41 所示。

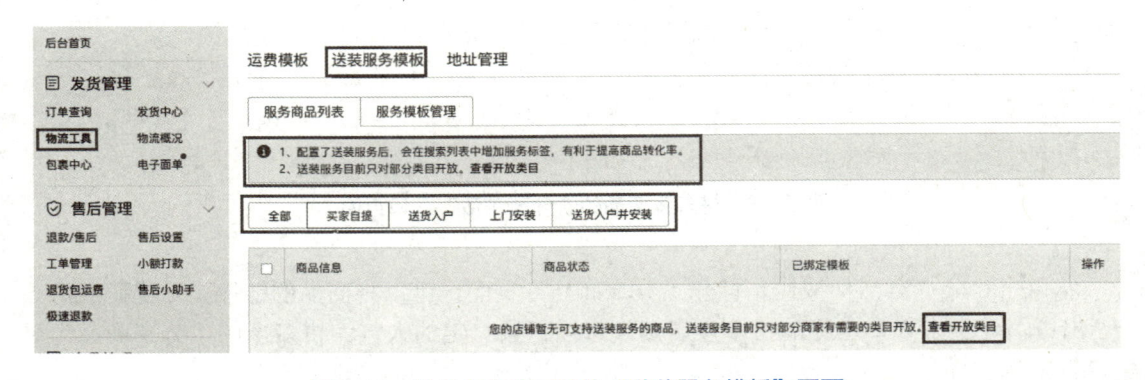

图 2-41 拼多多物流工具的"送装服务模板"页面

7. 设置服务与承诺

"7天无理由退换货"和"假一赔十"是拼多多商品发布时常见的服务与承诺。同时，平台也提供了其他服务与承诺，如水果类目可勾选"坏果包赔"等。拼多多的"服务与承诺"页面如图2-42所示。

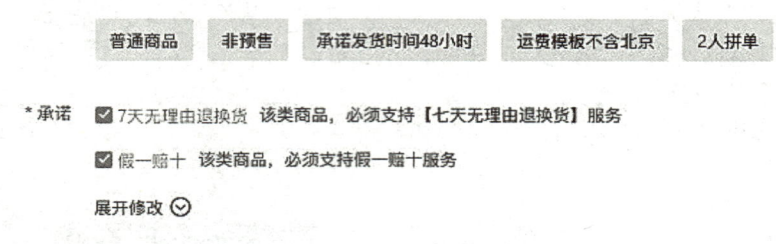

图2-42　拼多多的"服务与承诺"页面

三、营销推广

淘宝商家是以店铺运营为主的，商家在淘宝平台上需要多维度地经营店铺，提升店铺竞争力，凭借打造的店铺经营规模和品牌得到更多的流量分配权重；拼多多商家是以商品运营为主的，商家凭借商品的价格和购买反馈数据得到平台更多的流量向单款商品倾斜。

拼多多通过微信分享的拼团模式提供了大量的单品需求，满足了白牌、标牌商家薄利多销、做出爆款单品的需求。因此，拼多多商家逐渐形成了以商品运营为主的逻辑，在保证商品质量的前提下，尽可能压缩成本、降低商品价格，以提升其商品竞争力，争取产生多个爆款单品的机会。

（一）社交分享

社交分享是指将商品的链接、二维码或海报分享到微信朋友圈、微信群等其他社交应用，发动亲朋好友购买的推广方法。此方法的优势在于营销推广无须任何门槛，操作简单。以下是具体操作指南：

① 当商家将商品上传后，在商品列表里就会有"分享激活"按钮，如图2-43所示。

图2-43　拼多多商品的"分享激活"入口页面

② 单击"分享激活"按钮，打开"分享商品"页面，可以将商品的链接、二维码或海报分享出去，让更多人知道你的拼多多店铺，可以积累一定的人气。拼多多的"分享商品"页面如图2-44所示。

图 2-44　拼多多的"分享商品"页面

（二）营销工具

商家设置营销工具是零门槛的，并且可以完全根据自己商品的特性自定义设置，操作非常灵活。当设置了营销工具后，店铺或商品就会拥有相应的标签，从而增加店铺或商品的权重，提升商品的曝光机会。

营销工具设置路径：进入 App 端商家后台，执行"工具"→"营销"命令，或者进入电脑端商家后台，执行"店铺营销"→"营销工具"命令。这里重点讲解限时免单、限时限量购、短信营销、优惠券、拼单返现、多件优惠 6 种营销工具。拼多多"营销工具"页面如图 2-45 所示。

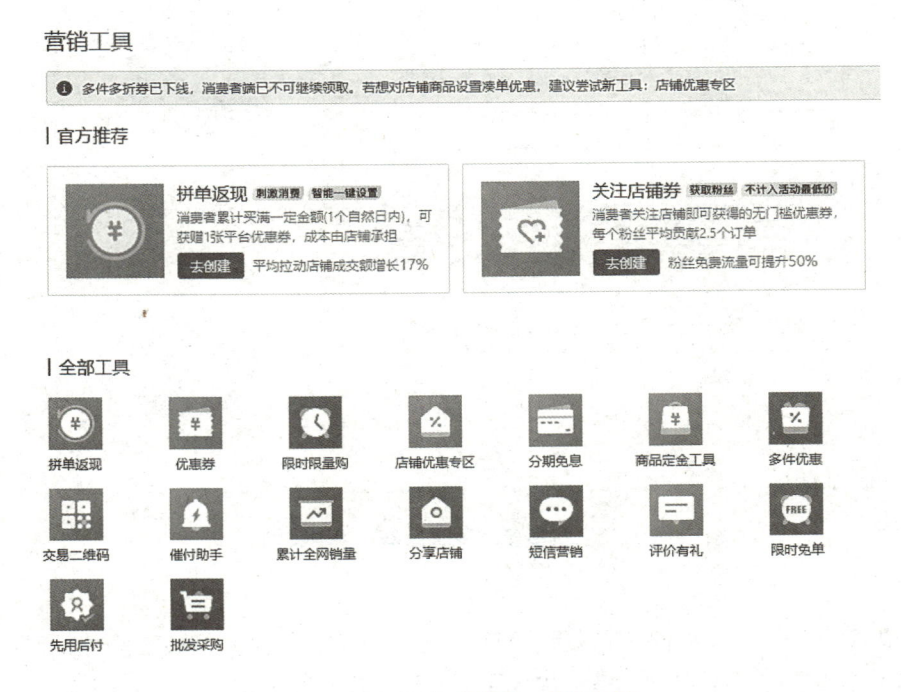

图 2-45　拼多多"营销工具"页面

1."限时免单"营销工具

"限时免单"是指买家在活动时间内购买指定商品,系统从成团订单中抽取一定数量的订单,返回与商品等价的平台优惠券,所返还优惠券的等价金额由商家承担。其主要目的是利用少量免单订单,换取更多的成交额,为店铺积攒人气。拼多多"限时免单"营销工具活动流程如图 2-46 所示。

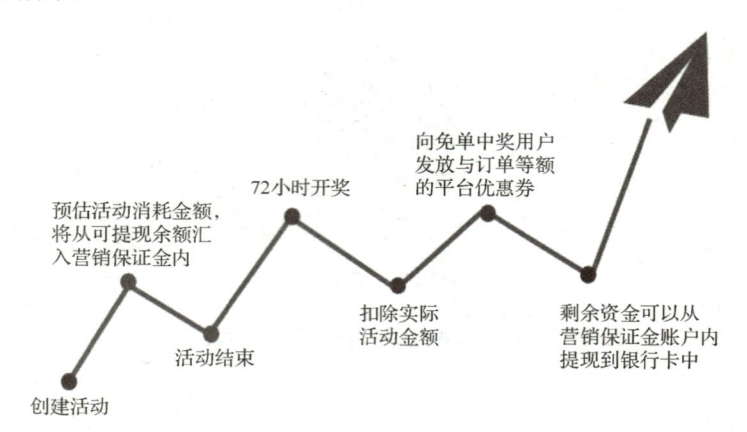

图 2-46 拼多多"限时免单"营销工具活动流程

例如,如图 2-47 所示的两个同款商品,如果没有太大差异,消费者肯定会选择正在进行"限时免单"活动的商品下单。同时,开通"限时免单"的商品会有对应标签,平台会根据标签推荐对应流量。

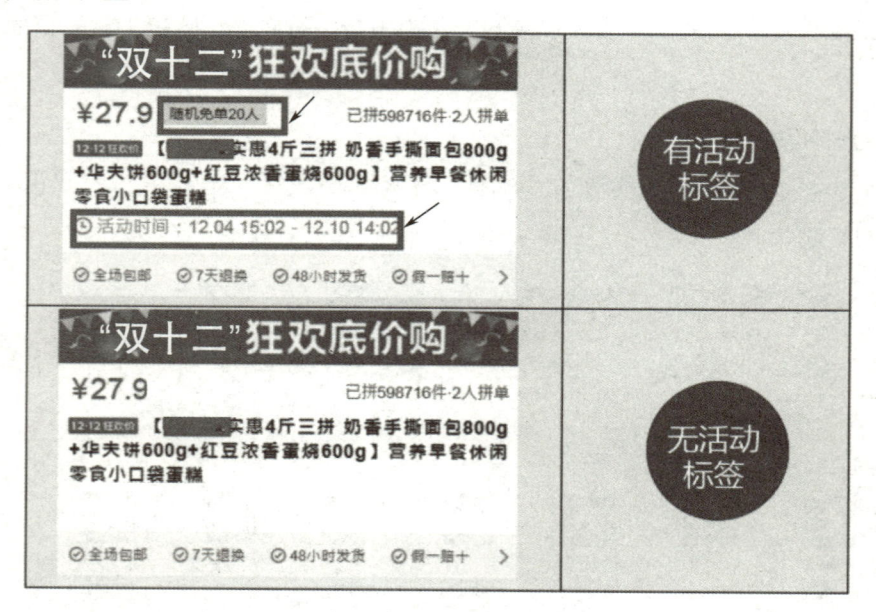

图 2-47 拼多多"限时免单"活动案例

2."限时限量购"营销工具

"限时限量购"是提供给商家自行设置活动的营销工具。商家可通过创建活动,自定义活动商品的折扣和数量进行店铺促销。例如,可以设置 80 件商品打 7 折,售完 80 件之后恢复原价。主要目的是采取饥饿营销，促使用户下单，提升转化率。拼多多"限时限量购"活动"效果预览"页面如图2-48所示。

图2-48 拼多多"限时限量购"活动"效果预览"页面

3. "短信营销"营销工具

"短信营销"身兼"用户关怀"与"场景营销"两大功能属性，可以帮助商家精准触达目标客户。对于拥有潜在客户通信方式的新商家而言，可以借助"短信营销"营销工具推广店铺商品。"短信营销"营销工具的优势如下。

① 投入产出比高：据平台统计，"短信营销"的投入产比均值为15，即花1元钱发送短信，可以获得15元左右的交易额。

② 优惠券直达：用户单击链接即可领取优惠券。

③ 数据分析：掌握第一手营销效果数据，及时调整最佳经营方案。

拼多多"短信营销"活动案例如图2-49所示。

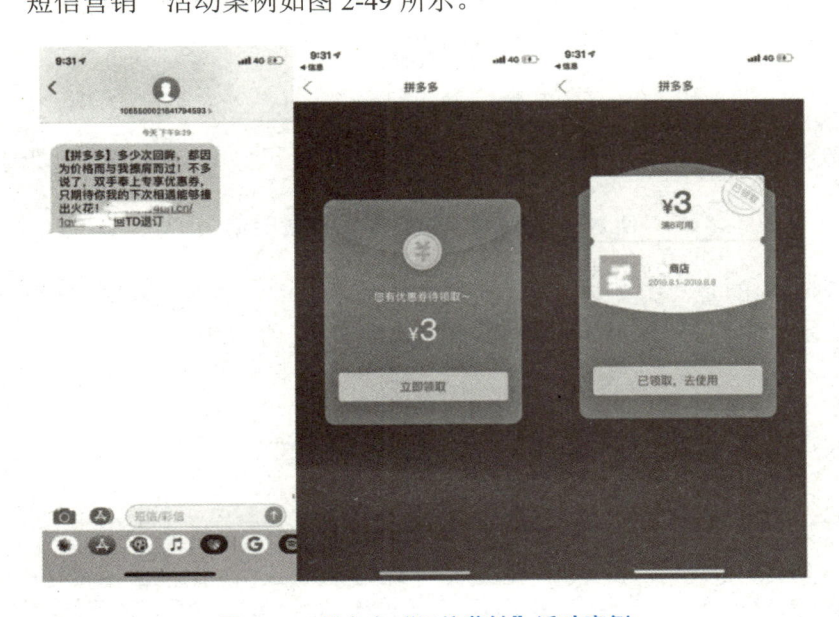

图2-49 拼多多"短信营销"活动案例

4. "优惠券"营销工具

拼多多的用户绝大多数是对价格比较敏感、追求性价比的用户群体。因此，如果为商品设置相应的高额优惠券，就可以获得更高的店铺权重，并提升商品对用户的吸引力。拼多多平台的优惠券类型有很多，主要包括关注店铺券、拉人关注券、商品立减券和短信直发券。拼多多优惠券的用户获取方式及优势如图2-50所示。

比较项目	关注店铺券	拉人关注券	商品立减券	短信直发券
用户获取方式	消费者关注店铺即可领取的无门槛店铺优惠券	消费者主动发起站外分享，帮助店铺拉取站外粉丝，拉取一定数量粉丝后，可获赠一张无门槛店铺优惠券	针对单一商品使用的无门槛优惠券，只能作用于单个商品的优惠券	通过短信发送的店铺优惠券
优势	• 促下单、促转化：用户只需关注即可领券，极大地激发用户的购买欲 • 提高复购率：关注店铺的用户有更多的机会看到店铺上新的商品，提高复购率 • 提高店铺权重：店铺关注量越高，获取的搜索权重越大	通过优惠券激励消费者分享，帮助店铺拉取潜在站外粉丝，获客成本低	新品破零，增加销量 提高单品转化率，打造爆款：在质量与评价差不多的商品中，用户将优先选择设置优惠券的商品	增加弱势商品的销售额 提高店铺客单价

图2-50　拼多多优惠券的用户获取方式及优势

5．"拼单返现"营销工具

"拼单返现"包括"单店满返"和"跨店满返"两种类型。

"单店满返"指的是在一个自然日内，消费者在店铺累计购买满一定金额，即可获赠一张平台优惠券的形式。拼多多"单店满返"活动说明如图2-51所示。

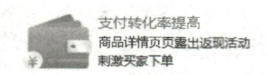

图2-51　拼多多"单店满返"活动说明

"跨店满返"指的是消费者购买活动范围内的商品满一定金额后，即可获赠一张商家承担的平台优惠券。拼多多"跨店满返"活动说明如图2-52所示。

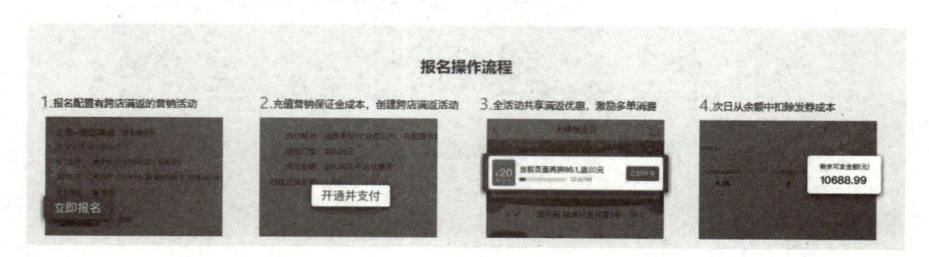

图2-52　拼多多"跨店满返"活动说明

6."多件优惠"营销工具

"多件优惠"可针对某件商品设置阶梯优惠信息，包括打折和减钱两种方式，能有效提升客单价。拼多多"多件优惠"活动页面如图2-53所示。

图2-53　拼多多"多件优惠"活动页面

（三）营销活动

拼多多的营销活动包括"百亿补贴""限时秒杀""潮流好价""9块9特卖""补贴多人团""超级满减"等。下面仅对一些主要的活动进行介绍。而且，拼多多平台也会根据需求推出新的营销活动，或者取消一些效果不好的活动，读者可以到拼多多官方网站或拼多多商家后台详细了解。

1."百亿补贴"活动

商家参加"百亿补贴"活动的优势如下：
① 可获得搜索、推荐的大幅度加权；
② 获取百亿补贴专属商品详情；
③ 可以免费得到海量站外推广资源；
④ 对用户信任度和转化都有极大帮助；
⑤ 帮助品牌快速积累销量和品牌粉丝。

"百亿补贴"营销活动审核通过取决于：提报的成本价是否具有竞争力；商品活动图是否符合规范（白底、主体清晰、无文字信息等）。拼多多"百亿补贴"活动页面如图2-54所示。

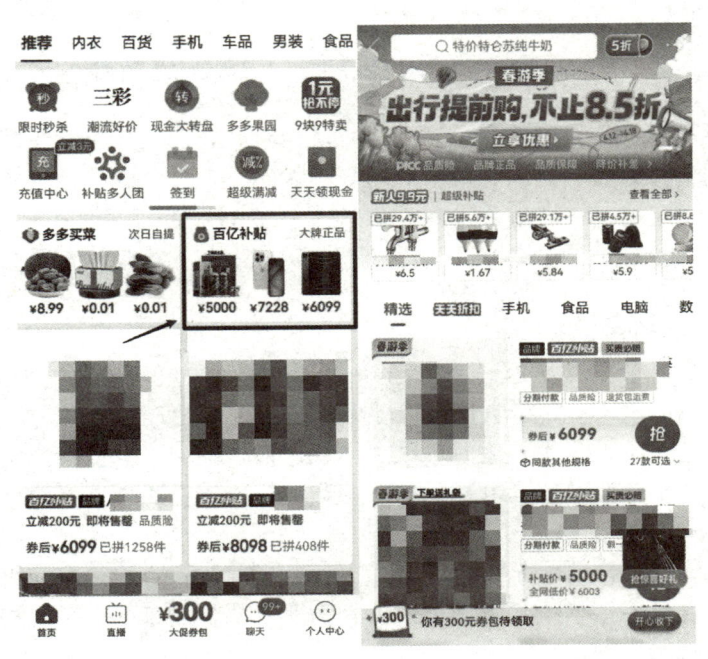

图2-54　拼多多"百亿补贴"活动页面

2. "限时秒杀"活动

"限时秒杀"活动频道入口位于首页活动栏列表的第一个位置，拥有每天千万级流量，是拼多多流量和转化率最高的活动频道之一。

"秒杀"资源位主要分为"限时秒杀"和"品牌秒杀"。正如其名，"秒杀"活动是帮助商品快速出货的活动，有助于商家迅速累积店铺销量，提升商品的搜索排位，助力分类页冲排序，增加个性化推荐权重。拼多多"限时秒杀"及"品牌秒杀"页面如图2-55所示。

图 2-55 拼多多"限时秒杀"及"品牌秒杀"页面

"限时秒杀"活动虽然流量大，但是对商品的审核要求比较高，并且需要排期。能报名上"秒杀活动"的，说明平台对你的商品有足够的信心，能放心大胆地将千万级流量推送给你。

"限时秒杀"活动设置路径：登录拼多多商家后台，执行"店铺管理"→"商品管理"操作，找到你想要设置"限时秒杀"活动的商品，并单击该商品的"编辑"按钮，选择"促销信息"中的"限时秒杀"选项，按要求设置即可。

"限时秒杀"活动技巧如下：

（1）合理定价：在设置"限时秒杀"活动时，一定要注意产品的定价。"秒杀"价格应该具有吸引力，但同时也不能过于低廉，以免影响商品的品牌形象和利润。

（2）优化商品信息：在设置"限时秒杀"活动之前，务必对商品信息进行优化。包括清晰的商品图片、详细的商品描述和准确的规格参数等，能够提高消费者对商品的信任度和购买欲望。

（3）提前宣传：在"限时秒杀"活动开始之前，提前进行宣传是非常重要的。你可以通过店铺公告、社交媒体、短信推送等渠道，告知消费者即将到来的"限时秒杀"活动，激发他们的兴趣和购买欲望。

（4）限量设置：为了增加"限时秒杀"活动的紧迫感和独特性，可以考虑设置限量销售。通过限制商品的数量，可以引发消费者的抢购热情，提高销售转化率。

（5）提供优质服务：在"限时秒杀"活动期间，确保你的客户服务团队能够及时响应消费者的咨询和售后需求。提供优质的售后服务，可以增加消费者的满意度，促使他们成为您的忠实顾客。

3."潮流好价"活动

"潮流好价"活动频道是拼多多专门为平台内的服饰商家所开辟的专属营销频道，帮助商家发现爆款、打造爆款产品。其中，参与商家可以获得免费的平台精准流量，以及专属商品详情腰封和列表 Tab 曝光，帮助商品提升单击转化。该频道不收取佣金，也不强制要求商家退货包运费，且支持预售（最长15天），不强制要求极速发货，能够降低商家运营成本。不仅如此，该频道还采取人工比价的方式，对商家的站外爆款有大额补贴及活动资源倾斜。

女装（女士精品）、男装、户外鞋服相关、运动鞋等17个一级类目可报名参与"潮流好价"活动。拼多多"潮流好价"活动页面如图2-56所示。

图2-56 拼多多"潮流好价"活动页面

"潮流好价"频道共分为"爆款快抢""单品直降""品牌日/品类日"三种核心玩法。其中，商家可直接报名"爆款快抢"活动，但需缴纳活动保证金，排期时间为48小时，考核活动 GMV 及降价幅度；"品牌日/品类日"活动则需提前1星期排期，通过招商提报或者运营反选的方式参与。商家参与"爆款快抢"活动，可以获得预热流量、活动期售卖流量及倒计时商品详情腰封曝光，快速积攒基础销量，商品可因销量提升获得站内其他资源加持。"潮流好价"核心玩法入口如图2-57所示。

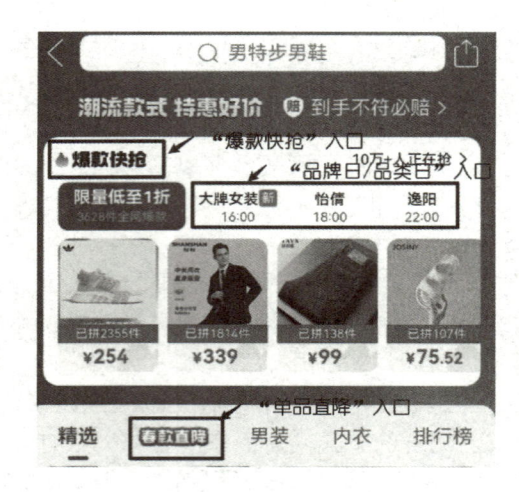

图 2-57 "潮流好价"核心玩法入口

4. "9 块 9 特卖"活动

"9 块 9 特卖"活动频道是拼多多超低价、爆款商品的展示频道，全场商品价格小于等于 29.9 元，拥有超大流量和商品曝光量。商家需要确保提报商品价格具有绝对优势，最大限度让利给消费者的同时提升店铺流量。在频道表现好的商品可晋升至首页，迅速提升销售额，同时为店铺带来更大流量和关联购买。

拼多多"9 块 9 特卖"活动商家提报的商品需具备以下基本要求：

（1）频道审核重心以 9.9 元及以下商品为主，最高单价必须低于 29.9 元，且必须保证是全网最低价。

（2）提报商品实际库存必须大于等于 3 000 件（请谨慎填写库存量，审核通过后只能增不能减）。

（3）商家需要准确预估自身发货能力，若出现虚假发货，延迟发货，缺货、假货等行为，按平台规则进行处罚。

（4）图片清晰美观，商品描述的文字详情准确全面，能突出产品卖点，具有吸引力，能促进购买。

未在店铺处罚期且符合基本资质的商家均可以在"商家后台"→"店铺营销"→"9 块 9 特卖"专区活动报名处进行活动报名，审核通过后的商品将在上新界面展示。上新商品按审核通过时间排序，每天定时分批更新，根据实时综合表现合理调整露出。

拼多多"9 块 9 特卖"活动示例如图 2-58 所示。

5. "补贴多人团"活动

"补贴多人团"活动是指用户通过邀请好友按拼团人数一起拼单购买，拼单成功后用户可以以优惠价格购买活动商品的特色玩法。用户购买流程：用户发起开团→拉人拼团→凑够成团。

活动期间，受邀用户可在活动页面参与活动拼单。

每件商品有指定的成团人数，用户开团参与成功后可邀请好友一起参与活动，拼单购买活动商品。每人每周（周一至周日）最多参与 4 次拼单，发起拼单没有次数限制。

邀请时间限定 24 小时，24 小时内团达到指定拼单人数视为成功，商家会尽快安排发货；24 小时内团未达到指定拼单人数视为失败，将会发起退款，原路返还用户钱款。

图 2-58 拼多多"9 块 9 特卖"活动页面

活动商品数量有限,超时未完成或商品售罄时未成团均视为失败。
"补贴多人团"活动页面如图 2-59 所示。

图 2-59 拼多多"补贴多人团"活动页面

（四）付费推广

付费推广是指通过花钱购买流量，推广店铺商品的推广方式。其优势在于可以帮助商家覆盖更为广泛的市场群体，增加商品的曝光量，帮助商家快速积累基础销量。

拼多多平台推出了4种付费推广模式，分别为CPS（Cost Per Sale，按成交付费）模式下的多多进宝，CPC（Cost Per Click，按单击付费）模式下的多多搜索、多多场景，CPM（Cost Per Mille，按千次展示付费）模式下的明星店铺、聚焦展位和CPT（Cost Per Time，按时付费）模式下的展示广告。拼多多付费推广模式如图2-60所示。

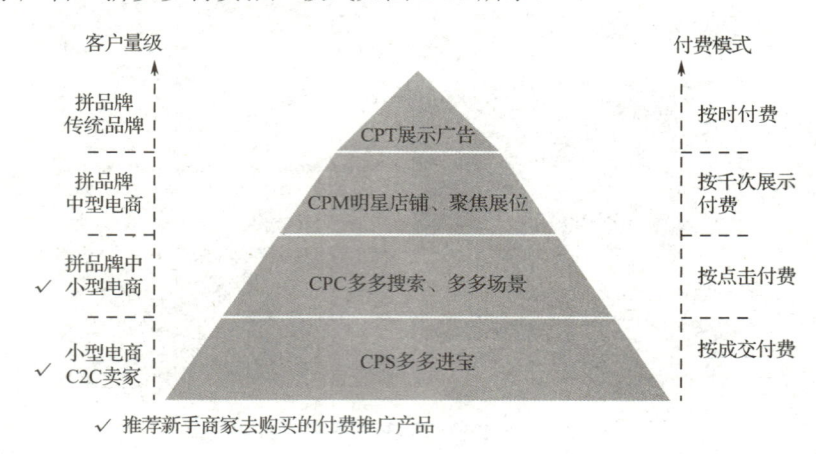

图2-60 拼多多付费推广模式

1. 多多进宝

多多进宝是通过设置佣金和优惠券，吸引推手推荐消费者下单的一种推广方式。多多进宝的流量为平台外流量，但其销量和拼多多官方应用或小程序营销销量的权重是一样的，均为1:1，即在多多进宝卖一单，相当于在拼多多主站卖一单。多多进宝推广方式能帮助提升商品在站内的排名，适合新手初期付费推广。多多进宝活动说明页面如图2-61所示。

图2-61 多多进宝活动说明页面

由于借助多多进宝引流的关键在于推手，推手是否靠谱，是否愿意花大力气去推广你的产品，直接影响最终的成效。寻找多多进宝推手的途径如下。

① 技术论坛。技术论坛中的多多进宝推手基本是个人和小团队，属于自行搭建平台申请拼多多接口。技术论坛图标示例如图 2-62 所示。

图 2-62　技术论坛图标示例

② 发帖招募。卖家可以直接到推手日常推广的渠道找他们。例如，在百度主页搜索"站长"或"论坛"等关键词，可以搜索到推手推广的网站，打开网站发布招募推手帖，就可以找到推手。发帖招募渠道示例如图 2-63 所示。

图 2-63　发帖招募渠道示例

③ 搜索群组。在 QQ 中搜索"推手""拼多多推广"等关键词，可以找到相关的推手 QQ 群组。群组渠道示例如图 2-64 所示。

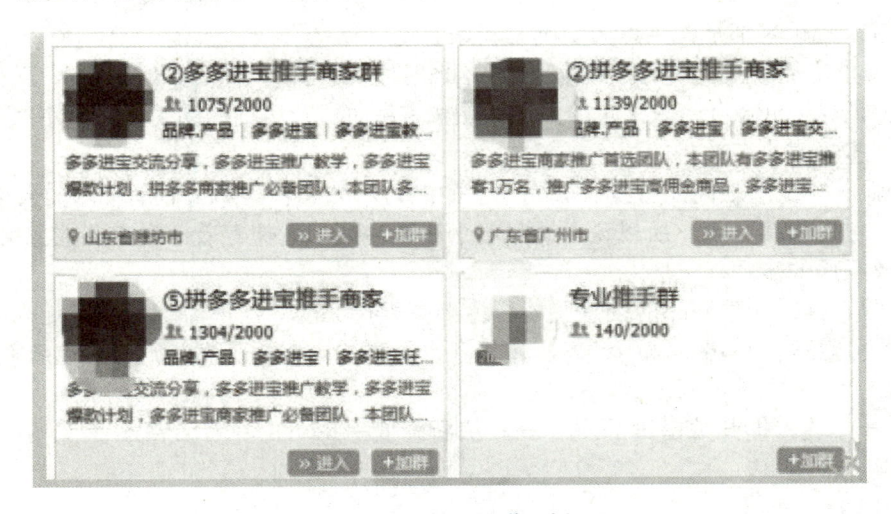

图 2-64　群组渠道示例

拼多多官方网站也提供了多多进宝推广的优秀案例，供用户参考。多多进宝推广优秀案例如图 2-65 所示。

图 2-65　多多进宝推广优秀案例

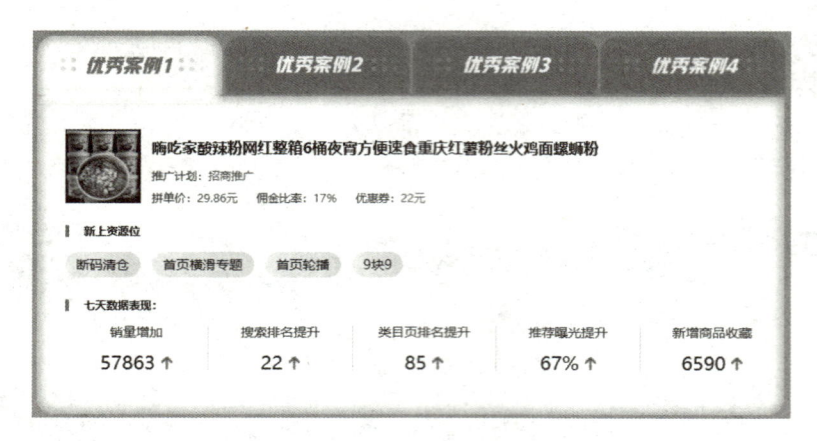

2. 多多搜索

多多搜索是平台专门服务于拼多多商家的推广营销工具，是通过关键词竞价获得排名，按单击进行扣费的广告形式。商家可以通过搜索推广让自己的商品排名靠前，在买家搜索时可以优先获得商品在买家面前展示的机会，从而为商品和店铺引流，提升店铺的销量及交易。

（1）多多搜索的优点如下：

① 搜索推广的展现是免费的，只有买家单击才会扣费，不单击是不会产生费用的；

② 只有需要这个商品的买家才可以看到，大大提高了商品曝光率，给店铺带来更多的潜在客户；

③ 只有想买对应推广商品的人才可以看到商品，给我们店铺带来的单击都是有意向性的单击，带来的顾客都是购买意向明确的买家；

④ 搜索推广能给我们的店铺带来人气，虽然推广的是单个商品，但很多买家进店后会习惯浏览其他商品，可能会带来一定的关联销售额，从而提升店铺的动销率及整个店铺的权重。

（2）多多搜索推广的目的如下：

① 测款。测试一款商品有没有成为爆款的潜力。如果有，那么后期可以加大推广力度；如果没有，可以直接舍弃。所以说，测款对于店铺后期的运作有着非常重要的意义，是爆款商品必须要经历的步骤。

② 测图。测试一款商品的创意图能否达到高于行业的单击率，从而获取更高的质量分，图片的质量分越好，单击率就会越高，转化率也会高；质量分不高，则应该重新换图或重新设计图片。

③ 提升分数。提升关键词的质量分，从而降低平均单击花费，帮助商家在每天相同的预算下获取更多流量。

3. 多多场景

多多场景是拼多多平台一种更为全面和创新的店铺推广方式。多多场景的核心是创造购物购买场景，允许卖家根据不同的场景设置不同的销售通路、优惠政策和目标受众等，从而为买家提供更加个性化的服务和购物体验。多多场景是一个更加全面的营销策略，它不仅关注单个商品的销售量，还注重品牌形象和购物场景的打造。

在多多场景中，卖家可以制作各种品牌形象推广素材，如图像和视频，以加强品牌形象和商品推广及与粉丝互动。此外，多多场景还支持社交分享，包括通过社交媒体、短视频平台、微信等进行分享和传播。

多多场景的另一个优点是它可以帮助卖家建立自己的品牌形象。在多多场景中，卖家可以根据自己的品牌特点和目标受众进行个性化的店铺设计，包括店铺名称、店铺风格、店铺标语等。这些设计可以帮助卖家建立自己的品牌形象，提升品牌知名度和影响力。

多多场景还支持卖家在平台上开设多个店铺，每个店铺可以针对不同的商品和受众进行设计和营销。这样，卖家可以更好地管理自己的商品和店铺，提高销售效率和用户体验。

四、物流和售后

（一）发货管理

关于发货管理，需要重点关注的是发货时限，它是自订单成交之时算起，到上传物流单号后结束的时间段。因此，商家一定要关注订单成交的时间，不要因为计算错误而延误了发货时间。同时，请务必仔细、认真、准确无误地上传物流单号。如果物流单号上传错误，系统就会判定为物流异常，这样会给店铺带来不必要的困扰。拼多多发货管理流程如图2-66所示。

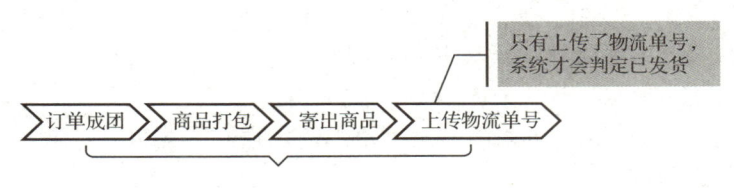

订单成团 → 商品打包 → 寄出商品 → 上传物流单号

只有上传了物流单号，系统才会判定已发货

发货时限：
- 常规商品：48小时
- 直供（保税）商品：96小时　　直邮、行邮商品：120小时
- 预售商品：商品标题标示的发货时限

图 2-66　拼多多发货管理流程

以App版商家后台为例，商家可以在"订单管理"→"待发货"页面中查看还未发货的订单情况。同时，也可以关注"订单通知"页面，如果有接近发货时限的订单还未发货，系统就会发出提醒信息。

（二）售后管理

1. 售后操作流程

（1）退货退款

当用户发起退货退款，商家须在48小时内处理，可选择"同意"或者"驳回"选项。拼多多"退货退款—驳回"流程说明如图2-67所示。

（2）仅退款

用户发起仅退款售后时可分为两种情况：一种是用户未收到货；另一种是用户已收到货。因此，商家在遇到用户申请仅退款时，一定要多了解情况，如果属于用户未收到货或收到货物破损，则可以找物流索赔，并做好用户的安抚工作；如果用户在收到货后申请仅退款，则可以联系用户了解原因，面对用户的无理诉求，商家驳回即可。

（3）极速退款

面对用户申请极速退款的售后单，如果没有收到退货，商家可在7天内进行申诉；如果收到异常退货，比如空包裹、非售卖商品、影响二次销售等，商家可及时取证后提交申诉。

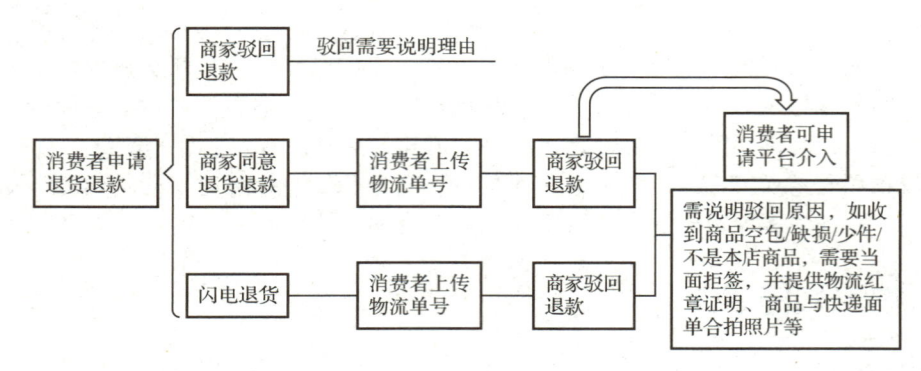

商家同意退货退款：需要提前与消费者说明运费承担问题；质量问题的申请退款请消费者提供凭证

图 2-67　拼多多"退货退款—驳回"流程说明

2. 异常订单不发货指南

商家也可以进入电脑版商家后台，执行"店铺管理"→"订单申诉"→"我要申诉"→"异常订单不发货"→"去申诉"命令，提交疑似被买家异常下单或因买家原因导致无法发货的订单号，运营审核判定通过的订单，将不必进行发货，但这些订单也不会计入店铺销量。审核未通过的订单，建议正常发货，以免受到延迟发货或虚假发货处罚。

3. 恶意订单投诉指南

① 恶意订单投诉是什么？恶意订单投诉是当商家遇到买家敲诈、同行报复时，可以用来申诉解罚、维护自身权利的工具。

② 如何进行申诉呢？进入电脑版商家后台，执行"店铺管理"→"订单申诉"→"我要申诉"→"恶意投诉解罚"→"去申诉"命令进行申诉。

③ 恶意订单投诉成功后，系统会进行以下处理：

● 该笔订单不会计入品质退款率（注：恶意订单投诉仅判定是否计算品质退款率，不判定与订单金额相关的指标。若对货款及运费有异议，可在售后申诉入口提交申诉）。

● 恢复 1 次投诉机会，该笔投诉不计入店铺每个月 10 次的恶意订单投诉机会中。

拼多多异常订单"我要申诉"页面如图 2-68 所示。

图 2-68　拼多多异常订单"我要申诉"页面

4. 售后服务指标

售后服务指标是商家在经营过程中需要关注的重点指标，影响售后服务指标的 4 项细分指标为平台介入、纠纷退款、品质退款和退款时长。
- 平台介入：有平台介入的订单。
- 纠纷退款：平台介入、退款成功且判定为商家责任的退款订单。
- 品质退款：因商品质量问题而发生的退款，包括质量问题和货物与描述不符。
- 退款时长：近30天退款成功的总时长除以近30天退款成功的订单数。

商家可以登录拼多多商家后台，执行"数据中心"→"售后服务"命令，在"售后服务"页面中查看平台介入率、纠纷退款率和品质退款率。

（三）评价管理

1. 店铺综合体验星级

店铺综合体验星级是以店铺领航员综合分行业排名数据为基础，结合店铺服务指标等维度（如售后服务、商品品质、物流服务等），形成的店铺综合体验星级。该星级在拼多多App的商品详情页和店铺详情页等处展示给用户，帮助用户进行购买决策。店铺综合体验共分5个星级，分别是3星、3.5星、4星、4.5星和5星，星级越高，表示店铺的服务能力越强。拼多多店铺综合体验星级评价说明表如表2-5所示。

表2-5 拼多多店铺综合体验星级评价说明表

店铺综合体验星级	领航员综合分行业排名	售后服务	商品品质	物流服务	客服咨询	交易纠纷	店铺活跃	特色服务
3星	<5%	—	—	—	—	—	—	—
3.5星	≥5%	—	—	—	—	—	—	—
4星	≥15%	—	—	—	—	—	—	—
4.5星	≥30%	≥10%	≥10%	≥10%	≥10%	≥10%	≥40%	—
5星	≥60%	≥30%	≥30%	≥30%	≥30%	≥30%	≥40%	为保障消费者体验，5星店铺有开通退货包运费、坏果包赔等服务指标要求，该要求根据行业特性进行调整

2. 评价的影响

① 影响买家购物决策。评价在相关页面展示给所有买家，对店铺商品销售起着至关重要的作用。有调查表明，95%的买家购物之前都会参考评价。好评会增加用户购买信心，差评会让用户放弃购买这个商品。

② 影响商品的综合排名。商品的综合排名是由综合数值决定的，包括商品品质、DSR、销量等。

③ 影响活动报名。每个活动对商品和店铺的要求各不相同，但对于有效评价数量和店铺领航员综合分都有要求。以"限时秒杀"活动为例，活动要求如下：店铺近90天评价数量（仅统计有效评价）需大于等于50；店铺领航员综合分（仅统计有效评价）需大于等于活动要求的评分。

3. 如何引导评价

首先，商品详情页的描述要客观详细。不要一味地为了提升转化率，对商品的不足避而不谈，只有提前告知买家，才不会让买家收到商品时产生上当受骗的感觉。

其次，服务态度要端正，要有耐心。当遇到售后问题时，态度一定要端正，尽可能地配合用户解决问题，耐心倾听用户的问题，寻求解决方案。通常，用户遇到的问题有两种：物流异常和对产品质量不满意。关于前者，我们可以多关注物流信息，一旦有异常，主动帮用户联系快递公司；关于后者，我们也应多去反思自身的商品是否存在质量问题，能否给客户补发商品、赠送优惠券、赠送小礼品、退款等补偿。

最后，我们可以开通如下短信服务功能：

① 发货及签收提醒。提醒买家及时验货，如果验货有破损，则建议拒签；如果对商品不满意，则建议及时联系客服。这样可以避免差评。

② 节日问候。一条简短的问候语、一条很普通的节日祝福语都能送去你的关爱。在用户收到商品后，你可以编辑一段热情洋溢的问候语，引导用户对你的商品给予评价。

③ 赠送买家小礼物，给他们的购物带来更为良好的体验。许多时候，一个小小的礼物便可让用户忽略掉商品本身可能存在的不足，为用户带来惊喜。对于成长型的新手商家而言，这是一个可以考虑使用的小技巧。

任务小结

1. 拼多多商家分为境内商家和境外商家。店铺类型可分为个人店和企业店（企业店包括旗舰店、专卖店、专营店、普通店）。

2. 拼多多平台商品管理过程包括选款、测款、定价、发布4个环节。选款方法包括参考首页商品、参考竞价活动商品、参考其他平台爆款、参考商品热搜词、浏览采购平台；商品发布过程包括选择发布渠道、选择商品属性、填写商品标题、选择轮播图、设置商品详情页、设置运费模板、设置服务与承诺等过程。

3. 拼多多店铺的营销推广包括社交分享、营销工具、营销互动、付费推广等内容。营销工具主要包括限时免单、限时限量促销、短信营销、优惠券、拼单返现和多件优惠；营销活动主要包括百亿补贴、限时秒杀、断码清仓、9块9特卖、领券中心、竞价活动；付费推广的方式主要包括多多进宝、多多搜索和多多场景。

4. 拼多多平台上的物流和售后内容主要包括发货管理、售后管理和评价管理。

任务实训

入驻拼多多平台的时候，我们要准备一份完美的开店计划书，这样你可以将自己的专长、市场评估、优势等写下来，别人一眼就能知道你的规划，而自己看了，也能厘清自己对于店铺的规划。以下是一份最基本的模板，里面提到的内容是计划书中需写到的基本内容，大家可以依据自己的想法和实际情况，增加一些内容，尽情展现自己的想法。

- 我的梦想起源（说明你在什么状况或机遇下想要开店实现创业当老板的梦想）；
- 你想开什么类型的店铺（如店名、店铺类型、店内主要产品等）；
- 你计划如何选款（如选款方法及原因、选款渠道及原因等）；
- 你的专长技能（如擅长花艺、珠宝设计、服饰、营销等，并说明它们会如何帮你完成开店的梦想）；
- 竞争对手分析（如目前拼多多平台相关的竞争者有哪些，你的店铺跟它们比优势和劣势分别是什么）；
- 营销推广分析（如在店铺运营的前期、中期、后期分别采用哪些推广方式进行推广，并说明原因）；

● 资金规划（如开店预计需要多少钱，资金来源主要包括哪些渠道等）。
请以文档的形式提交实训报告。

任务评价

评价类目	评价内容及标准	分值（分）	自己评分	小组评分	教师评分
学习态度	全勤（5分）	10			
	遵守课堂纪律（5分）				
学习过程	能说出本次工作任务的学习目标（5分）	40			
	上课积极发言，积极回答老师提出的问题（5分）				
	掌握拼多多店铺商品管理过程中的选款、测款、定价、发布4个环节的知识要点（5分）				
	掌握拼多多平台店铺营销推广的主要方法（5分）				
	能够应用社交分享、营销工具、营销活动和付费推广等方法对店铺进行营销推广，并能够完成发货管理、售后管理和评价管理（20分）				
学习结果	"任务实训"考评（50分）	50			
合　计		100			
所占比例		100%	30%	30%	40%
综合评分					

任务四　拼购类社交电商的机会与挑战

任务清单

工作任务	拼购类社交电商的机会与挑战	教学模式	任务驱动
建议学时	1学时	教学地点	一体化实训室
任务描述	以拼多多为例，学习拼购类社交电商在未来将会遇到的主要机会与需要应对的主要挑战		
学习目标	知识目标	了解拼购类社交电商发展面临的机会；了解拼购类社交电商发展面临的挑战	
	能力目标	能够独立分析拼购类社交电商的机会与挑战	
	素质目标	通过对行业发展的机会与挑战的分析，培养学生辩证思考的能力	
思政目标	通过学习国家与扶贫兴农、互联网+等相关的政策，了解拼多多是如何顺应国家政策，挖掘电商行业发展的机遇，进而实现自身的高速发展的，引导学生思考行业发展与国家政策的关系，进一步思考自身发展与国家政策的关联，培养学生对国家政策重要性的认识，以及培养学生关注国家发展的大趋势		

■ 社交电商

知识导图

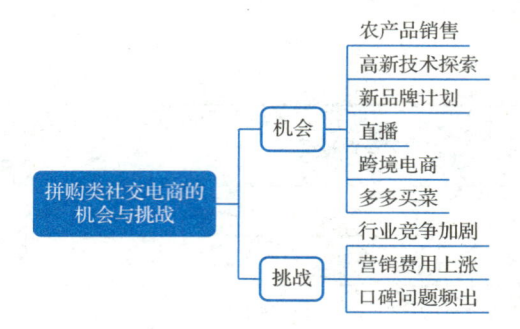

拼购类社交电商的机会与挑战
- 机会
  - 农产品销售
  - 高新技术探索
  - 新品牌计划
  - 直播
  - 跨境电商
  - 多多买菜
- 挑战
  - 行业竞争加剧
  - 营销费用上涨
  - 口碑问题频出

任务实施

一、机会

（一）农产品销售

拼多多的初期发展，起步于农产品的上行销售和以农村为主的下沉市场。时至今日，农产品、农村用户仍然在拼多多平台上占据着极高的比例。未来，农村市场仍然会是拼多多长期深耕的重点市场。

在拼多多五周年庆活动上，拼多多创始人黄峥发表内部讲话时表示，拼多多依然处在多实惠的初级阶段，下一步拼多多要在农业领域继续做大量重投入和深度创新。拼多多在农产品销售方面实行的主要政策如下。

1. "多多农园"项目

为了进一步重塑产业链条，帮助更多农户实现合理的收入分配，拼多多启动了"多多农园"项目，致力于"将利益留在农村"。"多多农园"通过在国家级贫困县及深度贫困地区，引入农产品电商上行通路和现代企业管理模式，培养新型电商经营主体，精准帮扶建档立卡贫困户，实现"农民—农人—农商"的转变，从而让提供主要生产力和生产资料的农户，成为全产业链的利益主体。拼多多"多多农园"项目活动如图 2-69 所示。

图 2-69 拼多多"多多农园"项目活动

对于"多多农园"这一创新模式，商务部研究院在《2019 中国电商兴农发展报告》中指出："多多农园"项目构建了以贫困档卡户为生产经营主体、以当地特色农产品为对象的种植、加工、销售一体化产业链条，使当地特色农产品形成了长效稳定的产销通道，解决了贫困地区的农产品标准化规模化生产和销售问题。该模式是将脱贫攻坚和乡村振兴有机结合起来并进行成功运作的典型案例，标志着电商平台对激活农村产业的发展、推动农业供给侧结构性改革有着积极意义，为推动农民脱贫致富、实现乡村振兴起到了显著作用。"多多农园"项目运作基本机制如图 2-70 所示。

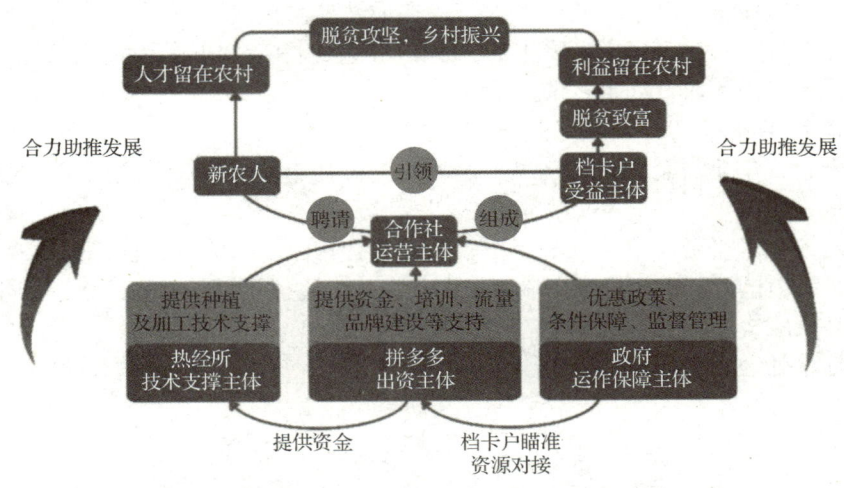

（热经所全称为云南省农科院热带亚热带经济作物研究所）

图 2-70 "多多农园"项目运作基本机制

"多多农园"首站落地云南保山，使得 792 名贫困户成为首批"新农商"。随后，"多多农园"在云南省保山、文山、楚雄、临沧、怒江、曲靖，以及新疆喀什等地共落地多个扶贫兴农项目。在云南文山项目中，由"新农商"开设的店铺在拼多多年货节期间售出超过 30 吨雪莲果，贫困户年收入实现翻倍以上增长。

2. "地网"体系

人才匮乏是农产品大规模上行的主要制约因素之一。拼多多提出"地网"即"平台+新农人"体系，通过新市场机制合理的利益分配，引导受过高等教育、了解互联网的新型职业人才返乡创业。

3. "多多大学"项目

为了有效帮助农村地区培育有独立上行能力的新型农人，拼多多提出了"人才本地化、产业本地化、利益本地化"策略，通过创立"多多大学"，结合农村生产者知识结构，建立专业性的农产品上行通道，开设农产品互联网运营课程。

4. "多多果园"模式

拼多多上线的创新产品"多多果园"，探索虚拟与现实相结合的扶贫助农模式。通过"多多果园"，用户可以在虚拟的果园中种下树苗，并以社交、互动的方式育果。果实成熟后，用户将免费收到一份由拼多多寄出的扶贫水果，这些水果大多数来自四川大凉山、新疆南疆等脱贫攻坚重点地区。随着"多多果园"用户规模的持续新高，拼多多在"多多果园"的基础上，相继推出多多牧场""多多农场"等创新产品，在全互联网行业内掀起一股用户体验与农产品上行紧密结合的新浪潮。

（二）高新技术探索

拼多多高层有一批典型的技术流人才，他们一直倡导用技术给电商和产业带来新变革。未来，拼多多或将持续加大对研发和技术的投入。

1. 农货智能处理系统

拼多多提出的"天网"即"农货智能处理系统"，以"地网"数据信息为支持，整合平台覆盖产区包括特色产品、成熟周期、物流条件、仓配设施、加工型产业设施等在内的数据和信息，经由系统统筹计算后，将各类农产品在成熟期内精准匹配给对应的消费者。在"天网""地网"的支撑下，拼多多成功将1 200万农户的供给和5亿消费者的需求进行精准匹配，使其迅速发展成为中国农产品上行的主要通道。

2. 新物流技术

拼多多平台订单量占全国快递包裹总量的比例在几年前就超过四分之一，是中国物流行业最大的增量来源之一。在此基础上，拼多多提出开发"新物流"技术平台，农产品上行专用电子面单是该技术平台的攻坚核心。拼多多还联合物流生态的合作伙伴，对农产品物流与普通包裹进行有效区分，重新规划、整合农产品上行的物流资源与节点，以进一步解决分散、低效的农产品供应链面临的挑战。

拼多多订单处理场景如图2-71所示。

图2-71 拼多多订单处理场景

3. 农业科技

在科技研发和创新方面，拼多多以"多多农园"为载体，持续探索"互联网+农业科技"可复制、可推广的模式，每一个"多多农园"项目都配备有独立的农业科研团队。在怒江项目中，拼多多联合中国工程院院士邓秀新的工作站，引入适应高山峡谷特性的晚熟沃柑和特色香橼配套种植，并首次将滴灌及监测设施等智慧农业技术引入该地区；在保山项目中，拼多多联合云南省农科院热带亚热带经济作物研究所（简称热经所），通过试验田筛选最适合该纬度和海拔的高品质咖啡，并通过复合生态套种的方式，引导农户进行大规模替换种植，推动当地咖啡产业实现标准化、品质化作业；拼多多从从岗村收来的咖啡豆，会统一送到正规的工厂加工，并通过脱皮、等级筛选、深加工等工序，最后加工成精品咖啡豆，未来还有多个贫困村打造精品咖啡品牌。

4. "分布式 AI"技术

在极客公园创新大会上，拼多多提及了"分布式 AI"技术。传统互联网平台更多采用"集中式 AI"，即把所有数据汇聚，通过算法从数据里找到一定的模式，为单体消费者服务。这种方式面临着一些困境，例如，用户对数据缺乏控制能力、数据所有权问题不够明晰等。通过"分布式 AI"技术，能够实现公有数据对所有用户开放，算法变得更加开源，可供所有用户监督。这就相当于每个个体用户拥有了专属的智能代理，整个数据的决策控制逻辑将会重构。

作为技术驱动的电商平台，拼多多利用"AI 技术"分析用户习惯，提高消费者与商品的匹配效率，实现"货找人"的 AI 电商应用场景。

（三）新品牌计划

拼多多于 2018 年在深圳启动"新品牌计划"，对外宣称计划扶持 1 000 家覆盖各行业的工厂品牌。2019 年 12 月，拼多多举办了"新品牌计划"大会，宣布将超级入口"百亿补贴"扩大到民生消费类目和产业带，把新品牌计划从"单厂扶持"向"产业带激活"快速推进。此次大会上，拼多多首度和地方政府联合推出"新品牌联盟"，深入产业带进行覆盖式布局。首批联盟成员由孚日集团、星宇劳保等当地 15 家重点制造企业组成。

（四）直播

2019 年 11 月，拼多多开始在内部孵化直播业务，并且在月底上线了微信直播小程序。2020 年 1 月，拼多多推出多多直播，并把直播功能向所有的商家开放。这标志着拼多多已正式进军电商直播领域。

拼多多直播活动页面如图 2-72 所示。

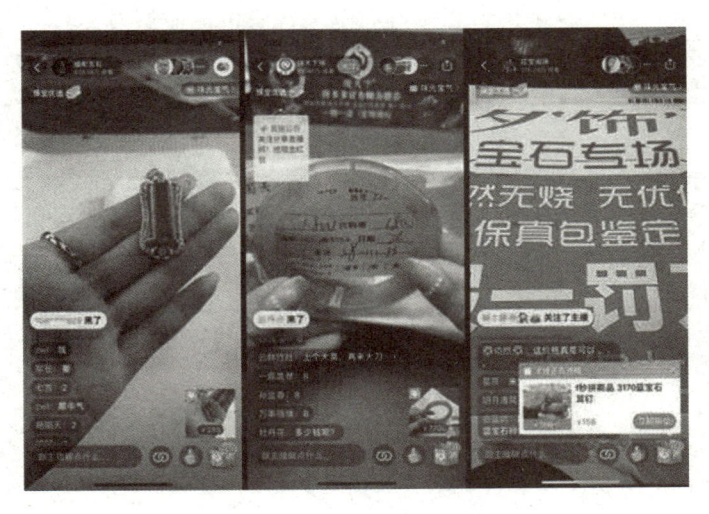

图 2-72　拼多多直播活动页面

（五）跨境电商

2019 年"双十一"之后，拼多多推出了重磅大促活动"黑五"。同年，拼多多宣布旗下"全球购"业务已在美国、英国、德国、日本设立"全球购海外站"，将通过全球直采、保税区直邮、包邮包税、百亿补贴等综合举措，全力进军"黑五"海淘市场。从 2019 年 11 月 28 日零点起，拼多多正式开启为期六天的海淘巅峰盛宴，近 500 个国际品牌、超 20 000 款国际热门进口商品，以亲民实惠的价格直接呈现在消费者眼前。平台延续"'双十一'无套路、无定金"的做法，力争把"全网最低价"进一步升级为"全球最低价"，为中国消费者带来前所未有的"黑五"购物体验。拼多多全球购活动页面如图 2-73 所示。

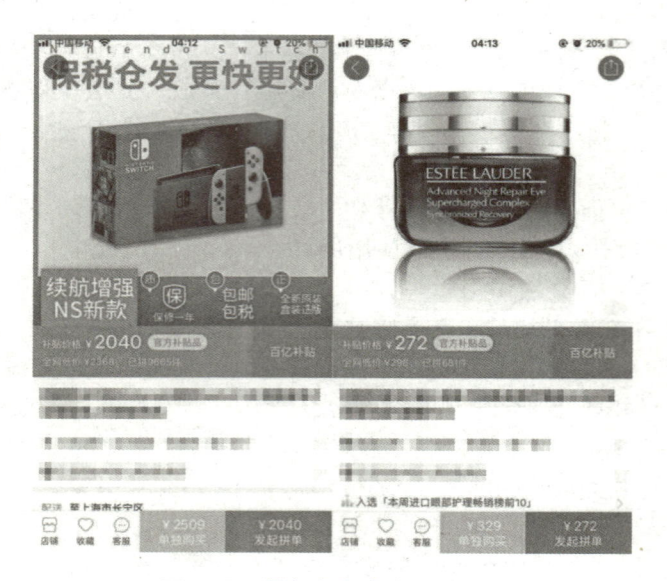

图 2-73 拼多多全球购活动页面

（六）多多买菜

在 2020 年推出的多多买菜业务，是拼多多业务的线下延伸，无论是用户群体（价格敏感）、购买模式（信息驱动货物），还是货品选择（少 SKU、高订单、短爆发）都与已有商业模式相同。多多买菜既能更好地发挥和巩固供应链优势（尤其是农产品供应链优势），也是丰富用户消费场景、提升用户购买频次的重要增长点。

相较美团优选等业务，多多买菜的重要优势如下：

① 农产品供应链优势。最早从拼好货开始做起的拼多多，初步奠定了农货供应链基础，差异化聚焦"最初一公里"，推出"山村直连小区"及"两台四网"的农产品上行战略，为最大的中国农产品电商市场之一。

② 组织高效优势。多多买菜团队人员精简、区域自治，开展业务高效灵活。

③ 流量协同优势。主站推广与多多买菜互相导流，多多买菜位于主站醒目的核心位置，主站可以为多多买菜提供超多流量。

二、挑战

（一）行业竞争加剧

社交电商行业爆发式增长引起了行业内外人士的广泛关注，各大电商概念巨头们也开始有针对性地实施相关策略，一大批针对下沉市场低价商品的平台开始发力，行业竞争加剧。

例如，京东在 2018 年年底成立了社交电商业务部，2019 年 2 月京东拼购也开启了新一轮的全品类招商；2018年3月17日，淘宝网推出"淘宝特价版"，货源来自淘宝、天猫平台的优选折扣商品，开展一系列"邀请用户领红包，购物有奖励"活动。

以淘宝特价版为例，淘宝特价版的快速增长对拼多多形成强有力的冲击，其采取的主要市场策略如下：

2020年4月，淘宝特价版在全网率先出台支持外贸转内销的扶持措施，让淘宝特价版成为带动外贸工厂转内销的主场；

2020年7月初，上线了全网首个厂货一元包邮专区；

2020年8月，淘宝特价版MAU（月度活跃用户）达到5 500万，根据Trustdata的分析，淘宝特价版正式上线半年来，月均净增用户规模，相当于拼多多同期的近20倍；

2020年9月，淘宝特价版和阿里巴巴内贸平台1688全面打通，进一步强化产业带供给，为消费者提供更多品质可靠的工厂直供货品，在供给上明显领先其他对手；

2020年10月10日，淘宝特价版启动"1元更香节"，全场1亿件工厂直供商品全部"1元包邮"，并将持续到"双十一"结束；

2021年5月20日，"淘宝特价版"正式宣布品牌升级，更名为"淘特"，"淘特"宣传页面如图2-74所示；

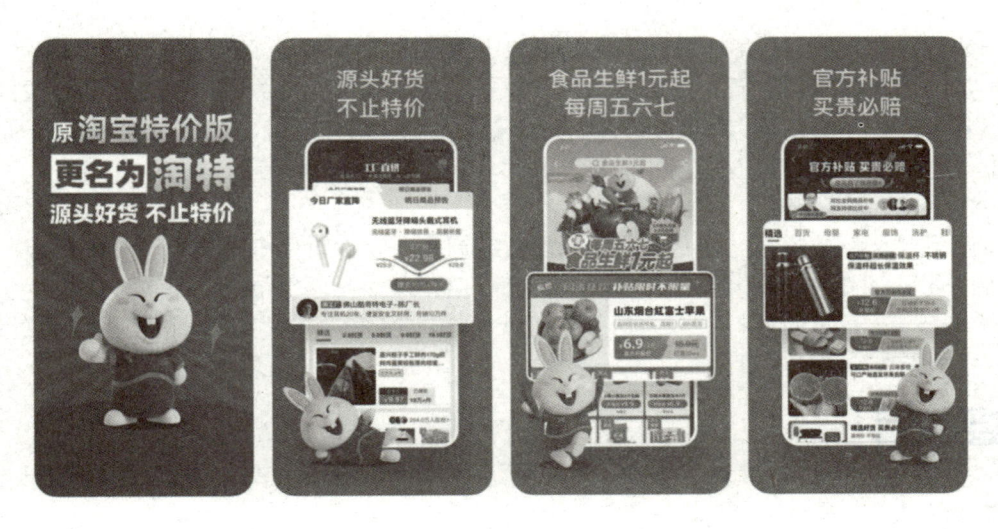

图2-74 "淘特"宣传页面

2021年10月9日，"淘特"宣布上线微信扫码付功能，部分用户开始测试，"双十一"前完全开放；

2022年3月，淘特举办春季产品沟通会，宣布上线"淘特10元店"和"淘特100"两款产品；

2022年11月，淘特上线两款智能搜索交互体验产品"微店铺"和"心动搜索"，并已完成国家专利申请；

2024年2月，淘特商家的主要经营阵地转移到淘宝，商品保留曾经的销量、评价等各类数据标签。

（二）营销费用上涨

阿里巴巴、京东、拼多多2023年二季报研发与营销数据对比如表2-6所示。

表 2-6　阿里巴巴、京东、拼多多 2023 年二季报研发与营销数据对比

指　　标	阿里巴巴	京　　东	拼　多　多
研发费用	104.7 亿元	40.72 亿元	27.34 亿元
研发费用增速	−26.22%	1.12%	4.71%
营销费用	270.5 亿元	110.6 亿元	175.4 亿元
营销费用增速	5.75%	16.70%	54.67%

资料来源：网经社。

从表中的数据可以看到各个平台在研发与营销费用方面的投入变化情况。

① 阿里巴巴的研发与营销投入均最大，但增速最小。

② 单从研发费用来看，拼多多 2023 年第二季度研发费用为 27.34 亿元，同比增长 4.71%；京东本季度研发费用为 40.72 亿元，同比微涨 1.12%；阿里巴巴研发费用为 104.7 亿元，同比下降 26.22%。

③ 单从营销费用来看，阿里巴巴投入最多，拼多多增长最快。由于阿里巴巴宣布设立阿里云智能、淘宝天猫商业、本地生活、菜鸟、国际数字商业、大文娱六大业务集团之后，分工更为细致，在降本增效旋律带动下，营销费用增速有所放缓。

拼多多仍在持续加大研发费用投入，在农业、制造业供应链方面均投入补贴，扶持商家成长，推动农业科技普惠。这项投入从长远来看，能为消费者和商家提供更加多元化的服务，提高平台的生产效率。

（三）口碑问题频出

口碑问题一直是拼购类社交电商面临的关键问题，虽然拼多多官方一直在努力改善平台的服务，且平台用户投诉比例也有降低的趋势，但在黑猫投诉平台上，拼多多的投诉量仍然远远高于淘宝、京东的数据。因此，面临口碑问题的挑战，拼多多应严格把控产品质量关，提升服务质量，继续改进平台的服务。

任务小结

1. 以拼多多为代表的拼购类社交电商面临的主要机会有农产品销售、高新技术探索、新品牌计划、直播和跨境电商。

2. 以拼多多为代表的拼购类社交电商面临的主要挑战是行业竞争加剧、营销成本上涨和口碑问题频出。

任务实训

通过查阅介绍资料、观看访谈和公开演讲等方式，详细了解拼多多高管陈磊的成长经历、性格特点和商业理念，并具体分析这些要素将对拼多多乃至社交电商的未来发展产生哪些影响，请以文档的形式提交实训报告。

任务评价

评价类目	评价内容及标准	分值（分）	自己评分	小组评分	教师评分
学习态度	全勤（5分）	10			
	遵守课堂纪律（5分）				
学习过程	能说出本次工作任务的学习目标（5分）	40			
	上课积极发言，积极回答老师提出的问题（5分）				
	了解拼购类社交电商的机会（5分）				
	了解拼购类社交电商的挑战（5分）				
	能够独立分析拼购类社交电商的机会与挑战（20分）				
学习结果	"任务实训"考评（50分）	50			
合　　计		100			
所占比例		100%	30%	30%	40%
综合评分					

项目三

分销型社交电商

分销型社交电商是指通过各种社交渠道以社交分享的方式推广商品，发展团队伙伴，通常具有完善的分销体系和分佣机制，实现"自购省钱，分享赚钱"的模式。

大部分用户对以云集为代表的分销型社交电商在购物体验方面给予了积极评价，但也存在诸如商品与页面描述不符、物流延迟等方面的问题。

分销型社交电商的商家服务包括会员管理、商品管理、营销推广、物流和售后。

以云集为代表的分销型社交电商面临的机会主要包括超品计划、转型美食、三育扶贫等；同时，也面临着政策监管风险、行业竞争激烈和会员转型受阻等方面的挑战。

项目三　分销型社交电商

任务一　分销型社交电商概述

任务清单

工作任务	分销型社交电商概述	教学模式	任务驱动
建议学时	1学时	教学地点	一体化实训室
任务描述	学习分销型社交电商的概念、行业发展历程和代表企业发展历程		
学习目标	知识目标	了解分销型社交电商的概念； 了解分销型社交电商的行业发展历程； 了解分销型社交电商的代表企业	
	能力目标	能够判断分销型社交电商的适用产品类型； 能够分析分销型社交电商和传统电商的差异	
	素质目标	通过对分销型社交电商行业发展历程的分析，形成分析事物发展一般规律的思维	
思政目标	通过梳理国内分销型社交电商行业的发展历程，引导学生关注民族企业的崛起和发展。通过对具有代表性企业家的个人成长经历，以及他们如何带领国内分销型社交电商企业发展壮大，并与国外社交电商行业巨头竞争过程的学习，帮助学生了解并学习艰苦奋斗、勇于开拓、敢于创新的民族企业家精神，增强民族自信心和民族自豪感		

知识导图

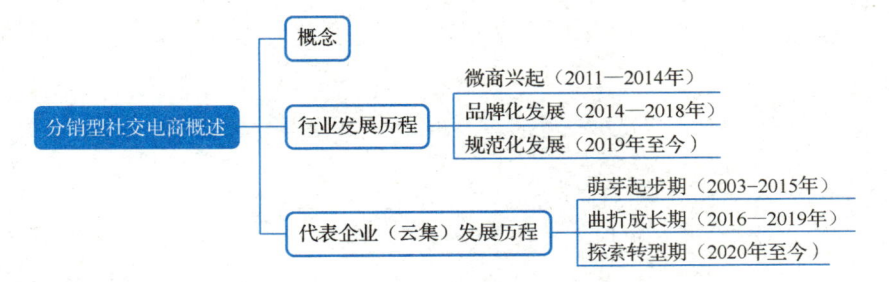

分销型社交电商概述
- 概念
- 行业发展历程
  - 微商兴起（2011—2014年）
  - 品牌化发展（2014—2018年）
  - 规范化发展（2019年至今）
- 代表企业（云集）发展历程
  - 萌芽起步期（2003—2015年）
  - 曲折成长期（2016—2019年）
  - 探索转型期（2020年至今）

任务实施

一、概念

分销型社交电商是指通过各种社交渠道以社交分享的方式推广商品，发展团队伙伴，通常具有完善的分销体系和分佣机制，实现"自购省钱，分享赚钱"的模式。分销型社交电商通常以S2B2C的模式连接供应商与消费者，从而实现商品流通。分销型社交电商平台（S）连接上游供应链，为小B店主提供商品配送、客服、售后等一系列服务，小B店主负责C端（消费者）的商品销售及用户维护。分销型社交电商的模式如图3-1所示。

■ 社交电商

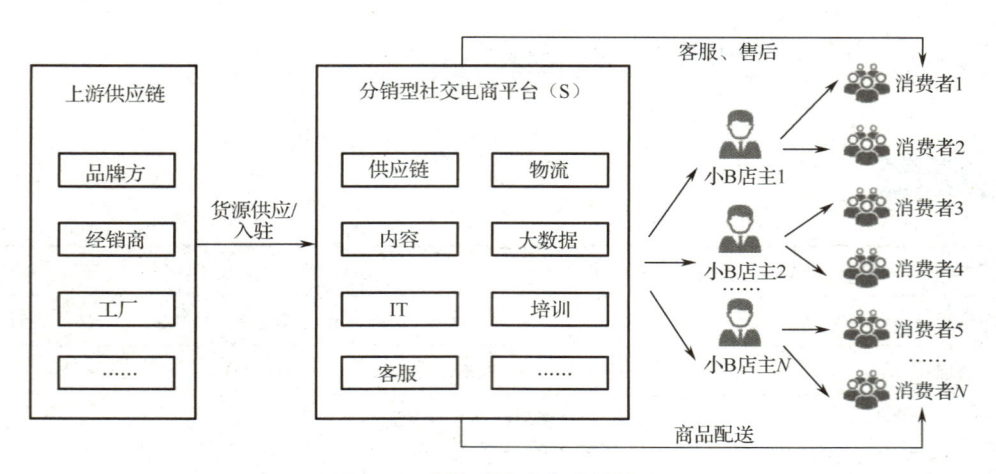

图 3-1 分销型社交电商的模式

二、行业发展历程

（一）微商兴起（2011—2014 年）

2011 年，粉丝经营形式产生，以个人代购为主要形式的社交化经营方式开始兴起。2012 年，随着微信陆续推出朋友圈、微信支付、公众号等功能，微商开始出现。2013 年，俏十岁、韩束等面膜品牌开始出现在微信朋友圈中。但当时的微商是混乱的：没有正规的商业模式，没有安全的产品保证，只有疯狂的刷屏卖货。某微商品牌宣传图如图 3-2 所示。

图 3-2 某微商品牌宣传图

（二）品牌化发展（2014—2018 年）

以央视曝光毒面膜事件为代表，微商产品质量和安全问题引发众议，微商行业遭遇重大打击。与此同时，社交分销的概念开始出现，大量微商从业人员涌入社交分销平台成为小 B 店主，凭借其强大的分销和带货能力，带动平台迅速发展。2014 年，百亿微商品牌思埠集团诞生。接下来的几年间，越来越多的品牌发现了微信平台的强大销售潜力，微商爆发式增长。根据中国互联网协会发布的数据，2016 年，微商创造就业人口已经突破 2 000 万人，流水突破 5 000 亿元，在全国多地出现微商团队。思埠集团宣传图如图 3-3 所示。

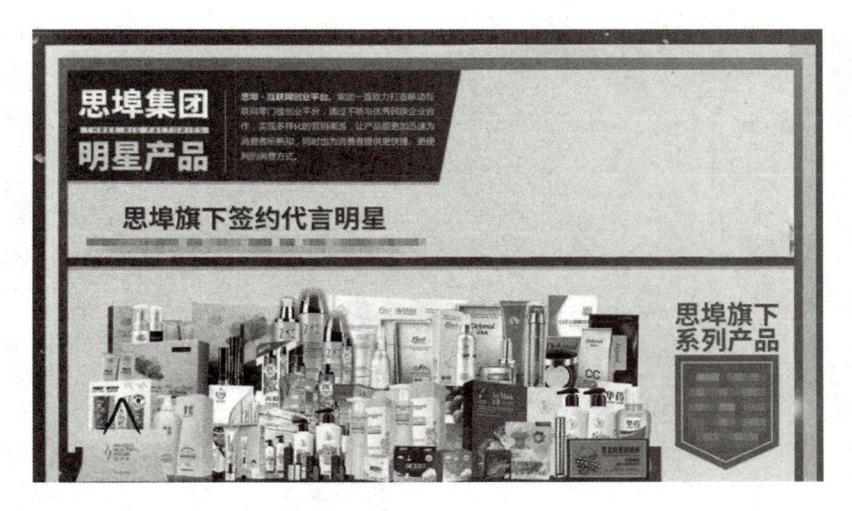

图 3-3　思埠集团宣传图

（三）规范化发展（2019 年至今）

2019 年是分销型社交电商的分水岭。2019 年 1 月 1 日，《中华人民共和国电子商务法》正式实施，微商被纳入电商经营者的范畴，想继续经营需要办理个体户营业执照或公司营业执照。以往野蛮生长的微商，开始被套上"紧箍咒"，国家对于微商的监管趋严，许多以微商之名行传销之实的微商们被查处。

三、代表企业（云集）发展历程

（一）萌芽起步期（2003—2015 年）

云集萌芽起步期的主要发展历程如下：

2003 年 12 月，小也淘宝店正式营业，经营范围涉及香水、护肤、彩妆，并陆续引入 300 多个国际一线和国内外著名化妆品品牌；

2009 年 11 月，小也 2 500 平方米物流中心建立；

2010 年 1 月，小也淘宝店信用指数突破 100 万，升级为双金冠店铺；

2010 年 10 月，小也官方旗舰店入驻天猫；

2011 年 3 月，香水类产品从小也三金冠店铺拆出，独立开设小也香水淘宝店，原小也三金冠店改名小也化妆品店，专注经营化妆品；

2012 年 4 月，小也香水以 12% 的市场份额排名淘宝香水类目第一；

2012 年 4 月，小也化妆品店信用指数突破 500 万，荣登四金冠店铺，成为淘宝网化妆品类第一家四金冠店铺；

2012 年 5 月，小也香水进驻京东商城，旨在打造时尚、专业的综合服务商；

2015 年前后，随着移动电商的发展，加上流量越来越贵，大部分个体商家开淘宝店难以负荷高昂的流量支出费，小也创始人肖尚略深感社交电商才是未来的发展趋势，随即提出转型做社交电商——以社交零售为主的云集微店；

2015 年 5 月，小也品牌旗下云集 App 正式上线。

（二）曲折成长期（2016—2019 年）

在云集上线的第一个版本中，用户都可以免费注册成为店主。但云集很快发现，这些免费获得的用户，活跃度很低，自身购买不多，分享也不多。当时，还有一些类似云集的平台，他们获得海量用户也不活跃。于是，云集设置了开店需要缴纳服务费的门槛。"注册云集 App"页面如图 3-4 所示，云集微店的三级分销模式示意图如图 3-5 所示。

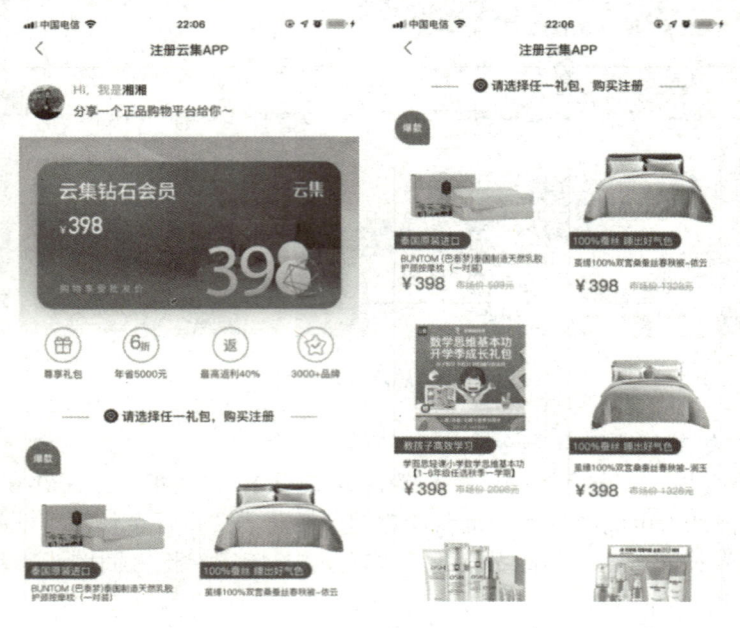

图 3-4 "注册云集 App"页面

图 3-5 云集微店的三级分销模式示意图

云集曲折成长期的主要发展历程如下：

2016 年 6 月，云集和阿里巴巴、网易杭州一起被推选为"杭州跨境电子商务协会"副会长单位；

2016 年 8 月，云集在移动电子商务年会上斩获"2016 移动电子商务创新企业"大奖；

2016 年 12 月 12 日，云集获得由凯欣资本领投、钟鼎创投跟投的 2.28 亿元 A 轮融资；

2017 年 11 月，云集店主数突破 260 万，终端注册用户数量突破 1 800 万，最高单日销售额突破 2.5 亿元，"双十一"期间的总交易额突破 10 亿元；

2018 年 4 月 23 日，云集宣布完成 1.2 亿美金 B 轮融资，成为社交电商行业独角兽企业；

2019 年 5 月，云集正式在美国纳斯达克挂牌上市；

2019 年 10 月，云集战略升级供应链 3.0，推出"超品计划"。

（三）探索转型期（2020 年至今）

作为继拼多多后第二家赴美上市的社交电商企业，云集历经风光，却命途多舛。2020 年

1月，云集降低会员门槛，为注册用户提供一年的会员福利。

2021年开始，云集尝试进行公司战略升级，重点推出更多具有强大复购潜力的产品，并开发自有品牌和独家产品。此外，为保证盈利能力的长期增长，云集优化了整个平台上的供应商和商家。进入2022年，社交电商的日子并不好过，在种种困境下，云集选择美食新赛道进行突围。其曾经的口号"购物享批发价"换成"爆款美食上云集"，美食栏目已经被列为首页三大栏目之一。但新赛道能否让云集走出发展困局、摆脱退市命运，还需要进一步关注。改版后的云集App首页如图3-6所示。

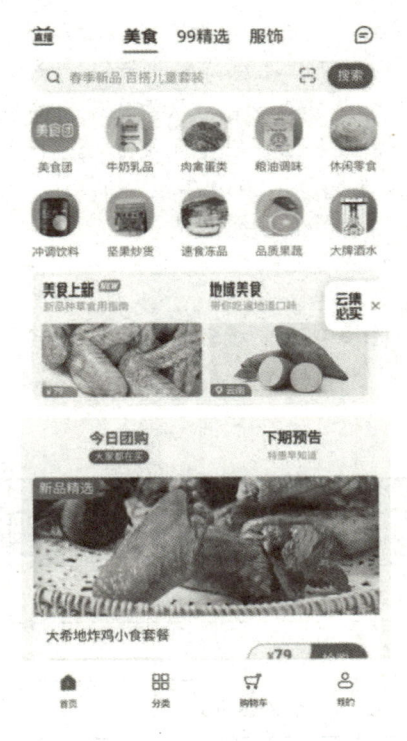

图3-6 改版后的云集App首页

云集探索转型期的主要发展历程如下：

2020年1月，云集在电商行业率先免费赠送100万只医用口罩，联合募捐善款1 840万元；

2020年9月，云集抖音直播首秀在罗永浩直播间开启，单场卖货8 750万元；

2021年4月，历时三年、培育近900名学员的云集"乡村振兴新农人培育计划"圆满收官；

2021年6月，推出"云集99"，倾力打造"全网爆款，尽在云集"；

2021年6月，入选第一批全国供应链创新与应用示范企业；

2022年9月，发布云集4.0战略，目的是将云集打造为私域电商第一平台；

2023年2月，云集确定以健康为核心战略，培养百万健康营养师，致力于让国人从被动医疗到主动健康；

2023年3月，云集超级供应链上线，从百款专供起步，以更多亿级爆款，服务百万超级团长；

2024年3月，云集发布2023年第四季度财报：营收1.491亿元，发力直播、深耕"美丽""健康"赛道。

■ 社交电商

【阅读材料】云集创始人介绍

任务小结

1. 分销型社交电商是指通过各种社交渠道以社交分享的方式推广商品，发展团队伙伴，通常具有完善的分销体系和分佣机制，实现"自购省钱，分享赚钱"的模式。分销型社交电商通常以 S2B2C 的模式连接供应商与消费者，从而实现商品流通。

2. 分销型社交电商的行业发展经历了三个主要阶段：微商兴起（2011—2014 年），品牌化发展（2014—2018 年），规范化发展（2019 年至今）。

3. 云集是分销型社交电商企业中的典型代表。

任务实训

请通过网络搜索云集的相关资料，分析云集的主要项目，找出它与拼多多类似的地方，并以文档的形式提交实训报告。

任务评价

评价类目	评价内容及标准	分值（分）	自己评分	小组评分	教师评分
学习态度	全勤（5 分）	10			
	遵守课堂纪律（5 分）				
学习过程	能说出本次工作任务的学习目标（5 分）	40			
	上课积极发言，积极回答老师提出的问题（5 分）				
	了解分销型社交电商的概念（5 分）				
	了解分销型社交电商的发展历程及代表企业（5 分）				
	能够判断分销型社交电商的适用产品类型，能够分析分销型社交电商和传统电商的差异（20 分）				
学习结果	"任务实训"考评（50 分）	50			
合计		100			
所占比例		100%	30%	30%	40%
综合评分					

任务二　分销型社交电商的用户分析

任务清单

工作任务	分销型社交电商的用户分析	教学模式	任务驱动
建议学时	1学时	教学地点	一体化实训室
任务描述	以云集平台为例，学习分销型社交电商的用户特征和用户体验		
学习目标	知识目标	了解分销型社交电商用户的社会特征和行为特征； 了解分销型社交电商的用户体验； 了解云集会员的六大特权	
	能力目标	能够独立分析分销型社交电商的用户体验	
	素质目标	培养学生的用户思维，从用户的角度去思考产品和服务	
思政目标	通过重点讲解云集在提升用户体验、提供会员特权方面做出的努力，培养学生形成"以民为本""以用户为中心"的商业思维		

知识导图

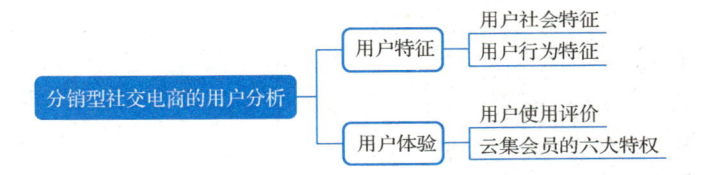

```
                                    ┌── 用户社会特征
                        ┌─ 用户特征 ─┤
                        │           └── 用户行为特征
分销型社交电商的用户分析 ─┤
                        │           ┌── 用户使用评价
                        └─ 用户体验 ─┤
                                    └── 云集会员的六大特权
```

任务实施

一、用户特征

（一）用户社会特征

根据艾瑞咨询的数据，以云集为代表的分销型社交电商平台店主和用户群体以26～40岁女性为主，主要身份是微商、代购、宝妈等，她们的主要特征包括有较多闲暇时间，具有分享信息、推送商品的热情，有基于自己的熟人社交网络，有分销商品及稳定的流量变现能力。用户加入分销型社交电商的目的主要有两个：通过拉新或销售商品赚取奖励；自己在平台购物可以获得一定比例的价格优惠。分销型社交电商平台用户社会特征如图3-7所示。

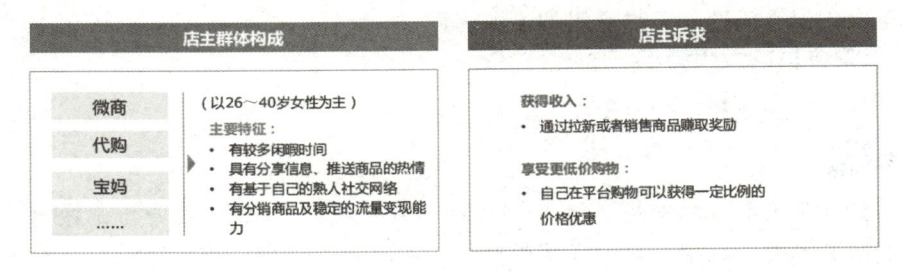

图3-7　分销型社交电商平台用户社会特征

（二）用户行为特征

以云集为代表的分销型社交电商的用户类型及特征有以下几点。

1. 直购型用户

云集用户群体以 26～40 岁女性为主，她们是购买力最强的群体，可支配的时间相对比较多，是重度社交用户，亦是家庭消费解决方案的支配者。

2. 分享型用户

在云集用户中，大约 10% 的用户每个月除了自买自用，回购所需商品，还会不停地将商品分享给身边的熟人，不停地"种草""安利"自买的商品，近似于行业中的 KOC，他们能精准触达自身周围更多的目标用户，为云集带来了非常可观的流量。

3. 导购型用户

导购型用户占云集总用户量的 1% 左右，是传统的 B2C 电商，他们有着较强的导购能力，在某些领域具备较专业的能力。他们苦于传统零售场景里的交易提点较低，而云集能够给他们带来 5%～20% 的利益分成，同时为他们提供丰富的 SKU，帮助他们更好地发挥导购特长。

4. 网红型用户

这部分用户是代言型的会员，是代言人的同时也是自媒体，相当于行业中的 KOL，他们给云集上的商品做原产地溯源等品牌推广工作，相当于云集帮品牌商找到了低成本的代言人和宣传媒体。

二、用户体验

（一）用户使用评价

1. 购物体验方面

大部分用户对云集在购物体验方面给予了积极评价。他们认为云集 App 的页面设计简洁明了，操作流程简单易懂，能够快速找到自己想要的商品。同时，云集提供了多种支付方式，提升了用户的购物体验。

2. 商品质量方面

关于商品质量，用户的评价各不相同。一些用户表示，他们在云集购买的商品质量良好，与描述相符，非常满意。然而，也有一些用户对云集的商品质量提出了质疑，认为有些商品与描述不符，存在质量问题。

3. 物流服务方面

云集的物流服务也是用户关注的焦点之一。大部分用户对云集的物流服务持肯定态度，认为物流速度较快，商品包装仔细严密。但也有一些用户表示，他们在使用云集时遇到了物流延迟、包裹破损等问题，对物流服务不太满意。

（二）云集会员的六大特权

云集会员的六大特权如图 3-8 所示。

任务小结

1. 分销型社交电商平台的用户群体以 26～40 岁女性为主，主要身份是微商、代购、宝妈等。她们的主要特征包括：有较多闲暇时间；具有分享信息、推送商品的热情；有基于自己的熟人社交网络；有分销商品及稳定的流量变现能力。她们加入分销型社交电商的目的主要有两个：通过拉新或销售商品赚取奖励；自己在平台购物可以获得一定比例的价格优惠。

极致精选	100%精品承诺	每日特卖价
入驻商品层层筛选，严格把关，为云集会员提供精品好物	云集提供众多官方精选、厂家直供的品质好货，如您对云集商品的品质感到不满意，可享七日无理由退货（特殊商品除外）	云集每日商品特卖，做云集会员，享每日精品优惠
大额优惠券	会员特惠日	云集会员专供
云集会员可在品牌促销、节日活动中领取大额满减优惠券。物超所值，就在云集	每月16日为云集石榴节，会员可享全球百家大牌特惠	云集直接链接源头工厂，拥有众多自有品牌，减去不必要的流通环节，从而给到云集会员更优惠的商品价格

图 3-8　云集会员的六大特权

2. 分销型社交电商的用户类型包括直购型用户、分享型用户、导购型用户和网红型用户。
3. 云集平台的用户体验较好，但也存在一些细节问题，平台为会员提供了六大特权。

任务实训

下载云集 App，体验购物流程，谈谈你对云集平台的使用感受，提出相应的改进建议，并以文档的形式提交实训报告。

任务评价

评价类目	评价内容及标准	分值（分）	自己评分	小组评分	教师评分
学习态度	全勤（5分）	10			
	遵守课堂纪律（5分）				
学习过程	能说出本次工作任务的学习目标（5分）	40			
	上课积极发言，积极回答老师提出的问题（5分）				
	了解分销型社交电商的用户特征（5分）				
	了解分销型社交电商的用户体验（5分）				
	能够独立分析分销型社交电商的用户体验（20分）				
学习结果	"任务实训"考评（50分）	50			
合计		100			
所占比例		100%	30%	30%	40%
综合评分					

■ 社交电商

任务三　分销型社交电商的商家服务

任务清单

工作任务	分销型社交电商的商家服务		教学模式	任务驱动
建议学时	4 学时		教学地点	一体化实训室
任务描述	以云集平台为例，学习分销型社交电商的商品管理、营销推广、物流和售后			
学习目标	知识目标	了解注册云集会员的要求； 掌握分销型社交电商商品管理的关键知识点		
	能力目标	掌握分销型社交电商的营销推广方法		
	素质目标	在商品管理、营销推广的学习过程中，不断引导学生独立决策，培养学生自主进行商业决策的能力		
思政目标	通过对云集电商平台经营各个环节，包括商品管理、营销推广、物流和售后环节中具体规范的详细讲解，引导学生形成兢兢业业、脚踏实地的工匠思维，培养学生的职业道德和职业素养			

知识导图

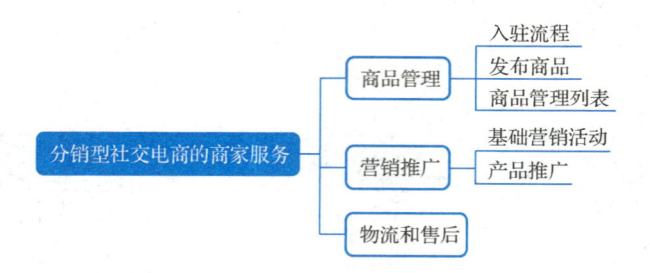

```
                          ┌─ 入驻流程
              ┌─ 商品管理 ─┼─ 发布商品
              │           └─ 商品管理列表
分销型社交电商 │           ┌─ 基础营销活动
的商家服务    ─┼─ 营销推广 ─┤
              │           └─ 产品推广
              └─ 物流和售后
```

任务实施

一、商品管理

（一）入驻流程

1. 云集开店流程

云集开店流程如下：

① 下载并安装云集 App。

② 注册账号。打开云集 App 后，根据是否有邀请码选择注册方式。如果有邀请码，可以直接使用邀请码注册；如果没有邀请码，则可以按照 App 内的提示进行注册。

③ 完善个人资料。注册完成并登录，在 App 内完善个人资料，包括姓名、身份证信息等。

④ 申请开店。在 App 内选择"我的"选项，单击"开通钻石会员"旁边的"立刻开通"按钮，选择"开通钻石会员"选项，并填写邀请人会员 ID（如果有），或者直接选择"没有邀请人"选项。

⑤ 等待审核。提交开店申请后，需要等待云集平台的审核，审核时长可能会有所不同。

审核通过后，就可以注册店铺并设置店铺相关信息。

⑥ 店铺运营。审核通过后，用户可以进行上传商品、装修店铺、宣传推广、处理订单等操作。

需要注意的是，开店经营过程中需要遵守云集的规定和法律法规，保证经营合法合规。同时，根据商品类别和规模，可能需要缴纳相应的保证金，并按销售额比例支付佣金。

2. 商家入驻流程

商家入驻云集的流程包括入驻准备、入驻申请、品牌评估和资质审核、开店任务和缴费激活、确认开通、正式开店等。云集商家入驻流程如图 3-9 所示。

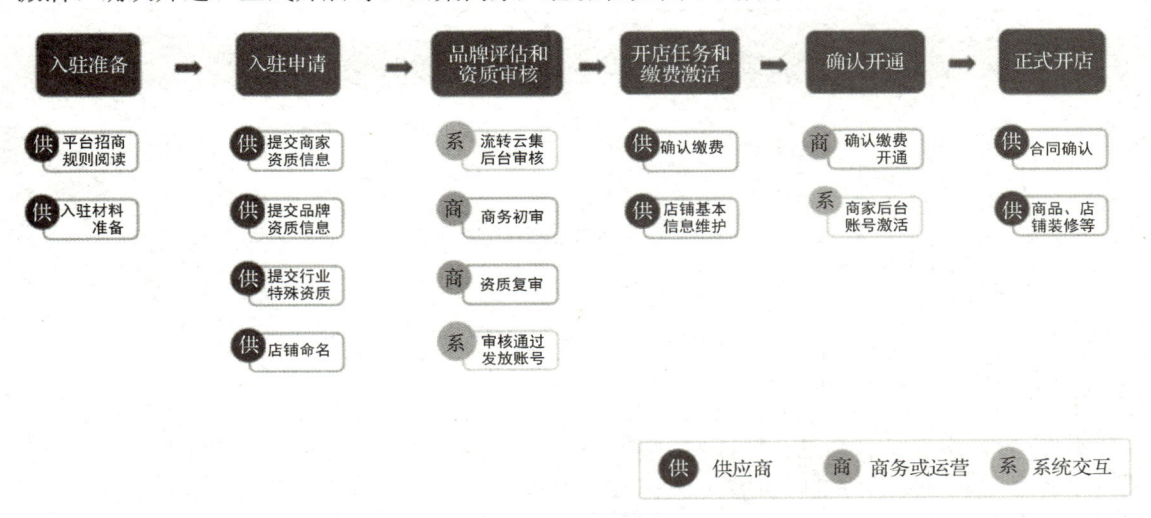

图 3-9 云集商家入驻流程

（二）发布商品

云集的发布商品流程如图 3-10 所示。

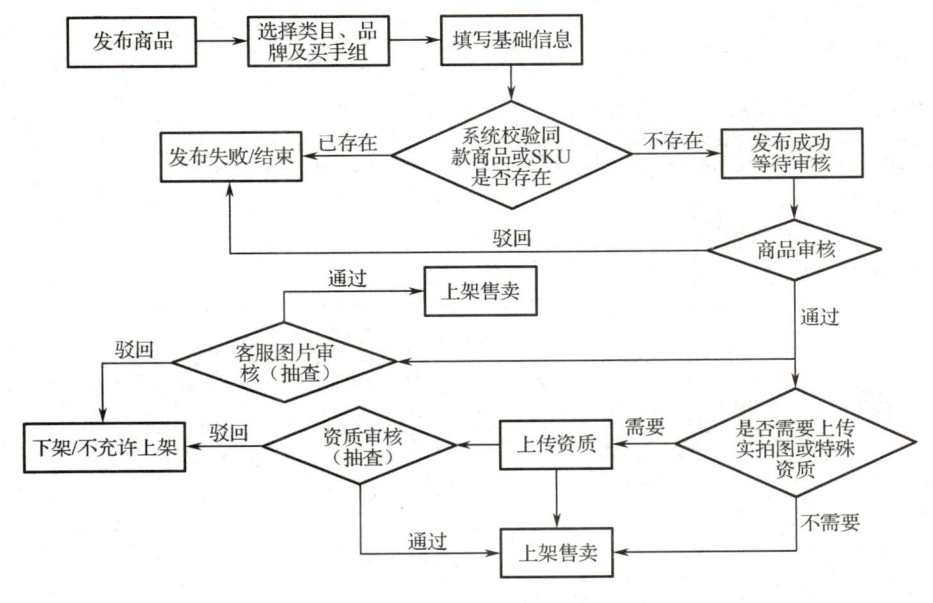

图 3-10 云集的发布商品流程

■ 社交电商

1. 选择类目、品牌及买手组

商家可以登录云集商家后台操作系统，执行"发布商品"→"选择类目"操作，打开"选择类目"页面，如图3-11所示，依次选择四级类目、品牌及买手组。

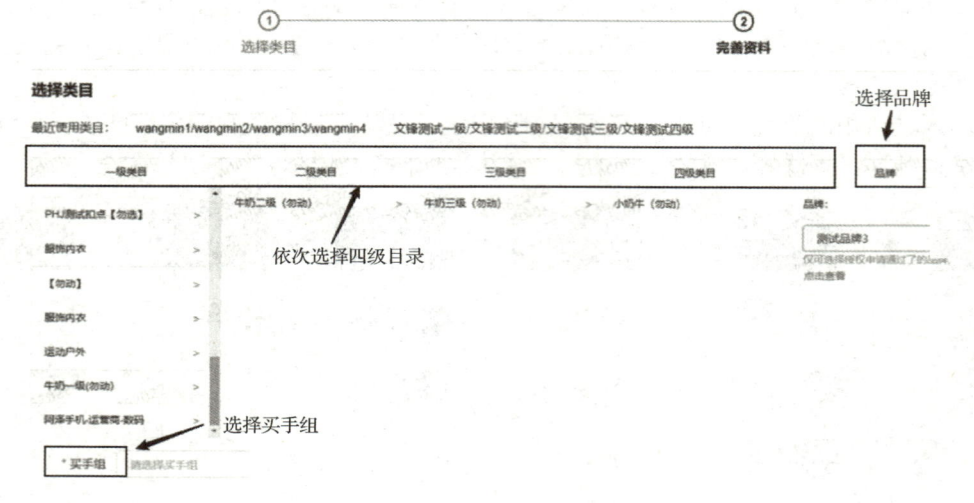

图3-11 "选择类目"页面

说明：

① 选择四级目录。系统会默认展示三个最常用的类目，单击类目方框标签可直接进行选择；如果不使用系统默认的常用类目，可在类目选择器中依次选择一级类目、二级类目、三级类目、四级类目。切记，四级目录全部选择完成后才可进入下一步操作。

② 选择品牌。此处仅可选择通过了资质审核的品牌。

③ 选择买手组，默认匹配，但可以调整。

2. 填写商品信息

（1）填写商品属性

"商品属性"页面如图3-12所示。

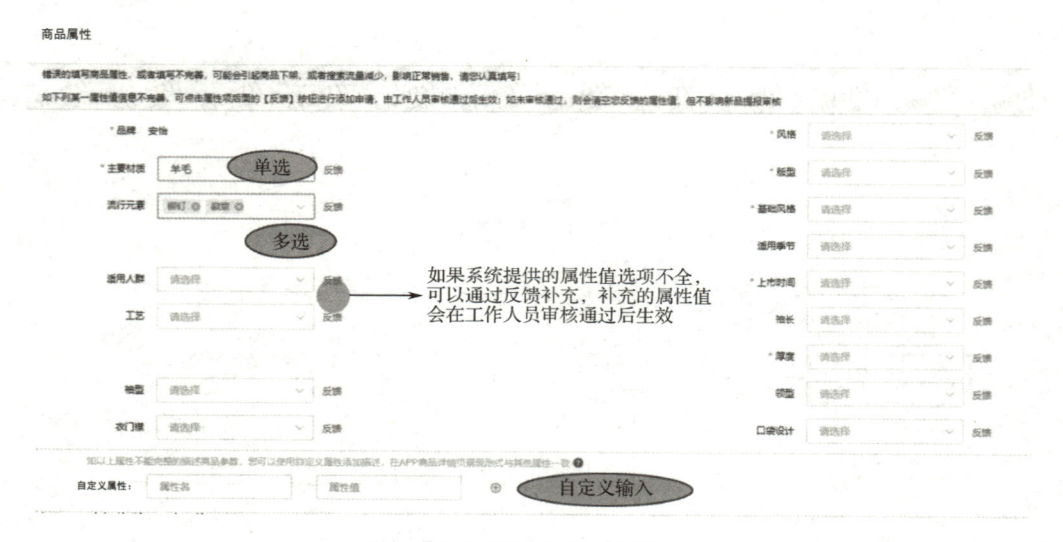

图3-12 "商品属性"页面

商品属性分为两部分：

① 系统提供的属性，需要商家维护属性值，有以下三种方式：
- 单选：以下拉框选项形式编辑，选择其中与产品描述相符的单个属性值。
- 多选：以下拉框选项形式编辑，下拉框中可选择多个属性值。
- 文本：系统未提供属性值选择，由用户自己输入属性值。

② 自定义属性。如果系统提供的属性项不能完全描述产品的参数及特征，则商家可自己在横线下方的自定义属性区域添加属性名及对应的属性值，补充的属性值会在工作人员审核通过后生效。

（2）填写基础信息

"基础信息"页面如图 3-13 所示。

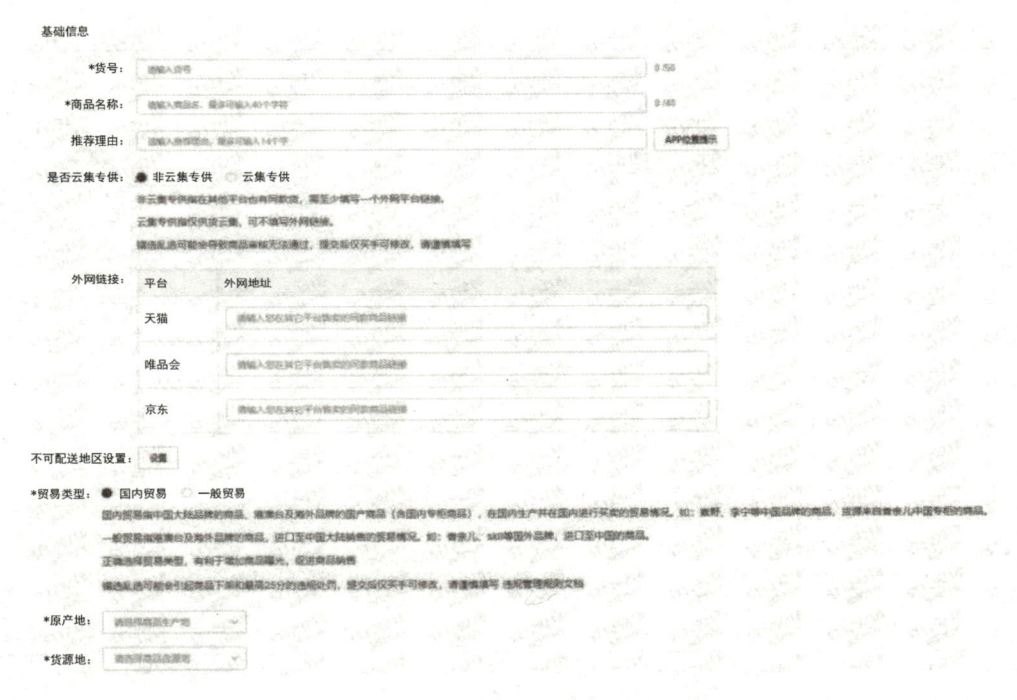

图 3-13 "基础信息"页面

① 必填信息。
- 货号：一个货号代表一款商品；请输入自己商品的唯一编码，不可多次发布重复货号的商品。
- 商品名称：用于 App 展示的标题，40 个字以内描述清楚商品，切勿叠堆关键词。
- 贸易类型/原产地/货源地：如果是国内贸易，原产地/货源地都是中国；如果是一般贸易，原则上原产地/货源地不是中国。后续如果要修改可以联系对应买手。

② 非必填信息。
- 推荐理由：在 App 的展示位置展示。
- 是否云集专供：非云集专供指在其他平台也有同款货，需至少填写一个外网平台链接地址。云集专供指仅供货云集，可不填写外网链接地址（部分类目必填）。
- 不可配送地区设置：如有特殊情况，可在此选择不可配送的省份或城市，完成设置后相应地区的用户不可对该商品下单。

（3）选择运费模板

"运费模板"页面如图3-14所示。

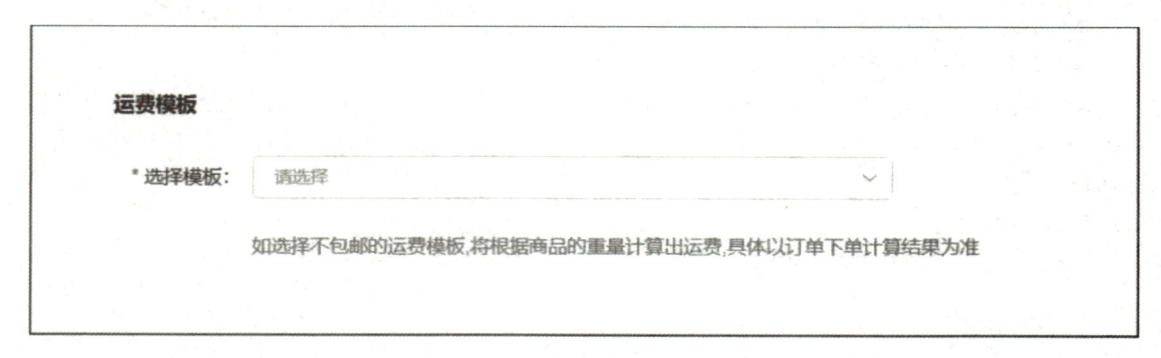

图 3-14 "运费模板"页面

此处可选择该商品使用的运费模板，注意事项如下：

① 如果发布商品前未设置运费模板，则需要先在"店铺管理"→"运费模板"页面设置。

② 可设置一个包邮模板和一个偏远地区不包邮模板，在没有运费模板的情况下是发布不了商品的。

③ 运费模板中面向偏远地区的收费，不允许超过SKU售卖价的30%，否则，商品信息无法发布。

（4）填写规格信息

"规格信息"页面如图3-15所示。

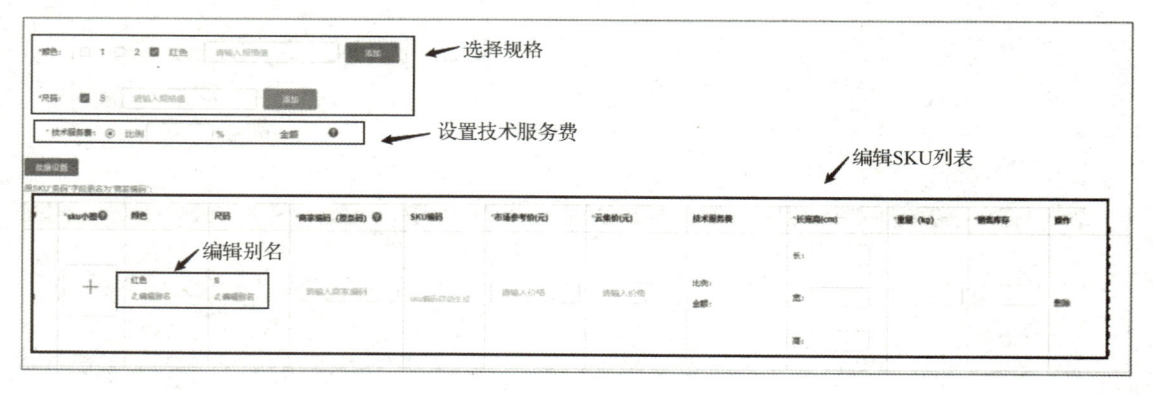

图 3-15 "规格信息"页面

① 选择规格。根据系统提供的规格项，选择或者输入规格值。如果系统提供了规格值选项，可直接选择；也可自定义输入规格值；一次可添加多种规格。

② 设置技术服务费。技术服务费为向推广该商品或购买商品的VIP用户支付的佣金，可按照比例的方式或按固定金额的方式填写，对所有SKU生效。

③ 编辑别名。规格值一旦添加，不允许修改，但可使用别名更替，如果输入错误可使用别名。在有别名的情况下，别名会代替原有规格值展示在App商品详情页。

④ 编辑SKU列表。

SKU 小图：每个 SKU 需上传一张小图，用户在 App 端选购 SKU 时会展示这张图片。

商家编码（原条码）：该条码用于商家自己的货品管理，可输入外包装条码或用于发货的编码；不允许重复提交。

市场参考价（元）：填写商品原价或吊牌价。

云集价：填写该商品在云集的常态售卖价格（系统会校验 SKU 的运费是否超过售卖价的 30%，如超过则不允许提报）。

长宽高：填写商品的外包装尺寸，单位为 cm。

重量：填写产品的毛重，用于计算物流费，单位是 kg。

销售库存：输入可售卖的库存值。

操作：对于不需要的规格组合，可以删除，仅能在新品提报时删除。

（5）上传商品图片

"商品图片"页面如图 3-16 所示。

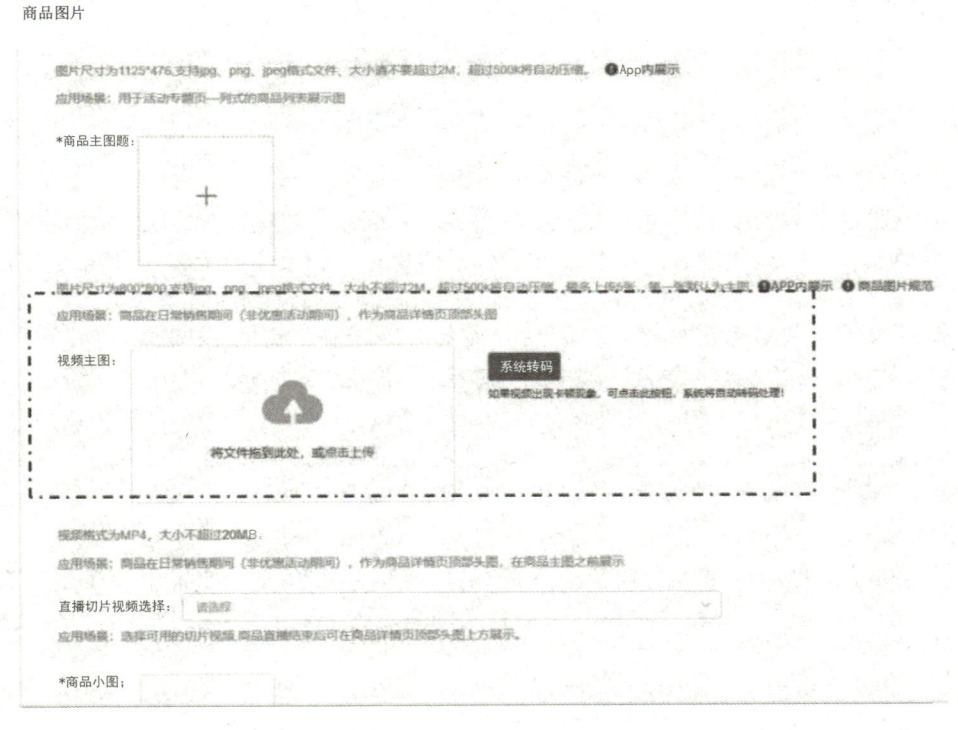

图 3-16 "商品图片"页面

图片要求透明底图，图片大小 800 像素×800 像素，图片中实物大小保持在中间 640 像素×640 像素的位置，具体可查看透明底图规范中的图片示例。如果使用系统工具上传，则只需要上传 800 像素×800 像素的透明图，无须压制成 640 像素×640 像素，系统工具会自行按照要求进行处理。

（6）编辑图文详情

"图文详情"编辑页面如图 3-17 所示。

① 在图文详情编辑器中，可用文字、图片、视频描述商品详情；对图片大小无限制，但编辑器容量上限为 5 000 个字符。图片有审核、待审核、审核通过三种状态。如果被驳回，

可以查看驳回理由，需修改商品详情图片后重新触发审核，审核通过后才能上架。

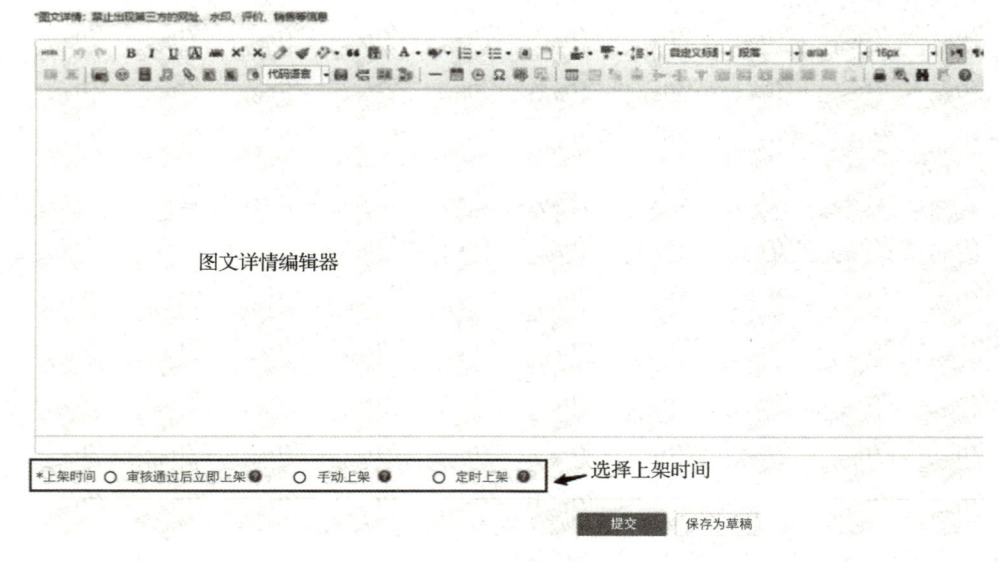

图 3-17 "图文详情"编辑页面

② 选择上架时间。有以下三种方式可供选择：
- 审核通过立即上架：在工作人员审核通过后，商品会自动上架，无须人工操作。
- 手动上架：审核通过后，商品会处于待上架状态，如果需要上架，则需要人工操作。
- 定时上架：指定上架时间（精确到时、分、秒），在指定时间到达时系统会自动上架商品。

③ 信息输入完成后可直接提交，商品会进入审核环节。如果还未准备好发布，也可单击"保存为草稿"按钮，则下次可从草稿箱中找到该商品继续编辑。

另外，在图文详情页还可以设置腰部推荐产品。该页面支持人工干预配置该商品详情页的腰部推荐商品，非必填。如果不配置，平台会根据系统逻辑匹配高关联商品，可单击查看默认配置的商品；可输入同店铺的商品 ID，手动添加腰部推荐商品。

3. 商品审核

填写完商品信息后，系统会校验同款商品或 SKU 是否存在，如果不存在则发布成功，等待审核。审核过程中，平台会根据商品信息来判断是否需要上传实拍图或者特殊资质。

4. 上架售卖

审核通过的商品就可以上架售卖了。

（三）商品管理列表

"商品管理列表"页面如图 3-18 所示。

"商品管理列表"页面主要功能如下：

① 发布商品、修改历史商品需要经过审核，审核记录可分别在对应的"审核记录（新品）""审核记录（旧品）"页面查看。

② 列表筛选出来的商品数据，可批量上架（一次最多 20 条）、批量下架（一次最多 20 条）及导出（一次最多 1 000 条）。

③ 商品列表按照状态分页面标签展示，分为全部、已上架、下架、待上架和平台下架几类。

④ 新商品发布后，可在"审核记录（新品）"列表查看审核进度及结果。新品审核通过后可在"待上架"页面标签查看；如果被驳回，则不会在此处显示已经发布过的商品，再次

修改信息，也需要经过审核才能生效，可在"审核记录（旧品）"列表查询修改的信息。

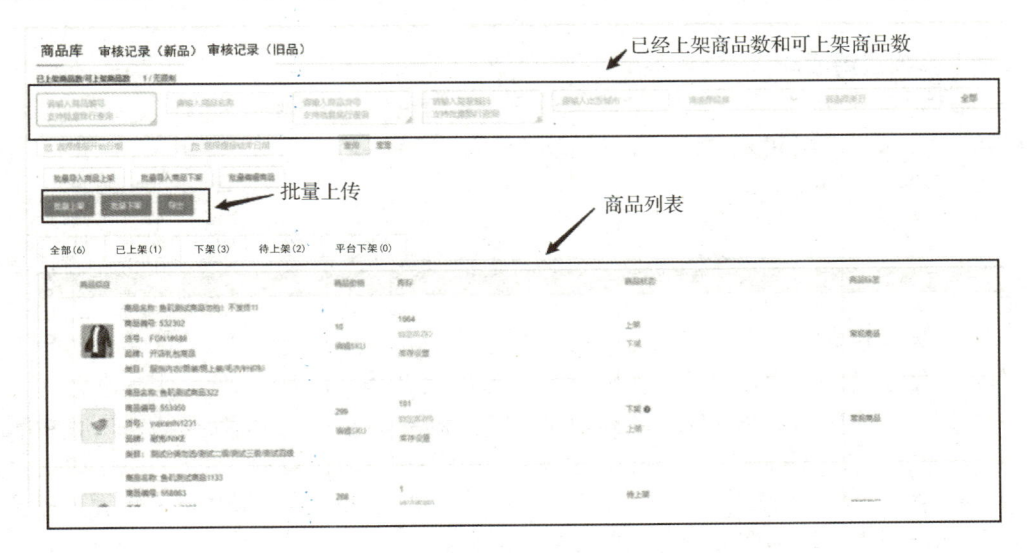

图 3-18 "商品管理列表"页面

⑤ 商家可自主对已审核通过的商品进行上架、下架操作。但是，商品信息在审核过程中不可上架、下架。

商品满足如表 3-1 所示的条件才可以上架。

表 3-1 商品上架的条件

序 号	条 件	说 明
1	店铺状态	店铺状态须为正常，如果店铺处于账号被冻结、店铺资质过期等非正常状态，则不允许上架商品
2	店铺工商资质	店铺工商资质状态须为正常，如果没有或工商资质状态异常，则不允许上架商品
3	保证金	保证金须足额缴纳，如果店铺保证金不足，则不允许上架商品
4	商品状态	商品信息须审核通过才能上架，如果修改了商品信息，还未完成审核，则不允许上架商品
5	商品资质状态	如果系统提示商品需要上传资质，则必须上传完成方可上架，资质被驳回的商品不允许上架
6	图片审核状态	云集内部的图片审核小组会单独审查商品图片，如果审核不通过，则不允许上架商品
7	价格	价格为 0 的商品不允许上架
8	库存	库存为 0 的商品不允许上架
9	SKU 状态	如果商品中所有的 SKU 状态为"禁用"，则不允许上架商品
10	店铺考试结果	新商家在入驻完成后，须参加规则考试，如果未通过考试，则不允许上架商品
11	店铺 IM	新商家在入驻完成后，须开通客服 IM，如果未开通，则不允许上架商品
12	品牌资质状态	如果商品对应的品牌资质状态异常（驳回、过期），则不允许上架商品

二、营销推广

（一）基础营销活动

与大多数电商购物平台一样，云集基础营销活动包括优惠券、关注有礼、限时折扣、兑换码等。下面对优惠券和关注有礼营销活动进行详细说明。

1. 优惠券

（1）设置路径

执行"商家后台"→"营销中心"→"营销台"→"优惠券"操作，可以设置店铺及商品的优惠券。

（2）使用及售后

在确认订单页面，单击"优惠券"按钮，在"可用优惠券"列表中选择一张优惠券，单击"提交订单"按钮，即可成功使用此优惠券扣减一定优惠金额。优惠券的使用特别说明如下：

- 参加秒杀、拼团、众筹、潘多拉新品的商品不可叠用优惠券。
- 参加满立减（跨店满减）、N元任选、限时折扣活动的商品可叠用优惠券，以活动优惠后折算的商品价格为基准价，再分摊优惠券的金额。
- 同一商品，只能使用1张优惠券（平台券与店铺券不可叠加使用）；同张券，一个订单只能使用1次（用完即失效）。
- 优惠券退回：同一个订单中优惠券覆盖的商品需要全部进行售后处理后，优惠券才会退回。

（3）优惠券转赠

可转赠的优惠券在云集App"我的"→"优惠券"中单击"转赠好友"按钮，跳转至微信App选择指定好友进行转赠，好友点开分享的链接即可领取优惠券。

转赠中的优惠券可在云集App"我的"→"优惠券"中单击"继续转赠"按钮，获取赠送链接到微信App选择指定好友进行转赠，优惠券未被领取前用户仍有该优惠券的使用权。

可转赠的优惠券设有获赠数量上限，POP券的获赠数量上限默认为25张，即用户最多可获赠25张相同的优惠券。

（4）优惠券领取方式

领取：可在商品详情页、购物车页、专题页、店铺页领取优惠券。

获赠：可获得朋友转赠的优惠券。

兑换：可在"我的"→"优惠券"中通过兑换码兑换优惠券。

（5）优惠券查看方式

可在云集App"我的"→"优惠券"中查看账户内的优惠券信息；可查看已使用、已转赠、已过期等失效的优惠券。

2. 关注有礼

（1）关注有礼适用场景

用于店铺运营拉新，商家生成送礼玩法，用户关注店铺后，直接送券给用户。

（2）券和活动的关系

一个店铺同一时间只能有一个关注店铺有礼活动，一个活动仅可添加一张券，券不能参加多个有礼活动。

商家只能添加自己创建的券。商品详情页、店铺页可直接领取的券不可添加；等级用户领取、多时段发行的券不可添加。

用户仅有一次机会，反复关注不触发领券。

（3）设置"关注有礼"的步骤

执行"商家后台"→"营销中心"→"营销台"命令，打开"基础营销"页面，如图3-19所示，单击"关注有礼、创建关注有礼"标签旁边的"进入"按钮，打开"关注有礼列表"页面。

图3-19 "基础营销"页面

在"关注有礼列表"页面中单击"新增关注有礼"按钮，打开"创建页"页面，在"创建页"页面输入优惠券ID，成功添加后单击"提交"按钮。设置成功后，如果店铺页被关注，则可领取优惠券。成功领取"关注有礼"优惠券页面如图3-20所示。

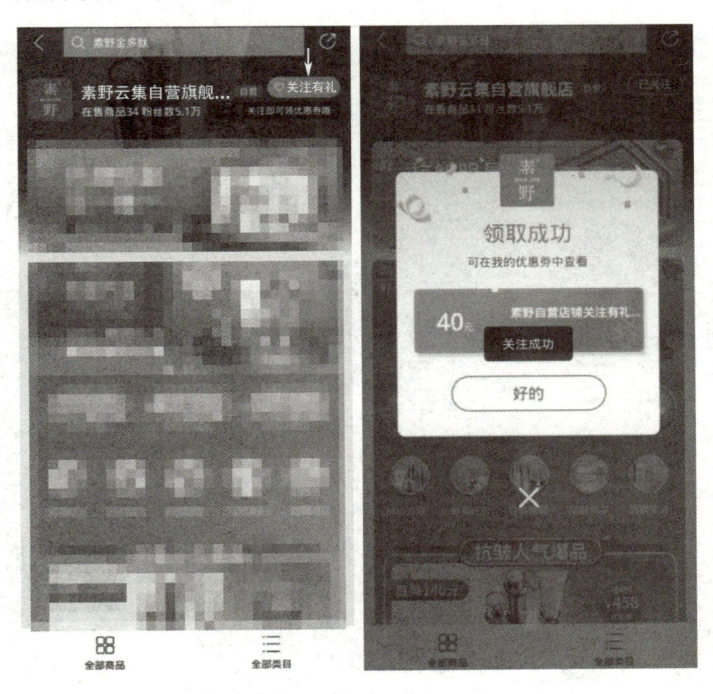

图3-20 成功领取"关注有礼"优惠券页面

（二）产品推广

1. 自媒体渠道推广

云集等分销类社交电商推广产品的方式和微商类似，即利用微信朋友圈、微信群、微博、贴吧等自媒体渠道进行推广。微信群推广示例如图3-21所示。

■ 社交电商

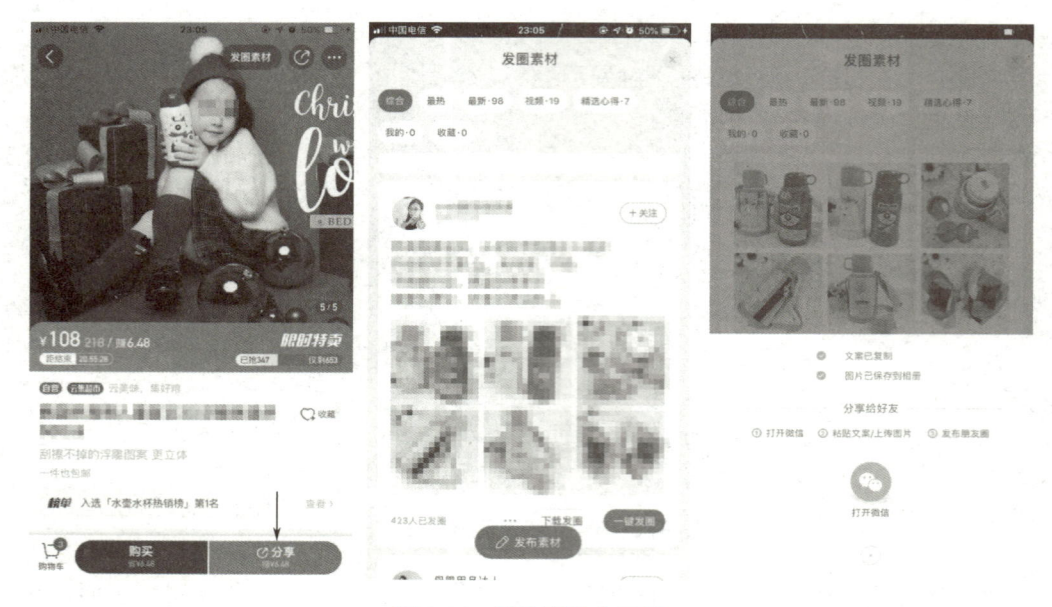

图 3-21 微信群推广示例

2. 直播推广

（1）开通直播

① 打开云集 App 首页，单击下面菜单栏的直播创建按钮，在打开的"直播"页面中单击"+"按钮，添加直播商品，最后单击创建直播按钮，如图 3-22 所示，进入"直播认证"页面。

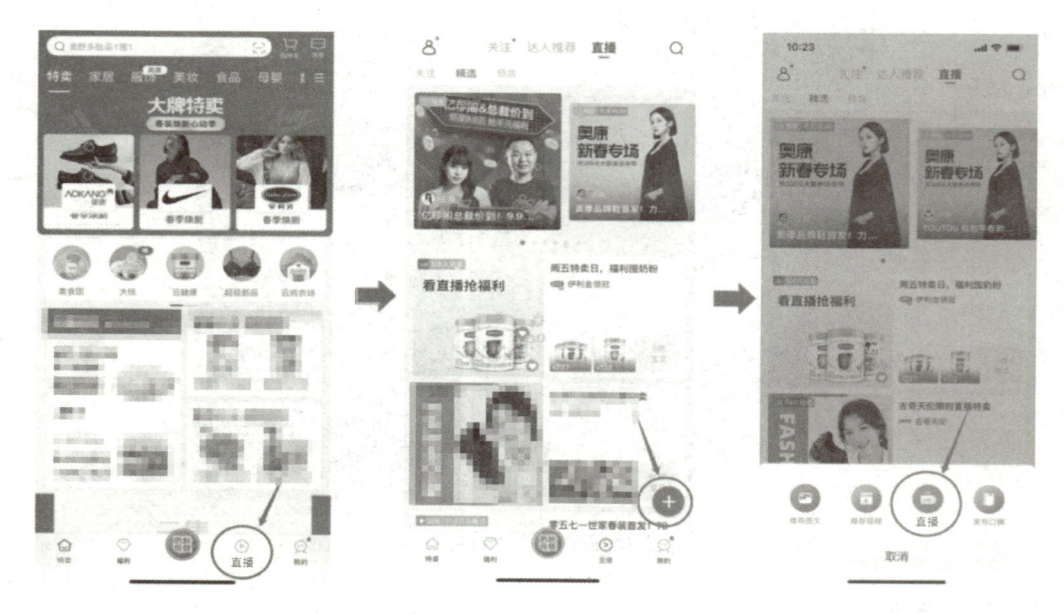

图 3-22 开通直播操作步骤

② 按页面提示信息填写"直播申请认证"信息，完成后单击"提交审核"按钮，提交后系统将在 1～3 个工作日完成审核工作。直播申请认证步骤如图 3-23 所示。

项目三　分销型社交电商

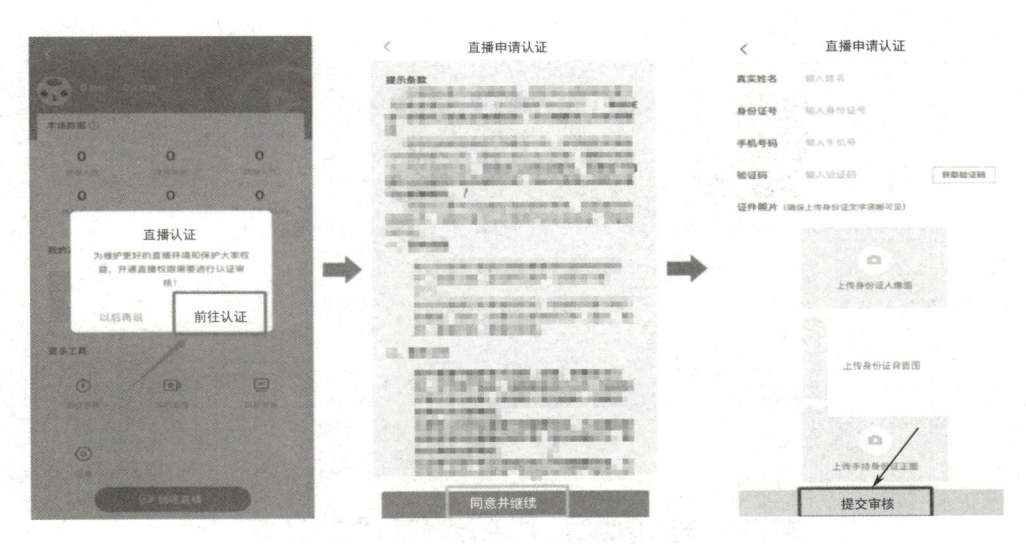

图 3-23　直播申请认证步骤

（2）创建直播

① 直播申请通过认证后，单击菜单栏下面的"直播"图标，可以进行发起预告或创建直播操作。若想在未来时间开播，则单击"创建预告"按钮；若想直接开播，则单击"创建直播"按钮。创建直播入口页面如图 3-24 所示。

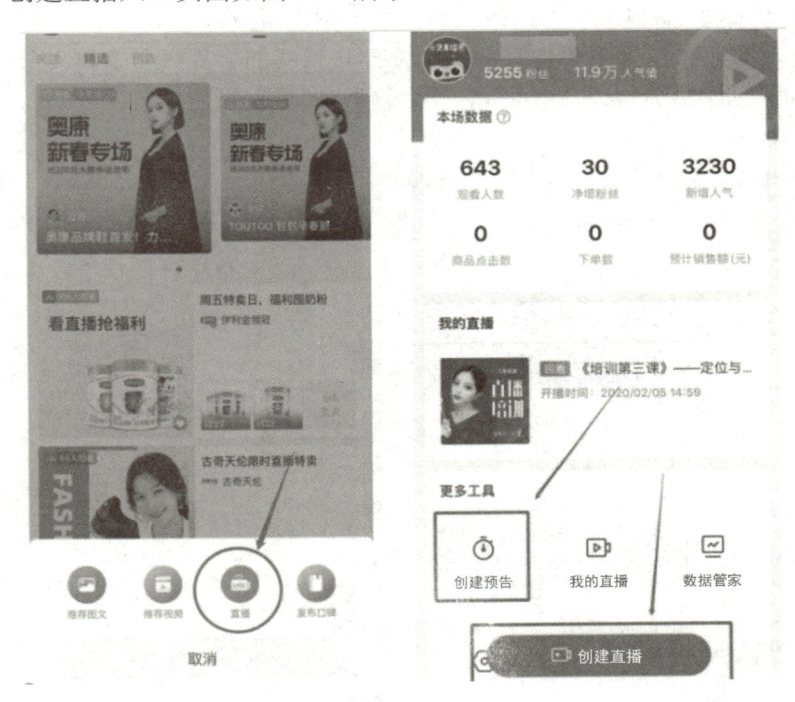

图 3-24　创建直播入口页面

② 填写相关信息，包括添加封面图、编辑直播标题、选择直播时间及添加宝贝等。创建直播信息设置页面如图 3-25 所示。

95

■ 社交电商

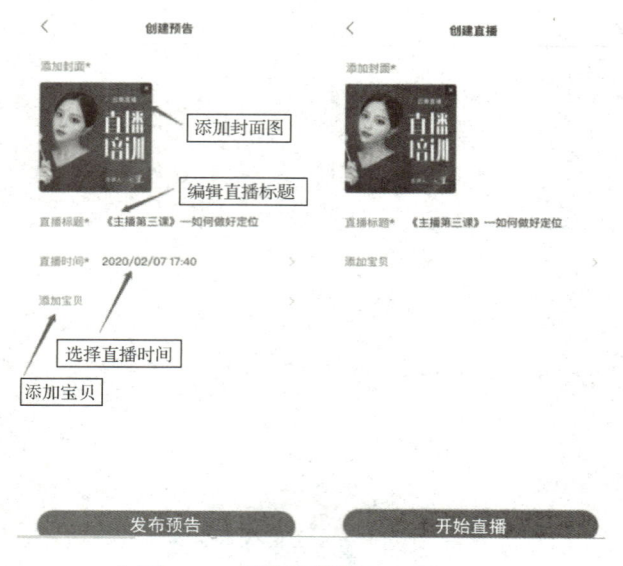

图 3-25 创建直播信息设置页面

说明：
● 更换优质封面图（尺寸 800 像素 ×800 像素，正方形，封面图片要求清晰美观，不得出现非官方许可的内容，不得存在使用明星图等侵权行为）。
● 编辑直播标题（标题应符合本场直播主题，突出重点）。
● 如果是发布预告，则需要选择准确的未来直播时间；如果是直接发起直播，则无须填写（预告一旦发布，所有信息不能更改，超过预告时间则预告作废）。
③ 编辑直播商品。
● 在商家后台数据管理页面，单击"我的直播"按钮，打开"我的直播"页面，单击"编辑"按钮，如图 3-26 所示，可以进行"添加宝贝""单击填写利益点"等相关操作，如图 3-27 所示。

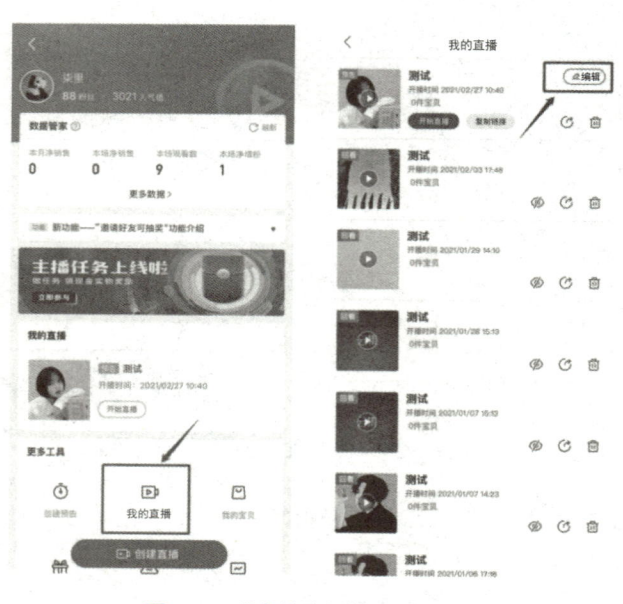

图 3-26 "我的直播"编辑页面

96

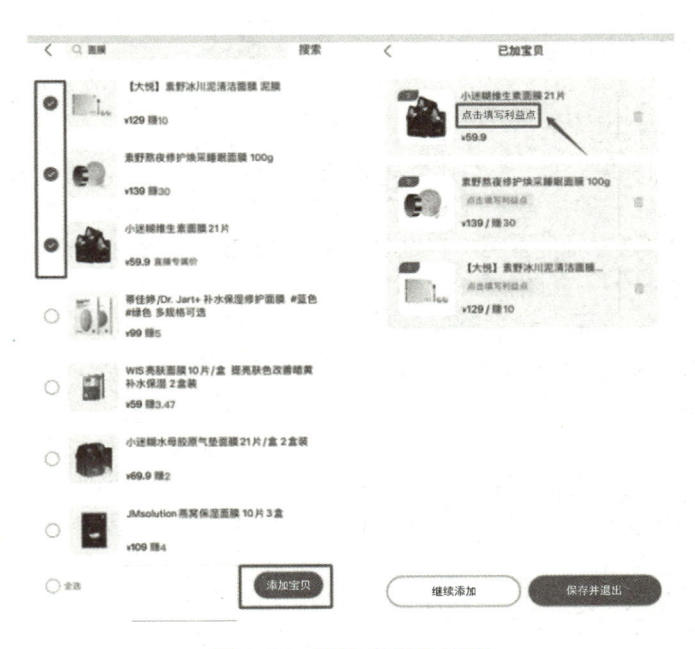

图 3-27 "添加宝贝"页面

- 在开播预备页面单击左下角购物袋,可以继续添加商品;长按商品条可以上下拖动调整顺序(开播后也可以继续添加商品,但是建议提前设置好)。
- 单击工具箱图标可以进行美化画面和调整镜头等操作,如图 3-28 所示。

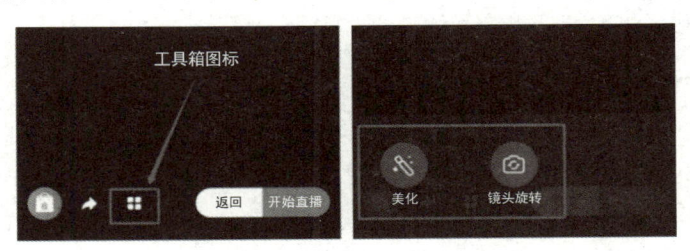

图 3-28 美化画面及调整镜头页面

- 单击分享图标,可以选择不同形式进行分享,如云口令、分享到微信、直播链接、直播二维码等。设置完成后,单击"开始直播"按钮,开启本场直播(注意:开播后也可以分享,但是建议在此界面提前分享,因为开播后分享容易出现断流现象,影响直播效果)。分享页面如图 3-29 所示。

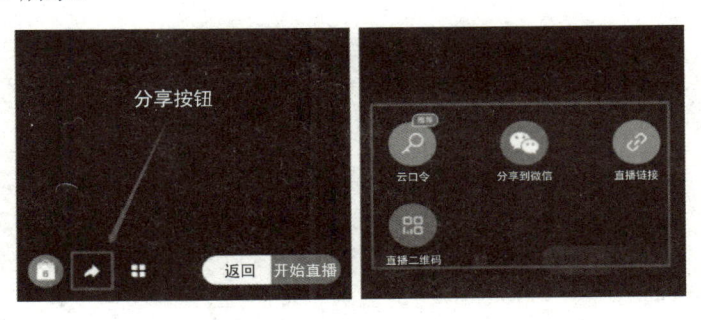

图 3-29 分享页面

（3）直播注意事项

① 创建直播预告。每一次直播都要准备充分，因此，建议主播提前发布第二天的直播预告。

② 直播标题注意事项：

- 必须包含具体内容亮点，不要在标题体现利益点；
- 建议一句话形容你的内容亮点；
- 标题的目的是第一时间让用户在茫茫直播中对你的直播内容感兴趣，推荐有个人风格的内容，杜绝无病呻吟、口水词等。

③ 推荐商品。建议在发布预告时，就把所有会讲到的商品进行添加，并根据直播脚本做好商品排序，当你开播后，平台能更好地利用大数据的能力，帮你把直播内容进行用户匹配，让你的直播间获得更精准的用户流量。

④ 直播场景。

- 尽量选用高配置手机进行直播，增加直播清晰度，提升直播效果；
- 开播前请确认网络环境良好，防止直播中出现卡顿和画面不清晰的情况。

⑤ 直播画面。

- 干净整洁不杂乱，建议做一些与个人风格或直播内容相关的布景；
- 不得在违禁环境或场地中进行直播，如驾车中、睡觉、禁止拍摄的公共场所等；
- 在镜头前保持正常美观比例露出，不要出现过近或过远的情况。

⑥ 提前熟悉直播中平台工具的使用，包括贴纸工具、清晰度设置、邀约榜奖励设置、发红包等。

三、物流和售后

在网络购物中非常重要的物流方面，云集在北京、武汉、无锡、西安、嘉兴、杭州和广州等地建立了 33 个自营仓，同时成立了自己的物流公司云腾物流，还与 EMS、顺丰和"三通一达"等快递公司达成合作，提供当日或隔日达速递服务，使得商品更快送到会员手中。云集仓库布局如图 3-30 所示。

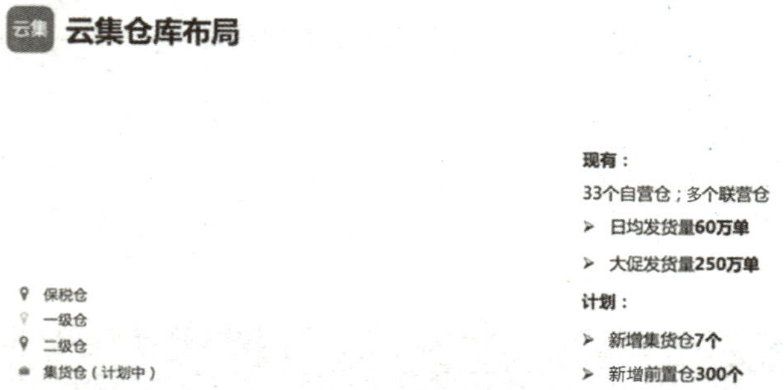

图 3-30　云集仓库布局

为了破解由于地理位置原因导致的新疆电商消费者收货慢、体验差等问题。云集启动了云网项目，首批从昆山发往新疆的 854 个包裹，最快 4 天就到达会员的手中，刷新了云集"昆山—新疆"的物流时效。云网项目启动的第一个提货仓库——昆山 Geek+ 云集仓如图 3-31 所示。

在售后方面，云集提供 7 天极速退换货服务，而且云集还为会员提供退换货补贴，退货成功后提交相关证明即可申请补贴，大大减少了会员的损失。

关于物流和售后的具体操作，用户可以在商家后台相关界面进行，在此不进行赘述。

图 3-31　昆山 Geek+ 云集仓

任务小结

1. 云集的商品管理包括入驻流程、发布商品、商品管理列表。

2. 云集的营销推广活动包括基础营销活动和产品推广两部分，其中，基础营销活动包括优惠券、关注有礼等；产品推广包括自媒体渠道推广和直播推广。

3. 在物流和售后方面，云集成立了自己的物流公司云腾物流，还与 EMS、顺丰和"三通一达"等快递公司达成合作，提供当日或隔日达速递服务，使得商品更快送到会员手中。

任务实训

请查阅相关资料，分析微商品牌思埠集团是如何选品的，详述它的选品思路和云集有何不同，并以文档的形式提交实训报告。

任务评价

评价类目	评价内容及标准	分值（分）	自己评分	小组评分	教师评分
学习态度	全勤（5分）	10			
	遵守课堂纪律（5分）				
学习过程	能说出本次工作任务的学习目标（5分）	40			
	上课积极发言，积极回答老师提出的问题（5分）				
	了解注册云集会员的要求（10分）				
	能够对分销型社交电商的商品进行管理，能够应用社交分享等方法对商品和店铺进行营销推广（20分）				
学习结果	"任务实训"考评（50分）	50			
合　　计		100			
所占比例		100%	30%	30%	40%
综合评分					

■ 社交电商

任务四　分销型社交电商的机会与挑战

任务清单

工作任务	分销型社交电商的机会与挑战	教学模式	任务驱动
建议学时	1学时	教学地点	一体化实训室
任务描述	以云集平台为例，学习分销型社交电商在未来将会面临的主要机会与需要应对的主要挑战		
学习目标	知识目标	了解分销型社交电商的机会； 了解分销型社交电商的挑战	
	能力目标	能够独立分析分销型社交电商的机会与挑战	
	素质目标	通过对行业发展的机会与挑战的分析，培养学生辩证思考的能力	
思政目标	通过学习与国家扶贫兴农、互联网＋等相关的战略，了解云集如何顺应国家政策，挖掘电商行业发展的机遇，进而实现自身的高速发展的过程，引导学生思考行业发展与国家政策的关系，进一步思考自身发展与国家政策的关联，培养学生对国家政策重要性的认识		

知识导图

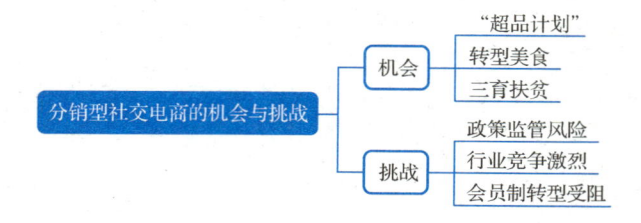

分销型社交电商的机会与挑战
- 机会
  - "超品计划"
  - 转型美食
  - 三育扶贫
- 挑战
  - 政策监管风险
  - 行业竞争激烈
  - 会员制转型受阻

任务实施

一、机会

（一）"超品计划"

新兴品牌和自有品牌是分销型社交电商保证会员权益的基础，因此，以云集为代表的分销型社交电商未来仍会继续拓展此类产品。2019年，云集宣布供应链3.0战略升级并推出"超品计划"。云集通过合资/投资、ODM等形式，在云集平台上孵化100个高品质、高颜值、高性价比、高销量的"四高"新消费品牌。云集"超品计划"发布会如图3-32所示。

例如，2019年11月，云集上架了山里仁坚果，这是云集合作的"超品计划"品牌之一。山里仁是安徽一家有着21年历史的老企业，长期为沃尔玛、家乐福、良品铺子代加工坚果，对品质把控非常严格。同时，企业也有自己的山里仁品牌，在线下商超和线上渠道都有销售。在"超品计划"合作中，云集发现山里仁的生产能力很强，营销却是短板。比如，它的产品包装设计风格比较老旧、土气。因此，云集调用了设计师免费为他们设计全新的、更适合年轻消费者的产品内包装，并对原有的礼盒外包装提出改善建议。山里仁坚果的原包装（左）和云集设计后的包装（右）如图3-33所示。

图 3-32　云集"超品计划"发布会

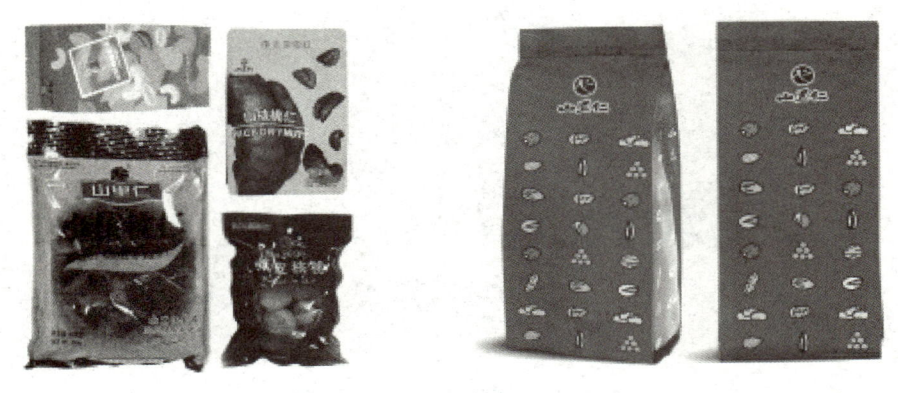

图 3-33　山里仁坚果的原包装（左）和云集设计后的包装（右）

云集"超品计划"推出后进行了大量的选品测试，云集现已和众上集团、重庆百亚、神州良品、奥美医疗等多家供应链企业成立了数十家合资公司。经过严格的测试和选品，云集已经以自有、合资等形式，推出了覆盖美妆个护、居家生活、快消等领域的爆款商品，差异化发展成效显著。

（二）转型美食

2020 年 9 月，云集正式上线"美食团"，开始了转型美食的探索。"美食团"每天挑选多款美食在线开团，目标为发展垂直领域的专业化社交零售。"美食团"用户的消费频次更高，并且可以孵化出新品牌的可能性更大。云集可以根据自身基因，通过服务优质小 B 去触达 C 端。

一开始，"美食团"通过发掘、推荐来自各地的美食，每天新挑选 7 款美食在线开团，由平台的销售型会员作为团长集中推荐给用户，业务范畴也不再局限于社区，而是整个线上圈子。为了保障云集 App"美食团"的产品质量，云集会对产品进行溯源，还会邀请团长去现场参与选品。邀请团长参与选品，是云集在常规的精选品控机制外实行的一项特别举措，便于快速获得用户反馈，掌握用户需求。而这种选品，本身也是一次"种草"过程，便于在产品上架销售前加深带货达人对产品的了解。

正是因为对高品质的追求，"美食团"成为云集 App 的热门栏目，甚至还创下了一天单品卖出 1 000 万元的优异成绩。而云集本身的会员优势和丰富的社区经验，使平台更容易获得用户的信任，于是更多的人开始加入"美食团"中，更有不少人成为带货团长。

在"美食团"强有力的征途下，云集在 2022 年做出大胆决定——进军美食赛道。打开云集 App，云集主要项目栏已经设置为美食、99 精选和服饰三大类。点开美食栏，美食团、牛奶乳品、肉禽蛋类、粮油调味、休闲零食等类目划分清晰。云集转型后的首页内容如图 3-34 所示。

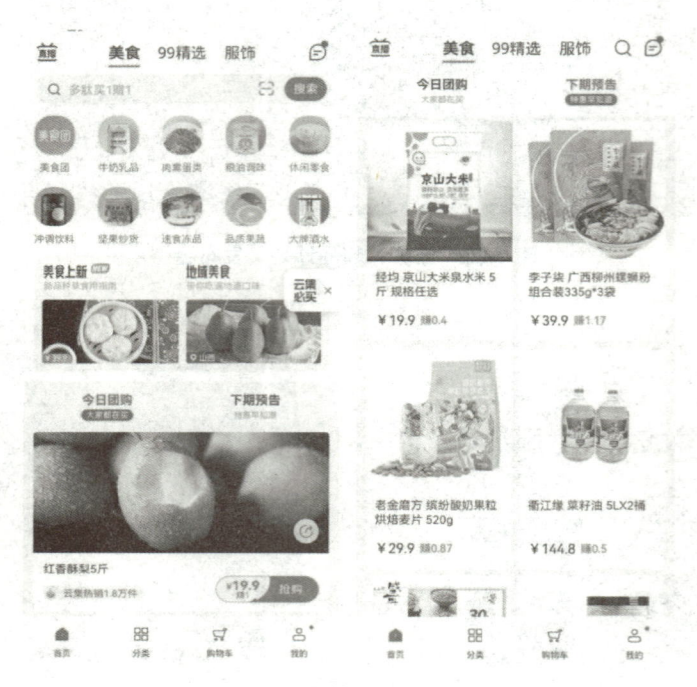

图 3-34 云集转型后的首页内容

当然，云集还会根据用户需求开拓新的栏目，未来还会向美妆、百货、药品等领域发展。

（三）三育扶贫

云集践行的"三育扶贫"分别指育品、育人和育市场，这是云集通过自身实践探索出的一条特色扶贫之路。

在"育品"方面，云集联合浙江大学农业品牌研究中心等机构推出"百县千品"项目，成功地打造了一系列地理标志产区的特色农产品，包括吉林延边苹果梨、四川通江洋姜、四川凉山丑苹果等众多来自大江南北的农特产品。云集"百县千品"项目发布会如图 3-35 所示。

在"育人"方面，云集联合浙江大学全球农商研究院、浙江大学管理学院推出了"乡村振兴新农人培育计划"，几年来已经完成多期培训，近千名农村创业致富带头人走进了研修课堂。

在"育市场"方面，云集通过举办消费扶贫购物节、上线创新业务"美食团"等多项举措，为各地特色农产品打开市场、培育市场。云集还与天猫、苏宁易购等联合发起成立长三角农业创新赋能联盟，为长三角农业一体化探路。

图 3-35 云集"百县千品"项目发布会

二、挑战

（一）政策监管风险

以云集、环球捕手、贝店为代表的社交分销模式均通过复杂的晋升机制、激励制度来降低用户获取成本、提高会员活跃度及忠诚度，但这种分销模式与传销的界限较为模糊。虽然各个平台通过降低分销层级、外包服务功能等方式摆脱与传销的关系，但仍然具有一定的政策风险。以云集为例，公司将会员服务商角色外包，平台自身只存在一级分销体系，因而在一定程度上规避了传销嫌疑，但激励模式仍然具有"门槛费""团队计酬"等特征。

（二）行业竞争激烈

分销型社交电商的参与门槛较低，启动较快，因此市场竞争非常激烈。除云集外，比较活跃的平台有闺蜜秀、素店、唯品会旗下的云品仓等。若分销型社交电商的激励制度竞争力度变低，同时货品供应不能及时跟上，则会面临核心会员流失的风险，对公司经营产生较大影响。

素店于 2018 年 12 月正式上线，采用源头供应链模式，提供美妆、个护、食品、保健、母婴、国际轻奢等商品。相对于云集，素店主打的是轻奢、小众、跨境电商品牌，拥有更强的产品差异性和更大的利润空间。素店主打品牌矩阵如图 3-36 所示。

图 3-36 素店主打品牌矩阵

闺蜜秀成立于 2020 年 5 月，主打低价优质的商品。相对于云集的一次性收取会员费的

社交电商

模式，闺蜜秀采用的是按期收取会员费。这种模式会更接近会员制商务的本质，也更有利于平台长远发展。闺蜜秀会员费用如图 3-37 所示。

图 3-37　闺蜜秀会员费用

（三）会员制转型受阻

1. 会员福利单一

随着社交电商的发展告别疯狂生长的风口，各平台之间的竞争也逐渐走向拼品质、拼效率的新阶段。对于云集来说，新的征程也让它的发展面临新的风险。虽然发展方向逐渐由社交电商向会员电商转变，但模式上的转变也为它带来新的挑战。新的奖励机制对于新用户来说显然动力不足，这将提高拉新的门槛。对于云集来说，它的付费会员享受的福利还是比较单一的，产品种类跟电商巨头相比竞争优势并不明显。

2. 会员续费困难

相关数据显示，会员零售模式的开创者 Costco 的会员留存率常年保持在 88.5% 左右。2018 年，Costco 会员数达 5 160 万人，平均每年增长 240 万个会员。2014—2018 年，Costco 在北美地区的会员留存率保持在 90% 以上，在其他国家的留存率也保持在 87% 以上。

云集在招股书中表示将来可能会要求会员续费或以其他方式续费。虽然云集复购会员的增速略高于会员增速，但在用户习惯培养的关键时期，如果要求会员续费，则很可能导致一批会员流失。

任务小结

以云集为代表的分销型社交电商面临的机会主要包括超品计划、转型美食、三育扶贫。分销型社交电商的挑战主要包括政策监管风险、行业竞争激烈和会员制转型受阻。

任务实训

请详细分析拼多多"新品牌计划"和云集"超品计划"之间的区别，借鉴会员制连锁商超 Costco 的经营模式，你可以为云集的会员制电商转型提供哪些建议？请以文档的形式提交实训报告。

任务评价

评价类目	评价内容及标准	分值（分）	自己评分	小组评分	教师评分
学习态度	全勤（5分）	10			
	遵守课堂纪律（5分）				
学习过程	能说出本次工作任务的学习目标（5分）	40			
	上课积极发言，积极回答老师提出的问题（5分）				
	了解分销型社交电商的机会（5分）				
	了解分销型社交电商的挑战（5分）				
	对分销型社交电商的机会与挑战有独特见解（20分）				
学习结果	"任务实训"考评（50分）	50			
合　计		100			
所占比例		100%	30%	30%	40%
综合评分					

项目四

内容类社交电商

　　内容类社交电商是指通过形式多样的内容引导消费者进行购物，实现商品与内容的协同，从而提升营销效果的一种电商模式。

　　小红书的用户具有女性化、年轻化和高线城市化三个特征；用户体验方面具有高质量的UGC内容、创意丰富的运营活动和隐性购物需求被激发三个特点。

　　内容类社交电商中的商家服务主要介绍内容社区的内容创作、内容管理和内容分发，以及学习内容类社交电商中电商平台的注册店铺、商品内容规范、商品与笔记绑定、物流与售后等。

　　内容类社交电商的机会与挑战，以小红书平台为例，介绍其扩充平台内容生态等方面的机会，以及如何进行规范化管理等方面的挑战。

项目四　内容类社交电商

任务一　内容类社交电商概述

任务清单

工作任务	内容类社交电商概述	教学模式	任务驱动
建议学时	1学时	教学地点	一体化实训室
任务描述	学习内容类社交电商的概念、行业发展历程及代表企业发展历程		
学习目标	知识目标	了解内容类社交电商的概念； 了解内容类社交电商的行业发展历程； 了解内容类社交电商代表企业的发展历程	
	能力目标	能够判断内容类社交电商的适用产品类型； 能够分析内容类社交电商和传统电商的差异	
	素质目标	通过对内容类社交电商发展历程的分析，形成分析事物发展一般规律的思维	
思政目标	通过梳理国内内容类社交电商行业的发展历程，引导学生关注民族企业的崛起和发展；通过重点讲解代表企业家的个人成长经历，以及他们如何带领国内内容类社交电商企业发展壮大，并与国外社交电商行业巨头竞争的过程，帮助学生了解并学习艰苦奋斗、勇于开拓、敢于创新的民族企业家精神，增强民族自信心和民族自豪感		

知识导图

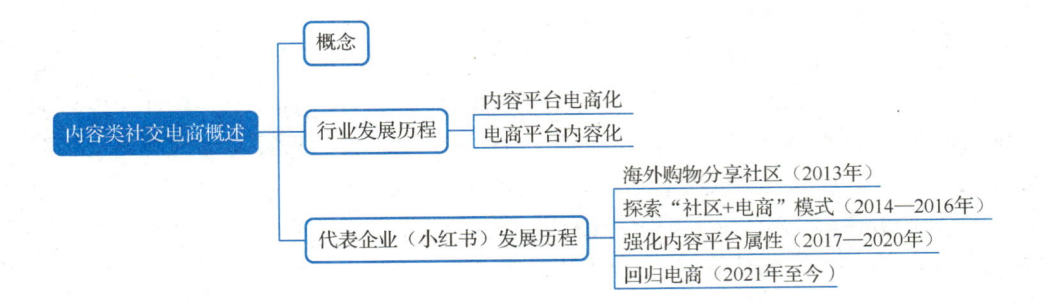

```
                            ┌─ 概念
                            │
                            │                  ┌─ 内容平台电商化
                            ├─ 行业发展历程 ─┤
内容类社交电商概述 ─────────┤                  └─ 电商平台内容化
                            │
                            │                              ┌─ 海外购物分享社区（2013年）
                            │                              ├─ 探索"社区+电商"模式（2014—2016年）
                            └─ 代表企业（小红书）发展历程 ─┤
                                                           ├─ 强化内容平台属性（2017—2020年）
                                                           └─ 回归电商（2021年至今）
```

任务实施

一、概念

内容类社交电商是指通过形式多样的内容引导消费者进行购物，实现商品与内容的协同，从而提升营销效果的一种电商模式。内容类社交电商的产业链如图4-1所示。

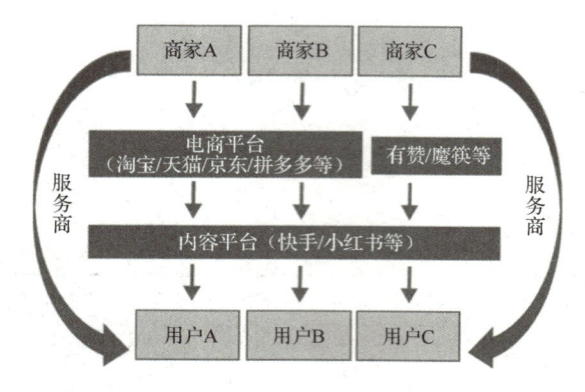

图 4-1　内容类社交电商的产业链

二、行业发展历程

波士顿咨询公司（Boston Consulting Group，BCG）于 2019 年的一项调查显示，近一半的消费者主要通过 KOL、品牌自有广告和社交广告为代表的社交媒体和其他数字媒体关注到品牌动态，30 岁以下的年轻人中有 70% 以上容易受到不同类型 KOL 的影响。

为满足年青一代消费群体时间碎片化、个性化的购物需求，电商与内容产业链开始协同发展，通过内容来连接消费者，影响价值决策体系，进一步引导消费者购物。

内容平台电商化为内容平台和内容创作者拓宽了商业化边界，为内容行业发展提供了新的驱动力；电商平台内容化丰富了电商行业的营销方式，在获客、提升用户黏性等方面打开了新的思路。

（一）内容平台电商化

蘑菇街是创立于 2011 年的时尚内容社区，早期主要业务为给淘宝进行导购，是电商导购的先行者；从 2013 年开始，蘑菇街开始发展电商业务，2014 年开启了社交电商业务；2016 年，蘑菇街与美丽说合并，当年估值达到 30 亿美元。

2017 年 12 月，抖音上线购物车功能；2018 年 5 月开始，抖音可开通商品橱窗功能；2018 年 12 月，抖音全面开放购物车功能，意味着电商功能全面上线；2020 年 4 月，抖音签约罗永浩，开启直播带货；2020 年 5 月，抖音开放个人入驻小店；2020 年 6 月，字节跳动正式成立电商一级业务部门，上线抖店 App；2021 年 1 月，抖音支付上线；2021 年 12 月，抖音盒子 App 已经在应用商城全面上线，抖音盒子为抖音旗下潮流时尚电商平台，平台包括街头文化、高端时装等栏目，内容涵盖穿搭技巧、彩妆护肤等。抖音小店入驻页面如图 4-2 所示。

2018 年 6 月，快手宣布与有赞合作推出快手小店，支持快手主播在短视频、直播等场景内添加商品信息，引导粉丝在快手 App 内直接进入合作商家的店铺进行购物。同时，快手投资的电商小程序宣布上线魔筷 TV 小程序，与快手打通，实现让每个快手红人和商家自行开店的功能。

从以上平台的举措我们不难看出，内容平台正逐步向电商平台融合。

图 4-2　抖音小店入驻页面

（二）电商平台内容化

早在 2009 年，淘宝就与各大视频网站合作启动视频购物栏目；2012 年，天猫发布视频购物技术并进行初步试水；2014 年，阿里巴巴与优酷土豆联合战略发布视频电商，并实现了边看边买功能。2016 年起，平台内容化成为淘宝的重要方向，淘宝主要通过对外投资及站内生态升级两大手段加大内容布局：对外，阿里巴巴投资了微博、优酷土豆、影视公司、小红书等；对内，淘宝推出了淘宝头条、淘宝直播、淘宝二楼《一千零一夜》、社区、爱逛街、有好货等以商品推荐分享为主的 UGC 和 PGC 栏目。淘宝二楼《一千零一夜》宣传海报如图 4-3 所示。

图 4-3　淘宝二楼《一千零一夜》宣传海报

京东在 2012 年与乐视合作推出了电视购物栏目，由京东提供商品支持，乐视提供视频播放平台。在视频播放的过程中，如果有与其匹配的商品，就会在视频播放器的边上显示商品的图片，用户可以直接购买。2016 年"双十一"前后，京东直播成立。2020 年 6 月，京东颁布了由京东官方权威认证的"京东金榜"，根据官方介绍，它既是消费者值得信赖的购物榜单，也是反映并引领行业动态的风向标。2020 年，京东发起了"年度金奖"评选活动，从几十亿个商品中评选出了 100 款金奖单品，并入驻"2020 年京东名品堂"。京东金榜评选标准页面如图 4-4 所示。

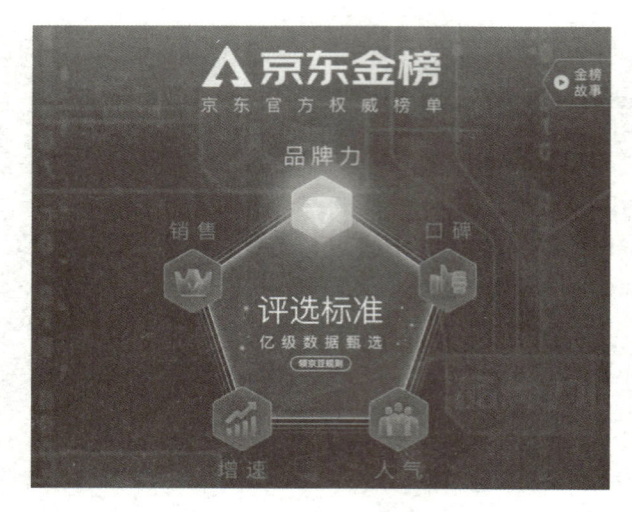

图 4-4　京东金榜评选标准页面

从以上平台的举措我们不难看出，电商平台正逐步向内容平台融合。

三、代表企业（小红书）发展历程

小红书作为内容类社交电商平台的代表之一，以"Inspire Lives 分享和发现世界的精彩"为使命，用户可以通过短视频、图文等形式记录生活点滴，分享生活方式，并基于兴趣形成互动。小红书的发展历程主要分为三个阶段。

（一）海外购物分享社区（2013 年）

我国居民海外消费能力逐步增强，但由于语言和文化阻碍造成的信息不对称一直困扰着有海外购物需求的人群，小红书就是为此而生的。2013 年 6 月，小红书在上海成立；2013 年 12 月，小红书推出海外购物分享社区，一周后，创始人毛文超在社区里上传了为朋友代买 iPhone 5s 的经历，意外地收到了 100 多条五花八门的留言："限购吗？""要排队吗？""可以刷信用卡吗？"两个月后的春节，社区里挤满了从世界各地海淘 iPhone 5s 的笔记。正是那年春节，小红书迎来了用户爆炸式的增长，一分钱广告费都没花，用户数量整整增长了七倍。小红书购物笔记页面如图 4-5 所示。

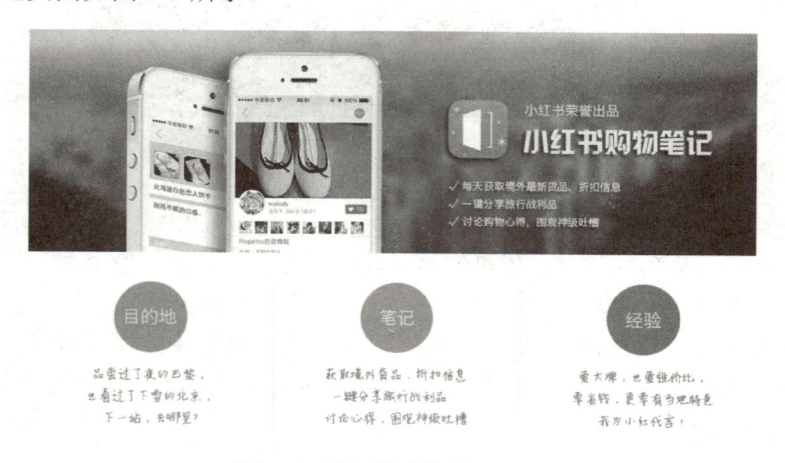

图 4-5　小红书购物笔记页面

（二）探索"社区＋电商"模式（2014—2016年）

2014年12月，小红书正式上线电商平台福利社，探索"社区＋电商"模式，完成商业闭环。同月，小红书发布全球大赏，获奖榜单被日韩免税店及海外商家广泛使用，成为出境购物的风向标。2015年，小红书的郑州、深圳自营保税仓先后投入运营。2015年5月，在没有广告费投入的情况下，小红书福利社在半年时间里销售额破2亿元。2016年6月，小红书开放第三方商家入驻功能，同年底平台SKU数量增加至15万。小红书"福利社"页面如图4-6所示。

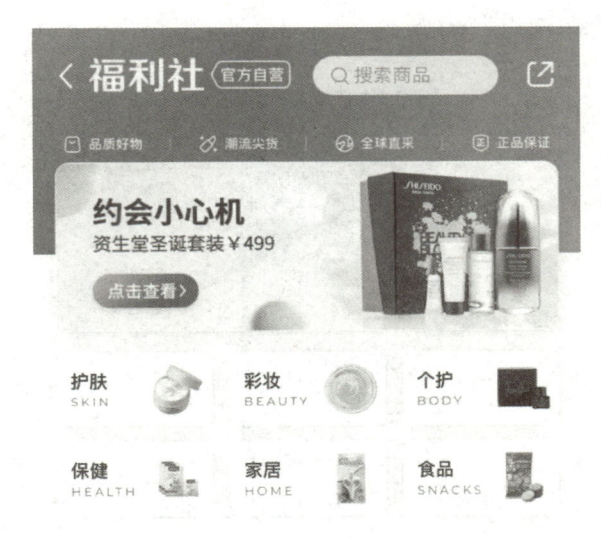

图4-6　小红书"福利社"页面

（三）强化内容平台属性（2017—2020年）

随着跨境电商政策的逐步收紧，2017年小红书进行战略调整，强化平台内容属性，引入千人千面算法机制，营销手段逐步实现多元化，通过明星效应、投放广告、赞助现象级综艺等实现用户的新一轮爆发式增长。

2019年后，小红书抓住短视频风口，开放直播电商业务，全面整合升级自身的运营模式。2020年1月，小红书创作者中心正式上线，粉丝量超过5 000人、在过去6个月发布过10篇或以上自然阅读量超过2 000次的笔记且无违规行为的用户，都可以在App内申请创作者中心使用权限。2020年4月，小红书开始向创作者和品牌的广告合作收取服务费，并对直播带货抽成。

（四）回归电商（2021年至今）

2021年8月，小红书取消笔记外挂商品链接功能，实行"号店一体"新规，在平台内实现电商交易闭环。具体而言，"号店一体"调整生效后，将为小红书社区商业生态带来三个核心变化，包括账号体系、开店政策和账号与店铺的绑定。

"专业号"是新体系的关键词。新规实行后，小红书站内只存在专业号和非专业号两种身份认证体系，此前，小红书的账号体系包括B端的"企业号"和C端的"博主"等。专业号认证范畴既包括美食博主、健身博主等兴趣导向的身份，也涵盖律师、医生、教师等职业身份，还包含咖啡店、水果店、民宿主理、美妆品牌等大中小商家身份，社区内所有账号主体均可申请认证。

■ 社交电商

在新的账号体系下，专业号成为小红书社区内进行交易的门槛——任何有商业诉求的个体想来小红书开店、投放广告或寻找创作者进行品牌合作等，都需要先开设专业号。账号体系的改变也对应着店铺的调整，所有认证为专业号的账号均可申请开店，没有粉丝量的限制，账号和店铺强制进行绑定，店铺体系也完全打通。此前，小红书的店铺分为商城店铺和薯店，商城店铺通常是品牌商家开设的；薯店则由个人创作者开设。在具体的操作中，一方面，普通用户可在笔记图片或视频中@商家账号，通过标签，浏览者可以直达账号主页；另一方面，店铺商家可以在笔记中添加商品标签，浏览者也可以通过单击标签到达商品详情页。

小红书专业号功能介绍如图 4-7 所示。

图 4-7　小红书专业号功能介绍

小红书平台目前主要包含三大板块，即社区、企业号和福利社，如图 4-8 所示。

图 4-8　小红书的三大板块

● 小红书社区内容覆盖时尚、个护、彩妆、美食、旅行、娱乐、读书、健身、母婴等各种生活方式领域，每天产生超过 70 亿次的笔记曝光量，其中超过 95% 为 UGC 内容。

● 小红书企业号整合公司从社区营销一直到交易闭环的资源，更好地连接消费者和品牌，帮助品牌在小红书完成一站式闭环营销，提供全链条服务。

● 小红书福利社是小红书的自营电商平台，在小红书福利社，用户可以一键购买来自全世界的优质美妆、时尚、家电、零食等类别的商品。

项目四 内容类社交电商

【阅读材料】小红书创始人介绍

任务小结

1. 内容类社交电商是指通过形式多样的内容引导消费者进行购物，实现商品与内容的协同，从而提升营销效果的一种电商模式。

2. 内容类社交电商的发展由内容平台电商化和电商平台内容化两个部分组成。内容平台电商化为内容平台和内容创作者拓宽了商业化边界，为内容行业发展提供了新的驱动力；电商平台内容化丰富了电商行业的营销方式，在获客、提升用户黏性等方面打开了新的思路。

3. 内容类社交电商企业非常多，小红书是在内容化和电商化方面发展较为均衡的代表。小红书运营主要涉及的板块有社区、企业号和福利社。

任务实训

分别简单介绍内容平台电商化和电商平台内容化的典型案例各一个，对比分析这两种模式的优势和劣势，并以文档的形式提交实训报告。

任务评价

评价类目	评价内容及标准	分值（分）	自己评分	小组评分	教师评分
学习态度	全勤（5分）	10			
	遵守课堂纪律（5分）				
学习过程	能说出本次工作任务的学习目标（5分）	40			
	上课积极发言，积极回答老师提出的问题（5分）				
	了解内容类社交电商的概念及发展历程（5分）				
	了解内容类社交电商的代表企业及其发展历程（5分）				
	能够判断内容类社交电商的适用产品类型，能够分析内容类社交电商和传统电商的差异（20分）				
学习结果	"任务实训"考评（50分）	50			
合计		100			
所占比例		100%	30%	30%	40%
综合评分					

113

■ 社交电商

任务二　内容类社交电商的用户分析

📝 任务清单

工作任务	内容类社交电商的用户分析	教学模式	任务驱动
建议学时	1学时	教学地点	一体化实训室
任务描述	以小红书为例,学习内容类社交电商的用户特征和用户体验		
学习目标	知识目标	了解内容类社交电商的用户社会特征和行为特征; 了解内容类社交电商的用户体验	
	能力目标	能够独立分析内容类社交电商的用户体验	
	素质目标	培养学生的用户思维,从用户的角度去思考产品和服务	
思政目标	通过重点讲解小红书如何通过完善社区规范等方式提升用户体验,肯定民族企业为促进产业发展、为民众根本利益所做出的努力,引导学生关注民族企业的发展,培养学生形成"以民为本""以用户为中心"的商业思维		

📝 知识导图

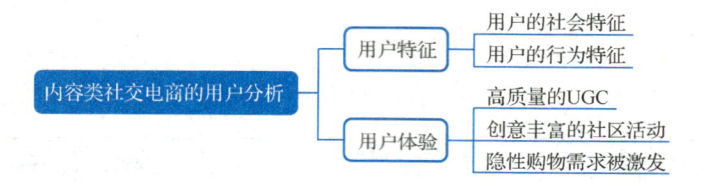

内容类社交电商的用户分析
- 用户特征
  - 用户的社会特征
  - 用户的行为特征
- 用户体验
  - 高质量的UGC
  - 创意丰富的社区活动
  - 隐性购物需求被激发

📝 任务实施

一、用户特征

(一)用户的社会特征

小红书是中国最大的生活方式内容平台之一,早在2020年6月月活跃用户就已经过亿,2022年1月达到2亿。小红书已经成为高价值、高影响力、高活跃度的"三高人群"聚集地。小红书大部分用户综合消费能力强,是未来消费的主导人群,市场空间潜力巨大。通过分析用户画像发现,小红书主要覆盖高线城市的年轻女性用户,因此,分析小红书数据对于以女性为主要目标用户的品牌具有重要意义。

(1)女性用户为主。小红书是女性用户的阵地,而女性又是消费市场的绝对主力。但近年来小红书内容逐渐向美食、健身、汽车、体育等领域延伸拓展,随着男性明星、KOL纷纷入驻小红书,男性用户的比例有所增长。

(2)年轻化。小红书覆盖用户年龄层广泛,其中以18～30岁的年轻用户为主要群体。

(3)高线城市化。从地区分布来看,小红书用户中一二线城市用户居多,年轻高消费群体持续为平台赋能。小红书用户分类和性别比例如图4-9所示,小红书用户城市分布和年龄结构如图4-10所示(数据统计时间:2021年3月;资料来源:火箭大数据、渔跃体验咨询、国金证券研究所)。

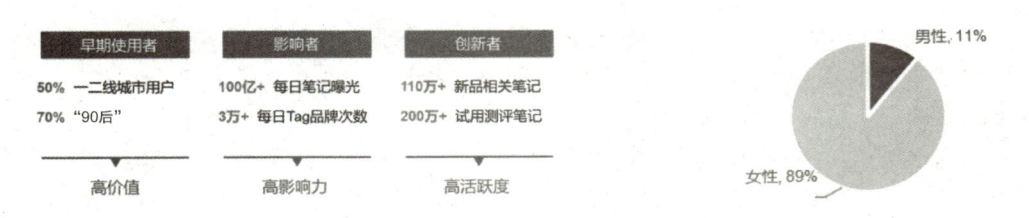

图 4-9 小红书用户分类和性别比例

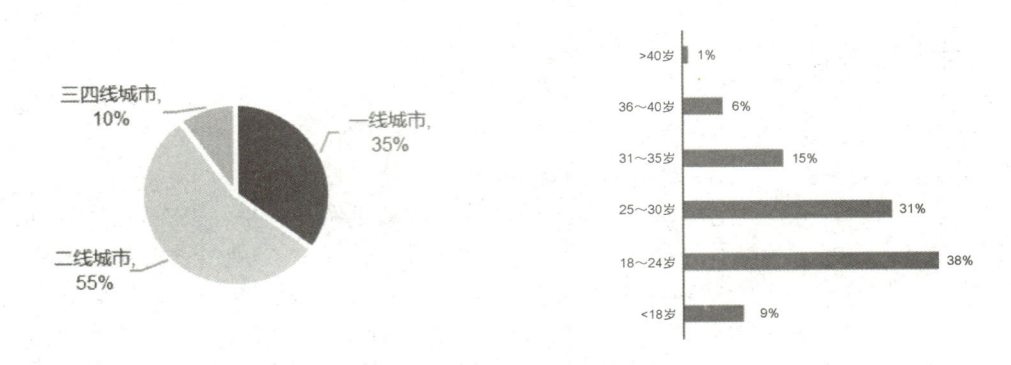

图 4-10 小红书用户城市分布和年龄结构

(二) 用户的行为特征

内容平台的优势是"占据用户大量前端的时间＋丰富的用户标签＋精准的算法推荐能力"。因此，切入非计划性购买场景、非价格敏感型、用户需求共性低、信息匹配难度更高的多 SKU 类目是比较有优势的。所以说，内容电商的用户会更多地关注服饰、珠宝饰品、食品、美妆等 SKU 丰富且迭代快的类目。

从淘宝直播上各行业的直播渗透率来看，珠宝饰品、手表眼镜等客单价和受众门槛相对较高的类目很适合直播；美妆、女装、箱包配饰等迭代快的类目也很适合直播；大家电和生活电器等耐用消费品在直播场景下的表现也很突出。淘宝直播各类目直播渗透率排名如图 4-11 所示。

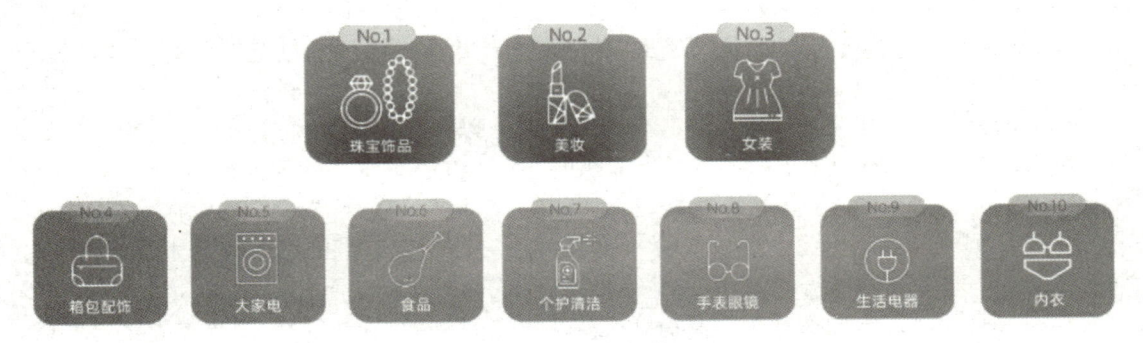

图 4-11 淘宝直播各类目直播渗透率排名

小红书自从创立以来，一直致力于调动用户内容生产的积极性，平台 UGC 占比在 70%以上，以"图文＋视频"的形式为主。小红书用户不仅能在小红书搜索发现好物，还可以创作分享使用体验。并且，小红书通过优秀的运营能力，保证了用户的高活跃度与高内容质量。

一方面，小红书强调真实生活分享，并通过优化创作工具，降低创作门槛；另一方面，重视平台内容治理，严格控制商业化比例不超过20%，给予"素人"更多的曝光机会，以保持浓厚的社区氛围。

国金证券研究所提供的相关数据表明，按粉丝数量级划分，小红书平台账号呈金字塔结构分布。小红书粉丝数量5万人以上的达人仅2万多人，人数较少，营销投放竞争激烈；粉丝数量5千人至5万人的达人超过15万人，人数较多，品牌方选择的空间大，具有一定的流量红利。

二、用户体验

（一）高质量的UGC

1. 与意见领袖合作，保证高质量的UGC产出

在小红书平台上，达人、明星、网红都能被称为关键意见领袖。小红书在平台推广前期，与海淘领域的达人进行深度合作，作为引流的第一步。各领域达人专业的内容生产水平很快得到用户的认可与青睐。小红书的目标群体是"90后""95后"的年轻女性。作为走在时尚前沿的群体，她们关注美妆、服饰、旅游等话题。而推广前期恰逢网红发展较快的时期，网红有固定粉丝群，他们的带货能力能够引爆产品销售。小红书抓住机遇，与网红博主合作，上线品牌合作个人平台。同时，通过平台合作等方式大力推广关键意见领袖产出的内容。由于其特定的粉丝群和专业态度，小红书高质量的内容得到保证。平台内大部分超过100万粉丝的用户均与平台有合作关系。

邀请明星入驻也是小红书保持同业领先的又一举措。明星以亲身体验作为卖点输出内容，与粉丝互动，收获流量和人气，也顺势促成和更多商家合作，甚至开创自己的品牌。而小红书借机也带来了大规模的增长，社区参与活跃度都得到了爆发式提升，明星和小红书可谓是实现了双赢。

2. 完善的社区规则和激励，激发用户创作内容

小红书鼓励用户在社区分享产品的使用体验、购物体验、旅游攻略等内容。当用户发布笔记时，要求以"图片+文字"的形式发布，图片上可标记品牌标签，或者位置等细节标签。用户可以以"#话题名称"的方式加入某个热门活动，同时可参与"我要上精选"活动。平台相关人员会优先筛选高质量的用户笔记，并通过将展示位置靠前等方式，提升其关注度。

2019年5月，小红书推出"小红心"评分体系，以评分的形式来展示商品的用户口碑。伴随小红心评分体系的上线，小红书还会定期推出"小红心大赏"榜单。具体规则主要有以下几点：

① 在评测单品的选择上，小红书会根据社区热度和商城销量的综合排名来筛选参与评分的单品，前期有3 000多款单品进入小红心评分体系。

② 在参与评测用户的选择上，只有在一年内购买过评测品类产品的用户才有参与资格。在这部分人群中，小红书会根据用户的社区行为数据综合计算用户的活跃度，活跃度高的用户才能参与投票，这部分用户被小红书称为"小红心出品人"。

③ 在具体的操作流程上，小红书会先给"小红心出品人"一套问卷，以此了解他们关心的商品维度，然后会为每个品类的产品选出5～10个评测维度，形成一套评测问卷。针对每款单品的评测问卷会被推送给符合标准的"小红心出品人"进行打分，经过计算汇总，形

成每个单品的小红心评分。"小红心大赏"榜单如图 4-12 所示。

（二）创意丰富的社区活动

小红书会定期推出新的社区活动，设定不同的主题，引导用户进行笔记分享，满足用户想要追逐热点的需求。通过塑造有趣、有用的社区热门话题圈，让用户产生强烈的参与感，同时还可以寻找到与自己有共同兴趣的好友，增强用户之间的互动。小红书社区活动如图 4-13 所示。

图 4-12 "小红心大赏"榜单　　　　　　图 4-13 小红书社区活动

目前，小红书已经建立了两个属于自己标签的节日——"6·6 周年庆"和"红色星期五"。此外，平台还经常结合热点或自造热点进行创意活动营销，如鲜肉快递、联动选秀综艺等，通过邀请综艺节目中的人气选手、热门电视剧的主演入驻平台，为平台成功带来了一波流量。

（三）隐性购物需求被激发

相比传统电商，内容电商通过推荐技术，把优质的商品内容与海量用户的兴趣连接起来，激发了用户消费的新体验与新需求，为商家的销售带来了新的增量，激发了用户的隐性购买需求，主要表现在以下两个方面。

一方面，视频、直播等内容形式将商品信息融入真实、生动的内容场景中，这种商品的内容化大大提升了商品信息的丰富度，使商品卖点和品牌故事得到更加充分的展示，从而最大可能地激发用户的消费兴趣。

另一方面，推荐技术以内容为载体，帮助商品触达潜在消费者，并针对用户对内容及商品产生的互动、加入粉丝群、购买、复购等正向反馈信息，让商品内容可以被推荐给更多拥有相同兴趣的用户，从而促成发现式的消费。

内容电商激发隐性需求模式如图 4-14 所示。

■ 社交电商

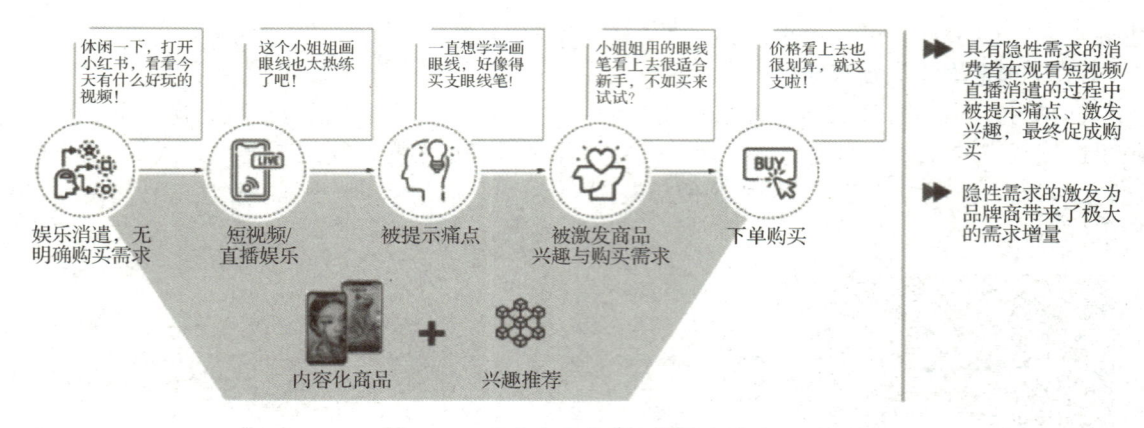

图4-14 内容电商激发隐性需求模式

小红书对旅游用户决策路径的影响如图4-15所示。

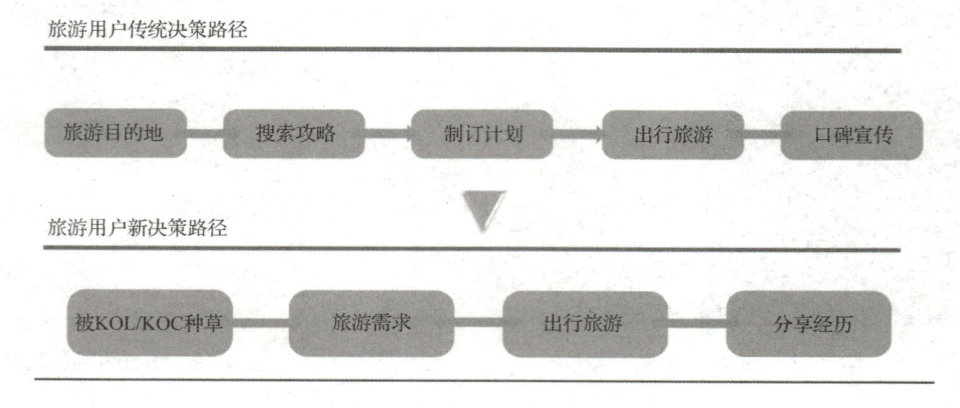

图4-15 小红书对旅游用户决策路径的影响

任务小结

1. 小红书是高价值、高影响力、高活跃度的"三高人群"聚集地，小红书用户的主要特征包括女性用户为主、年轻化、高线城市化。

2. 内容电商的用户会更多地关注服饰、珠宝饰品、食品、美妆等SKU丰富且迭代快的类目。小红书用户不仅能在小红书搜索发现好物，还可以创作分享使用体验。

3. 小红书的用户体验包括高质量的UGC、创意丰富的社区运营、隐性购物需求被激发。

任务实训

除了书中介绍的3种用户体验，小红书还有哪些让你印象深刻的特色用户体验？请详细说明，并以文档的形式提交实训报告。

任务评价

评价类目	评价内容及标准	分值（分）	自己评分	小组评分	教师评分
学习态度	全勤（5分）	10			
	遵守课堂纪律（5分）				
学习过程	能说出本次工作任务的学习目标（5分）	40			
	上课积极发言，积极回答老师提出的问题（5分）				
	了解内容类社交电商的用户社会特征和行为特征（5分）				
	了解内容类社交电商的用户体验（5分）				
	能够独立分析内容类社交电商的用户体验（20分）				
学习结果	"任务实训"考评（50分）	50			
合　　计		100			
所占比例		100%	30%	30%	40%
综合评分					

任务三　内容类社交电商的商家服务

任务清单

工作任务	内容类社交电商的商家服务	教学模式	任务驱动
建议学时	4学时	教学地点	一体化实训室
任务描述	以小红书平台为例，学习内容类社交电商中内容社区的内容创作、内容管理和内容分发；学习内容类社交电商中电商平台的注册店铺、商品内容规范、商品与笔记绑定、物流与售后		
学习目标	知识目标：了解小红书中的笔记类型及其适用内容；了解小红书的内容分发机制；了解小红书的商品内容规范；了解小红书的物流与售后中的知识要点		
	能力目标：能够独立发布合适的小红书图文笔记和视频笔记；能够与品牌或商家进行内容合作；能够独立注册小红书店铺；能够编辑符合小红书商品内容规范的商品信息；能够完成小红书笔记和商品的绑定		
	素质目标：通过在内容管理、商品管理的学习中不断引导学生独立决策，培养学生自主进行商业决策的能力		
思政目标	通过对小红书平台经营的各个环节，包括注册店铺、商品内容规范、笔记绑定商品、物流与售后中具体规范的详细讲解，引导学生形成兢兢业业、脚踏实地的工匠思维，培养学生的职业道德和职业素养		

■ 社交电商

知识导图

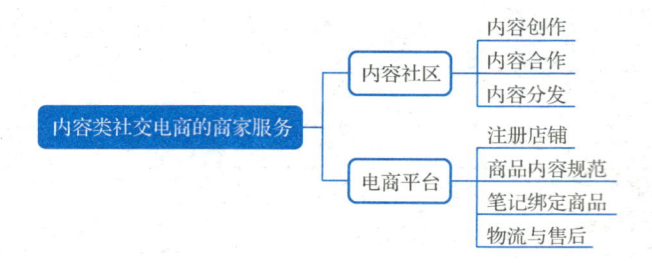

内容类社交电商的商家服务
- 内容社区
  - 内容创作
  - 内容合作
  - 内容分发
- 电商平台
  - 注册店铺
  - 商品内容规范
  - 笔记绑定商品
  - 物流与售后

任务实施

一、内容社区

（一）内容创作

1. 图文笔记

图文笔记作为小红书的传统内容形式，一直以来受众用户众多。因为大多数人把小红书当作如获取购买攻略的知识性平台。当用户搜索内容的时候，是想要直观、方便地获取各种使用信息和感受的，他们往往会对同一主题的内容进行浏览。因此，同一主题的图文笔记的单击量会更高。但是，小红书笔记内容有字数限制，不适合制作较长篇幅的内容。

另外，图文笔记内容在制作上会更简单，对于制作设备的要求没有视频那么严格，成本也会低很多。但是，因为制作简单，所以在小红书社区内图文笔记当中，内容容易被复制和模仿，没有办法凸显图文背后的博主个人特色，同质化现象特别严重。虽然图文笔记的阅读量高，但是对于用户来说很难区分内容的好坏，因此对博主积累粉丝的速度造成影响。

在小红书发布的"啄木鸟计划"中，对于图文笔记中的部分内容，比如手持产品图、网图、抠图等内容审查变得更加严格。虽然该计划是对全平台的笔记进行筛查，但对图文笔记的影响会更大。再加上平台对视频内容的扶持，使得部分图文笔记内容流量受到影响。因此，如果想要在图文笔记中做出好成绩，做好内容创作是最关键的因素。

小红书图文笔记的规范要求如表 4-1 所示。

表 4-1　小红书图文笔记的规范要求

导　向	二级维度	三级维度	解　　读
底线规则	符合质量门槛	出镜得体	出镜主体衣着、行为得体，情绪稳定，物品陈列整齐有序
		图片清晰	保证基本的图片质量，无光斑、噪点、模糊等低质情况，不影响用户浏览
		文字通顺	笔记的文字部分阅读通畅，不堆积卖点，不照抄提要和成分表
		色彩正常	图片色彩、明暗适中，避免过度使用滤镜，影响用户对产品的色彩辨别
	符合审核规范	—	内容符合审核规范

续表

导向	二级维度	三级维度	解读
真实性	产品真实	—	展示真实的合格产品，避免"张冠李戴"
	创作真实		保证原创，避免生搬硬套他人素材
	体验真实		基于真实使用体验分享，为用户提供科学的决策依据
	宣传真实		客观介绍产品，封面标题与内容相符，避免虚假宣传，不夸大或承诺产品功效
利他性	信息利他	信息全面	全面介绍产品信息、卖点、适用人群和场景
		用户友好	笔记语言通俗易懂、逻辑清晰，对专业名词进行解释
		科普专业	如果你有产品相关领域的知识储备，可以分享给你的用户，赋予一篇种草笔记额外的收藏价值
	情绪利他	内容积极	创作符合主流价值观的内容，调性积极向上，对用户有正面引导和积极影响
		情感共鸣	创作能够激发情感共鸣的内容，并鼓励用户和你进行友好互动
	审美利他	画面美观	图片背景整洁，突出产品，避免眼花缭乱、无重点等视觉问题，确保将重要信息传递给用户
		文案美观	分享有营养的文字，并进行有美感的排版，不做没有感情的"标题党""套路党"
一致性	人设一致	—	保持创作的水准，笔记内容符合你的人设，让植入有质量
	内容一致		笔记内容与产品的适配度、和谐度高，避免尴尬、生硬地植入
	图文一致		笔记图文的逻辑顺序一致，方便用户顺畅理解笔记内容
创意性	形式创新	—	找到能够脱颖而出的笔记形式，在一众笔记中让用户"一眼心动"
	风格鲜明		找到自己独一无二的风格，放大自身优势，让你的独特风格深入人心，打造更多爆款内容
	善用热点		成为品牌的产品经理，结合当下热点创作，解读产品理念，为产品代言，分享美好生活方式

图文笔记最大的特点就是直观，用户阅读起来能够一目十行，快速找到自己所需的信息和重点内容。适合图文笔记的内容有以下几类。

（1）大量产品合集类

如果产品数量比较少，那么产品合集也可以通过视频来讲解，同样能呈现得很清楚。但是，如果是大量的产品合集，则更适合用图文笔记的形式来介绍，这样更加清晰明了，用户看起来更简单。例如，在如图4-16所示的产品合集图文笔记中，产品的款式非常多，如果用视频的形式可能很难讲清楚。

（2）对比类

对比类内容的吸睛之处在于内容前后反差较大，图文笔记能够很直观地表现出这种反差效果，视频就很难做到。小红书对比类图文笔记如图4-17所示。

■ 社交电商

图 4-16　小红书产品合集图文笔记 　　　　图 4-17　小红书对比类图文笔记

（3）教程类

教程类的内容更适合用图文笔记的形式来体现，用图文笔记记录的教程，操作步骤更加直观，操作更加方便，可以一边看一边动手尝试。特别是美食制作教程，因为是一连串的操作流程，用图片描述更加清楚直观，并且更有吸引力。小红书教程类图文笔记如图 4-18 所示。

（4）穿搭类

这里说的穿搭类是单纯的造型穿搭内容，以展示效果为主要目的。如果是包含穿搭技巧讲解的内容，则还是制作视频笔记比较合适。小红书穿搭类图文笔记如图 4-19 所示。

图 4-18　小红书教程类图文笔记 　　　　图 4-19　小红书穿搭类图文笔记

（5）个人历史经验分享

这种类型的内容往往干货比较多，需要我们集中注意力来浏览和记忆内容，所以比较碎片化的视频就不太适合了。小红书个人历史经验分享图文笔记如图 4-20 所示。

图 4-20　小红书个人历史经验分享图文笔记

在小红书图文笔记中，使用小红书 App 拍照支持 1:1 和 3:4 模式，建议上传相同尺寸的照片，这样效果会更好。笔记文字的字数不可超过 1 000 个字符，表情符号均计为一个字符。

2. 视频笔记

视频笔记是近几年流行起来的创作趋势，它比图文笔记浏览起来更加轻松，注意力不需要高度集中，表现内容和展现形式要更加灵活多变。最近，小红书主推视频类型的笔记内容，还专门开通了视频号权限，想要在社区内大力发展视频笔记。

相对于图文笔记，视频笔记制作起来比较困难：一是成本高，除了相机，录制好看的视频还需要灯光、录音、布景等设备，后期视频还要经过剪辑和编辑才能正式发布；二是出镜难，因为在小红书平台上的视频内容一般都是以真人出镜为主的，在实际拍摄过程中真人出镜需要注意声音和仪态等各种要素，增加了拍摄视频的难度。

相对于图文笔记来说，视频笔记制作虽然难度更大，但是正因为是真人出镜，有声音和画面的不同，所以同质化内容的情况会比较少。因此，视频笔记能够快速建立自己的个人特色，粉丝黏性更强，"涨粉"更加容易。

如果想要创作视频笔记，那么视频的前一分钟内容是十分重要的。如果前面的内容不吸引人，用户看到一半就很容易退出。所以，相对于图文笔记来说，视频笔记的阅读量往往都不是很高。

小红书视频笔记的规范要求如表 4-2 所示。

表 4-2　小红书视频笔记的规范要求

导向	二级维度	三级维度	解读
底线规则	符合质量门槛	出镜得体	出镜主体衣着、行为得体，情绪稳定物品陈列整齐有序
		声音质量	声音清晰，无卡顿、杂音等问题，音量大小适中
		画面质量	画面清晰、流畅、稳定，无噪点、光斑、抖动等问题，色彩、明暗适中，避免过度使用滤镜，影响用户对产品的色彩辨别
		音画同步	视频声音和画面保持同步，给用户良好的视听观感和沉浸感
		文字质量	视频字幕、花字、正文的可读性好，笔记的文字部分阅读通畅，不堆积卖点，不照抄摘要和成分表
	符合审核规范	—	内容符合审核规范
真实性	产品真实	—	展示真实的合格产品，避免"张冠李戴"
	创作真实		保证原创，避免生搬硬套他人素材
	体验真实		基于真实使用体验分享，为你的用户提供科学的决策依据
	宣传真实		客观介绍产品，封面标题与内容相符，避免虚假宣传，不夸大或承诺产品功效
利他性	信息利他	信息全面	全面介绍产品信息、卖点、适用人群和场景
		用户友好	笔记语言通俗易懂、逻辑清晰，对专业名词进行解释
		科普专业	如果你有产品相关领域的知识储备，可以分享给你的用户，赋予一篇种草笔记额外的收藏价值
	情绪利他	内容积极	创作符合主流价值观的内容，调性积极向上，对用户有正面引导和积极影响
		情感共鸣	创作能够激发情感共鸣的内容，并鼓励用户和你进行友好互动
	审美利他	画面美观	视频背景整洁，突出产品，并进行一定的后期加工，如镜头切换、转场剪辑等，避免眼花缭乱、无重点等视觉问题，确保将重要信息传递给用户
		文案美观	用心策划脚本，分享有营养的文字，不做没有感情的"标题党""套路党"
一致性	人设一致	—	保持创作的既有水准，笔记内容符合你的人设，让植入有质量
	内容一致		笔记内容与产品的适配度、和谐度高，避免尴尬、生硬地植入
创意性	形式创新	—	找到能够脱颖而出的笔记形式，在一众笔记中让用户"一眼心动"
	风格鲜明		找到自己独一无二的风格，放大自身优势，让你的独特风格深入人心，打造更多爆款内容
	善用热点		成为品牌的产品经理，结合当下热点创作，解读产品理念，为产品代言，分享美好生活方式

视频笔记比图文笔记更具有真实性和互动性，特别适合那些可以对内容进行交流的内容。下面这几种类型就非常适合制作视频笔记。

（1）教程类

教程类的内容不仅适合图文笔记，也适合视频笔记，特别是操作步骤繁杂、需要用动作来展示的内容，如美食制作教程、健身教程等。小红书教程类视频笔记如图 4-21 所示。

（2）生活日常类

生活日常类内容有时用图片很难形象地表现出来，但如果用视频就容易很多，特别是小红书最近流行的 Vlog 类的视频内容。小红书生活日常类视频笔记如图 4-22 所示。

（3）个人观点、讲解类

由于视频更加具有互动性，像个人观点、讲解类这种观点输出类型的内容，当然适合通过视频来表现，"真人出镜＋观点输出"的形式更能够让人印象深刻。小红书个人观点类视频笔记如图 4-23 所示。

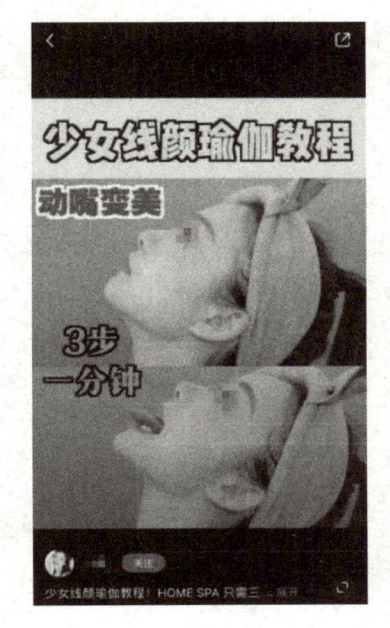

图 4-21　小红书教程类视频笔记　图 4-22　小红书生活日常类视频笔记　图 4-23　小红书个人观点类视频笔记

在小红书视频笔记中，使用小红书 App 拍摄视频支持 9:16 模式，上传视频支持时长 5 分钟以内，大小不超过 2GB，格式为 mp4 的视频。支持小红书视频号作者上传时长 15 分钟以内的视频。视频笔记建议添加不少于 5 个字且表意清晰的标题，以吸引更多用户单击。

小红书的创作功能除了图文笔记和视频笔记，还包括活动创作和直播。在"创作者服务平台"首页右侧的"热门活动"栏目汇总了各种社区活动，单击感兴趣的活动即可查看活动详情，该功能暂时只支持移动端投稿。打开小红书 App，进入"创作中心"的"创作服务"页面，可以进行直播活动申请。

（二）内容合作

小红书推出的小红书蒲公英平台是一个优质创作者商业合作服务的平台，围绕 2 亿＋月活用户，展现多种垂直类内容直接连接生活消费场景，吸引了许多创作者及商家入驻。小红书蒲公英平台提供潜移默化的"种草"心智，年轻用户在小红书平台上标记美好生活，成为"Z 世代"不可替代的消费决策入口。内容合作是小红书蒲公英连接广大品牌与优质创作者推出的内容合作营销产品，创作者与各行业的品牌方双向选择，通过创作优质的合作内容，实现创作者、品牌与创意内容的影响力闭环。内容合作模式有如下几种。

1. 定制合作

定制合作即品牌通过平台筛选、邀请到特定创作者，创作者按品牌需求创作笔记的商业合作模式。

定制合作的流程如下：

① 品牌选择创作者，发起合作。品牌方登录小红书蒲公英平台进入创作者广场，选择合适的创作者，发起合作。

② 创作内容合作笔记。品牌方向创作者发起合作，下单后创作者需在 72 小时内反馈合作意向，若接受合作，创作者则需要按照品牌要求创作出合格笔记并提交。

③ 笔记审核确认。创作者提交笔记后，笔记进入品牌方和平台审核环节，品牌方若对创作者的笔记不满意，可在确认笔记环节选择驳回，填写修改意见，每个合作最多可驳回 3 次。

2. 招募合作

招募合作是蒲公英平台推出的一对多内容合作模式。品牌方发起招募后，平台向符合条件的博主推送项目通知，博主可通过系统消息或 App 端的"内容合作"入口进入招募列表，报名参与项目。通过筛选后，双方互换联系方式建立联系，进而完成后续合作。

招募合作的特点如下：

① 招募合作为创作者提供了更多主动选品和自我表达的空间，博主结合账号定位选择合适的项目。基于合作要求，真诚表达服务优势和创意构思，能够大大提升合作的成功率。

② 系统定向推送。符合招募门槛的博主，将定期收到系统推送的合作邀约，第一时间捕捉优质商机。

③ 智能匹配项目。针对标签特征契合的博主，平台会给予专属的推荐机会，大大提升被品牌方选择的概率。

④ 自主选品合作。无论你喜欢一线大牌，还是想接触更多新生代品牌，这里都会尽量满足差异化的合作需求。

⑤ 主动表达意愿。自我介绍和创意构思是达成合作的敲门砖，招募合作更加适合博主的主动展示和灵感涌现。

招募合作流程如图 4-24 所示。

品牌发布招募需求，平台智能匹配博主，意向博主主动报名并提供合作优势、内容构思及联系方式等，品牌对报名博主进行反选，最终确定合作，按照一口价进行结算。

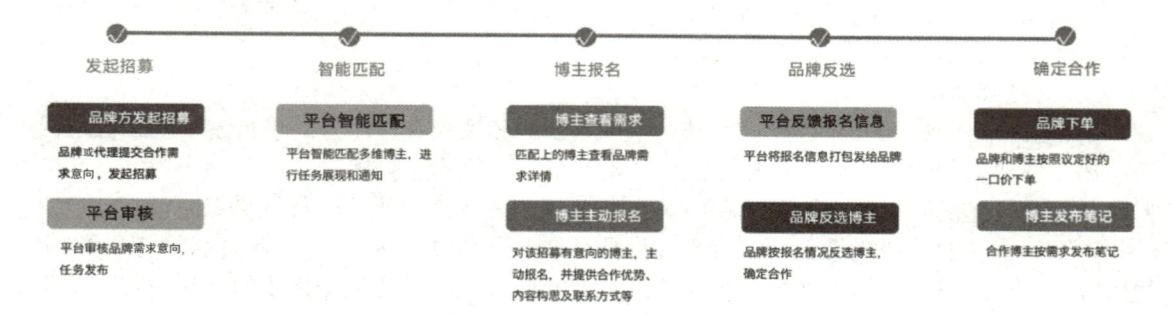

发起招募	智能匹配	博主报名	品牌反选	确定合作
品牌方发起招募 品牌或代理提交合作需求意向，发起招募	平台智能匹配 平台智能匹配多推博主，进行任务展现和通知	博主查看需求 匹配上的博主查看品牌需求详情	平台反馈报名信息 平台将报名信息打包发给品牌	品牌下单 品牌和博主按照议定好的一口价下单
平台审核 平台审核品牌需求意向，任务发布		博主主动报名 对该招募有意向的博主，主动报名，并提供合作优势、内容构思及联系方式等	品牌反选博主 品牌按报名情况反选博主，确定合作	博主发布笔记 合作博主按需求发布笔记

图 4-24　招募合作流程

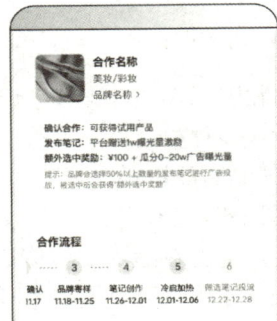

3. 共创合作

共创合作是蒲公英平台推出的按效果结算的内容合作模式。平台为博主智能推荐合作项目，博主反选品牌。成功参与合作即可获得免费产品和保底收入，还能按笔记效果瓜分高额奖金。

共创合作的特点如下：

① 基于笔记效果，瓜分高额奖金。博主根据笔记发出的最终效果，瓜分高额现金奖励，不再只拿"基本工资"。

② 保障保底收入，免费提供产品。每个项目都为博主免费提供推广产品，并保障一部分保底收入。

③ 合作机会更多，支持自主报名。在平台智能推荐的基础上，博主可以自主选择合作品牌，主动报名参与合作。

④ 平台参与把控，合作更加省心。共创合作由平台把控流程，进行植入审核，合作更规范、反馈更及时、结算更省心。

共创合作基本流程如下：

博主报名→品牌确认→收货体验→笔记发布→持续分成→笔记验收，一次合作周期在30天左右。个人博主的当月合作奖励在次月10号前，在扣除10%的综合服务费用后，通过小红书App钱包进行发放；机构博主则需与机构进行结算。

4. 新芽合作

新芽合作是蒲公英平台全新推出的内容合作模式，以流量助推为核心激励方式。博主报名通过后，在指定时间内完成产品体验和创作发布，即可获得流量加热。被品牌选中的优质笔记，还将获得现金激励和海量流量助推。

新芽合作的特点如下：

① 流量保底，助力账号成长。按照合作要求成功发布笔记，即可获得保底曝光量。

② 品牌追投，助推优质内容。合作笔记被品牌选中，还能瓜分百万广告流量。

③ 海量合作，支持自主报名。平台智能匹配，博主可以自主选择合作品牌。

④ 平台把控，合作更加省心。全流程线上化，合作规范、反馈及时、结算省心。

新芽合作的参与门槛及结算方式如图4-25所示。

图4-25 新芽合作的参与门槛及结算方式

（三）内容分发

在分发机制上，小红书以用户标签和内容标签智能分发为主，重内容轻粉丝。在小红书平台上，只要笔记原创度和互动率够高，就有机会获得更多的推荐流量和曝光量，对创作者尤其是"素人"创作者更为友好。小红书内部的评分体系被称为 CES，当你整理好一篇笔记发布出去之后，小红书平台就会给你的笔记打标签，然后系统就会把你的笔记分享给对这些标签感兴趣的用户。小红书流量分发模型如图 4-26 所示。

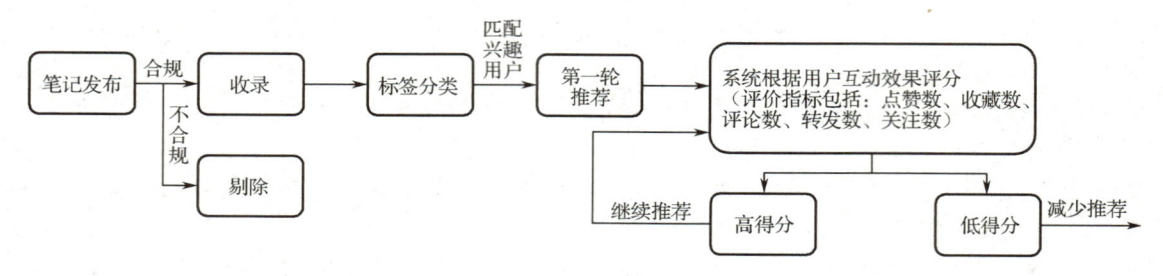

图 4-26　小红书流量分发模型

当你的笔记被推送给用户之后，他们会进行点赞、收藏、评论、转发、关注等操作，系统会根据这些数据来给你的笔记进行评分，然后再来决定是否要进行下一轮推荐。你的笔记得到的点赞数、收藏数、评论数、转发数、关注数等数据间接地反映了你的笔记质量。所以，即使是原创内容的笔记，如果这些数据表现优异，笔记同样会被推荐给更多的人，然后形成阶梯式增长。如果数据非常好，还会得到小红书站内和百度搜索的流量扶持，笔记的各种指标数据也会长时间保持不错的增长。小红书流量分发中的 CES 评分体系如图 4-27 所示。

$$CES分数 = 点赞数 \times 1分 + 收藏数 \times 1分 + 评论数 \times 4分 + 转发数 \times 4分 + 关注数 \times 8分$$

图 4-27　小红书流量分发中的 CES 评分体系

二、电商平台

（一）注册店铺

2021 年年底，小红书推出了"回家开店"计划。小红书官方给出的介绍是，该计划会给予入驻小红书的品牌/商家多种权益：一是个人博主可以快速开通店铺；二是博主和品牌/商家可以在笔记里嵌入店铺的商品链接。

小红书个人店申请页面如图 4-28 所示。

以往个人博主想要开店，需要在缴纳一定的店铺保证金后等候 1～3 天，才可以在自己的店铺里挂上商品。而现在，个人博主在提交相关资料后即可立即开通店铺、发布商品。并且，个人店可以后置缴纳保证金，等到销售额满 1 万元时再缴纳。小红书开店优惠政策介绍如图 4-29 所示。

小红书的店铺类型除了个人店，还包括个体工商店、普通企业店、专营店、专卖店、旗舰店、官方旗舰店、卖场型旗舰店，不同的店铺类型有不同的入驻要求。

【阅读材料】小红书店铺类型介绍

128

项目四　内容类社交电商

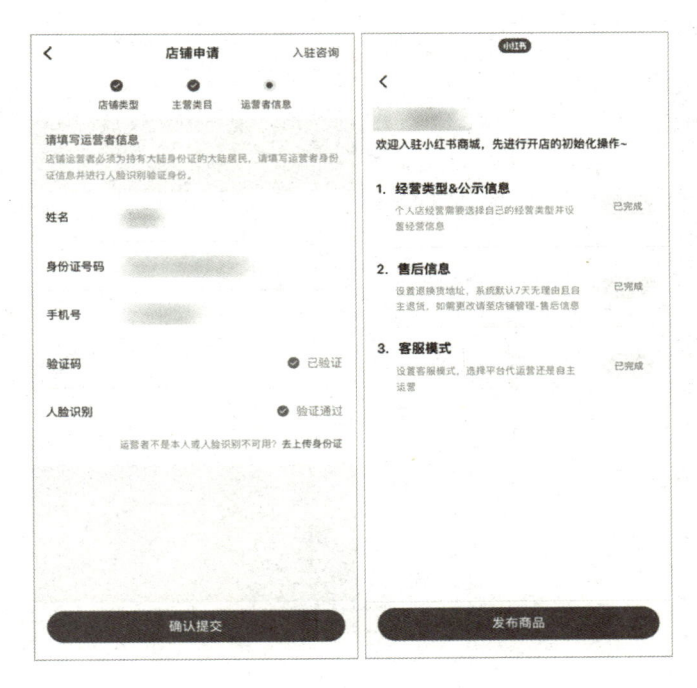

图 4-28　小红书个人店申请页面

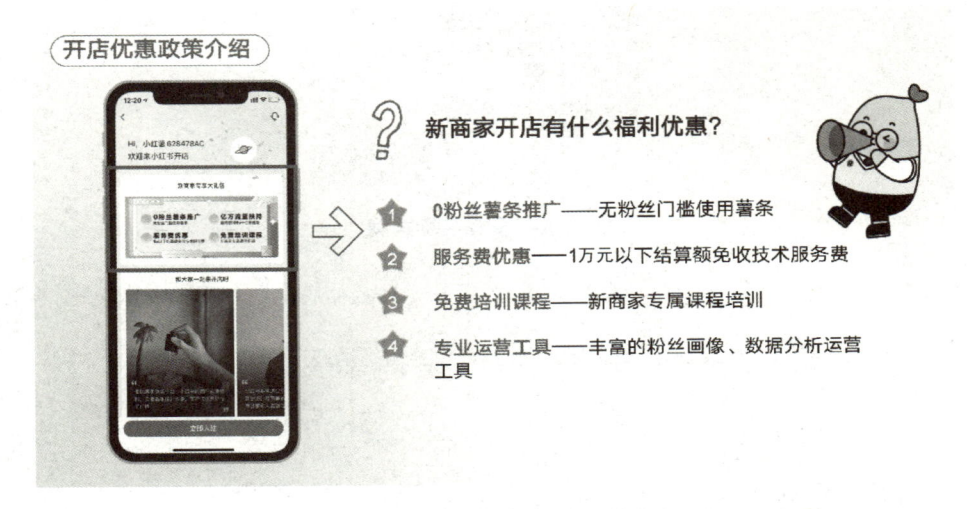

图 4-29　小红书开店优惠政策介绍

（二）商品内容规范

商品内容规范旨在规范商品发布的内容，以提高商家的转化率。商品命名会直接影响在商城的搜索等级，从而影响后续流量。

1. 商品名称

小红书商品名称的审核标准：商品名 = 八字箴言 / 品牌名 +SPU+SPL+SPV。其中，八字箴言是指商品名称 / 商品特色，如果是知名品牌，则商品名称开头直接用品牌名；SPU 为不区分产品规格的单位，带有品类、商品名属性；SPL 对应一种商品规格，如高跟鞋；SPV 对

129

应一个条形码商品，带有商品基本信息（SPL 和 SPV 在创建商品后自动生成，无须在 SPU 名称中重复填写）。商品名称设置时要注意的问题如下：

- 不得出现促销信息（如多件多折、赠品促销、满减优惠、代购等）；
- 简单明了，不能出现重复或与商品无关的词汇；
- 如有尺码 SPV，必须是国家标识 + 尺寸（如 US9.5、UK4），国外尺码需在商品详情页展示国际标准尺码对照表；
- 不能出现错别字、繁体字、店铺名、"火星文"等；
- 创建商品时所选的品类和品牌，须与实际售卖的商品一致；
- 商品的数量规格，须与图片中的主商品一致（主要针对组合商品，赠品情况除外）；
- SPU 长度不超过 30 个字符；
- 应设置在 SPL 或 SPV 中的规格信息，不可在 SPU 中填写。

商品名称案例如图 4-30 所示。

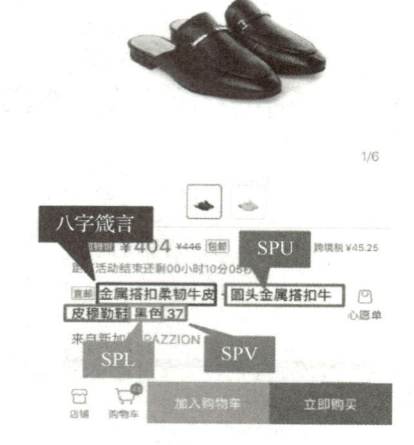

图 4-30　商品名称案例

知名品牌的商品名称一般直接以品牌名开头即可。知名品牌的商品名称案例如图 4-31 所示。

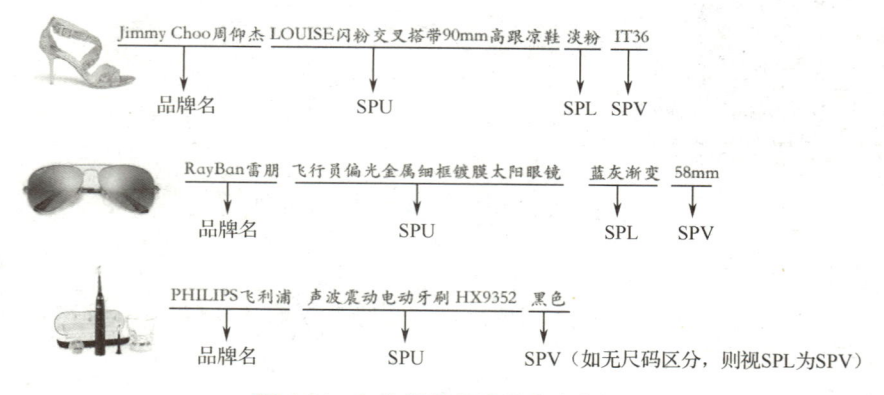

图 4-31　知名品牌的商品名称案例

非知名品牌的商品名称可以用 8 个字以内的宣传文案开头，宣传文案需要注意以下几点：
- 突出产品功能和特点；

- 如需强调明星卖点，可在八字箴言中写"明星同款"，不能直接出现明星的名字；
- 不能重复、缩写商品名；
- 不能出现"平价版×××""×××平价替代"等涉嫌侵犯他人品牌的宣传文字。

八字箴言的反面案例如图4-32所示。

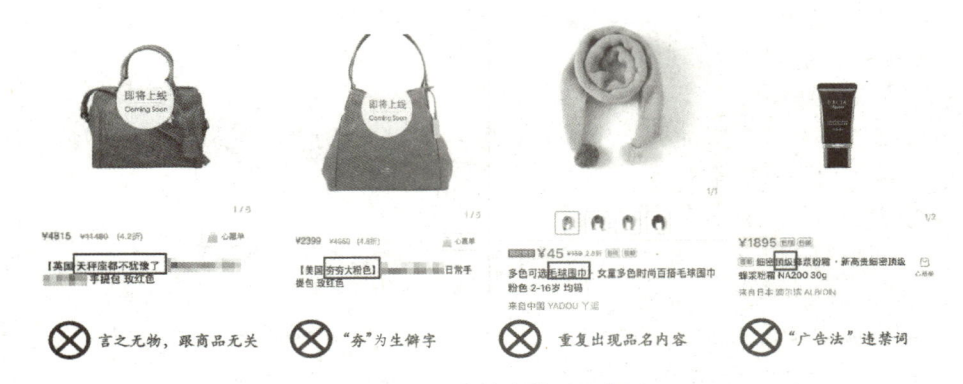

图4-32 八字箴言的反面案例

2. 置顶轮播图片视频

小红书的置顶轮播图片视频的审核标准如下：
- 以美观为终极目标；
- 严禁盗图，图片必须为原创实拍或拥有合法授权；
- 不能使用粗糙截图、PS痕迹浓重图、滤镜效果失真图、淘系工厂图、容易引起不适的商品效果图；
- 图片中不可出现未经平台许可的第三方信息；
- 不得在未经平台许可的情况下使用小红书Logo、小红薯形象或其他任何可能误导消费者以为是小红书自营商品的图片素材；
- 所有图片、视频像素须高清，同一品牌视频图片整体视觉风格统一。

置顶轮播图、置顶视频案例如图4-33所示。

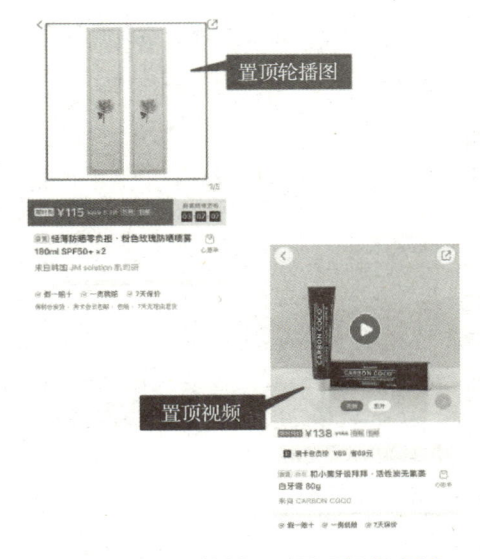

图4-33 置顶轮播图、置顶视频案例

此外，还需要注意以下问题：
- 使用的明星图片来源渠道必须正规合法，必须经过明星的正规授权；
- 明星图片中的商品与售卖的商品必须是同品牌、同款，可不同色、不同码；
- 明星图片清晰度不得低于72dpi，图片大小不能低于70KB，商品在图中须清晰可见；
- 小红书对滥用明星资源恶意蹭流量的行为零容忍，发现即属严重违规，根据情节恶劣程度触发冻结、罚款甚至清退处罚。

3. 文字介绍

文字介绍参考格式为"品牌介绍 + 设计特点 + 材质特点 + 单品噱头 + 版型特点 + 推荐搭配/场景"，需要注意以下要点：
- 文字介绍以简明扼要为主，只能使用中文标点符号；
- 不可出现空格、字符（品牌商标中有字符除外）、错别字等；
- 控制篇幅，字数不超过500字，但美妆食品类的商品字数不低于100字；
- 不能出现"平价版×××""×××平价替代"等涉嫌侵犯他人品牌的宣传文字。

商品文字介绍案例如图4-34所示。

图4-34 商品文字介绍案例

4. 图文详情

图文详情的审核标准如下：
- 严禁盗图，图片必须为原创实拍或拥有合法授权，不得使用粗糙截图、PS痕迹浓重图、滤镜效果失真图、淘系工厂图；
- 不夸大产品效用，宣传内容符合《中华人民共和国广告法》规定；
- 不可出现其他平台信息，包括但不限于二维码、店铺链接、其他平台Logo等；
- 服饰、鞋包、家纺类、大型家电家具等商品需展示尺码或尺寸信息；
- 建议有相关的场景图和细节图，丰富的内容有助于提升转化率；
- 不能出现"平价版×××""××平价替代"等涉嫌侵犯他人品牌的宣传文字；
- 遵守品类相关的法律法规和平台的品类相关发布规范。

图文详情案例如图4-35所示。

图 4-35　图文详情案例

(三) 笔记绑定商品

小红书商品笔记可以实现"边买边逛"功能。一直以来,小红书以优质的"种草"内容火遍全网,"种草"即买的方式,用户再也不用在小红书和电商平台之间来回切换。如果是商品笔记,则笔记的右上方会有一个购物袋的标志,这也能帮助消费者识别是普通笔记还是商业笔记。

小红书笔记跳转商品页面如图 4-36 所示。

图 4-36　小红书笔记跳转商品页面

(四) 物流与售后

小红书的物流和售后是其平台运营中不可或缺的两个重要环节,它们共同为用户提供优质的购物体验。

在物流方面，小红书采取了多种配送方式以满足不同用户的需求。自营物流是小红书的一大特色，它在一些城市设有自己的仓库，通过专业的物流团队进行商品配送，保证了商品的快速、准确送达。此外，小红书还与多家知名的第三方物流公司合作，如顺丰速运、圆通快递、韵达快递等，为用户提供了更多样化的快递服务选择。对于海外品牌商品，小红书还提供海外直邮服务，用户可以直接购买并收到来自海外的商品，虽然这种方式需要额外支付国际运费和关税，但为用户提供了更加便捷的跨国购物体验。

小红书可选物流模式如图 4-37 所示。

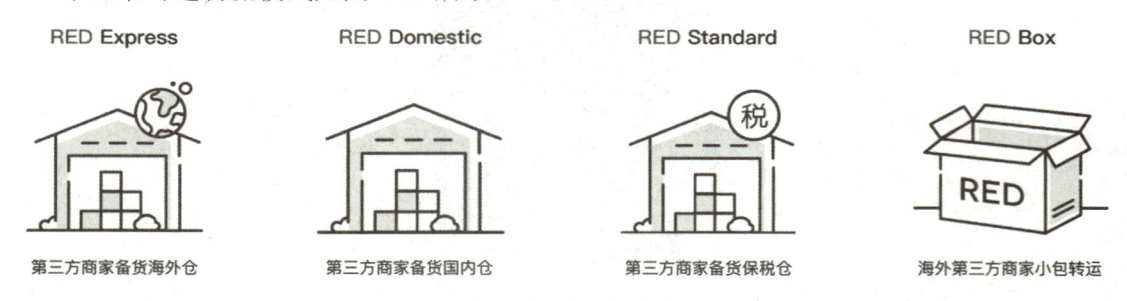

图 4-37　小红书可选物流模式

用户在编辑商品时，勾选"物流模板"栏所需的物流模板，即可设置物流模式。如果是企业店，多规格商品支持按照不同规格分别设置不同的物流模板，系统会对不同物流模板的商品进行拆单，若无拆单需求，建议保持商品的物流模板一致。如果需要编辑物流模板，可在 PC 端打开"商家管理后台"界面，执行"交易"→"发货管理"→"物流工具"→"物流模板"操作进行设置，如图 4-38 所示。

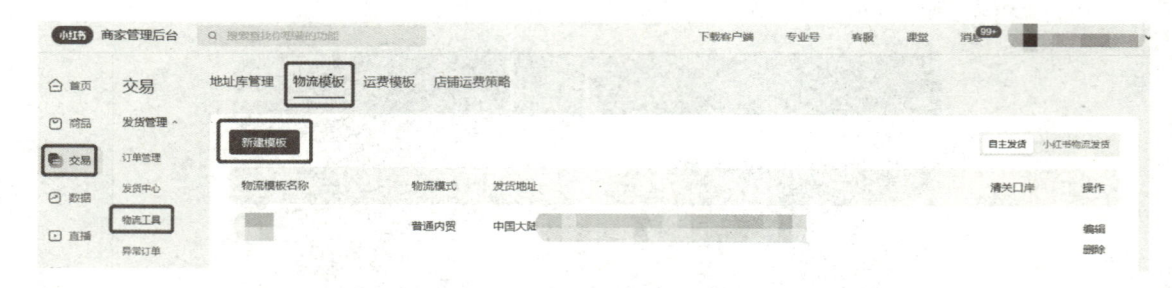

图 4-38　"物流模板"设置页面

在售后方面，小红书有着严格的规定和要求。商家在平台上销售的商品，必须提供真实、完整的商品描述，确保所售商品在质保期内且可以正常使用。如果商品存在任何质量问题或者用户不满意，小红书平台会提供"维修、换货、退货"等售后服务，保障用户的权益。特别是对于那些适用 7 天无理由退货的商品，商家需要积极处理用户的退货申请，并提供相应的服务。此外，所有商家都必须提供有效的国内退货地址以及退货联系方式，以便用户能够方便地进行退货操作。

用户可以通过小红书 App 轻松查看物流信息和处理售后问题。在购物完成后，用户可以在订单页面查看物流信息，了解商品的配送状态。如果遇到售后问题，用户可以通过订单页面的售后服务入口，申请维修、换货或退货等操作。小红书平台的客服团队也会提供及时、专业的帮助，解决用户在购物过程中遇到的各种问题。

总的来说，小红书的物流和售后服务都体现了其以用户为中心的经营理念，致力于为用户提供优质、便捷的购物体验。无论是物流配送的多样性还是售后服务的完善性，都让用户能够放心地在小红书平台上进行购物。

任务小结

1. 小红书内容社区主要的内容形式包括图文笔记和视频笔记。适合图文笔记的内容类型包括大量产品合集类、对比类、教程类、穿搭类、个人历史经验分享；视频笔记比图文笔记更具有真实性和互动性，特别适合那些可以对内容进行交流的内容，比如教程类，生活日常类，个人观点、讲解类。

2. 蒲公英平台是小红书推出的优质创作者商业合作服务的平台，内容合作模式包括定制合作、招募合作、共创合作和新芽合作。

3. 在分发机制上，小红书以用户标签和内容标签智能分发为主，重内容轻粉丝。在小红书平台上，只要笔记原创度和互动率够高，就有机会获得更多的推荐流量和曝光量。

4. 小红书推出的"回家开店"计划给予入驻小红书的品牌/商家多种权益。一是个人博主可以快速开通店铺；二是博主和品牌/商家可以在笔记里嵌入店铺的商品链接。

5. 小红书非常注重电商平台的视觉美观性，因此对商品名称、置顶轮播图片视频、文字介绍和图文详情等内容有严格且详细的规范要求。

6. 为了提高电商转化率，小红书商品笔记可以实现"边买边逛"的功能。

任务实训

请为如图4-39所示的浅风拖鞋商品页中的浅风拖鞋撰写适合小红书平台的商品名称和文字简介，并以文档的形式提交实训报告。

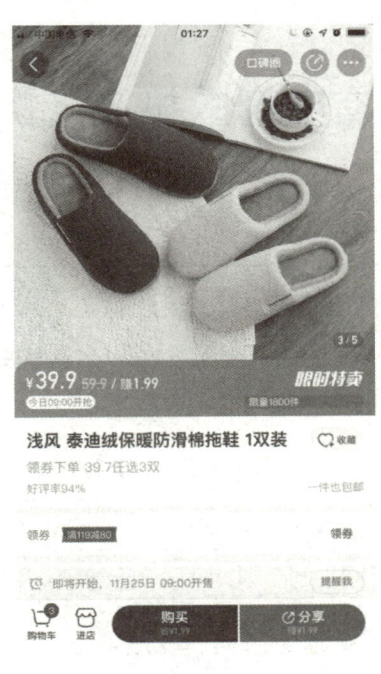

图4-39　浅风拖鞋商品页

■ 社交电商

任务评价

评价类目	评价内容及标准		分值（分）	自己评分	小组评分	教师评分
学习态度	全勤（5分）		10			
	遵守课堂纪律（5分）					
学习过程	能说出本次工作任务的学习目标（5分）		40			
	上课积极发言，积极回答老师提出的问题（5分）					
	了解小红书中的笔记类型及其适用内容，了解小红书的内容分发机制，了解小红书的商品内容规范（5分）					
	了解小红书店铺注册方法，掌握小红书的物流与售后中的知识要点（5分）					
	能够独立发布合适的小红书图文笔记和视频笔记，能够与品牌或商家进行内容合作，能编辑符合小红书商品内容规范的商品信息，能够完成小红书笔记和商品的绑定（20分）					
学习结果	"任务实训"考评（50分）		50			
合　　计			100			
所占比例			100%	30%	30%	40%
综合评分						

任务四　内容类社交电商的机会与挑战

任务清单

工作任务	内容类社交电商的机会与挑战		教学模式	任务驱动
建议学时	1学时		教学地点	一体化实训室
任务描述	以小红书为例，学习内容类社交电商的机会与挑战			
学习目标	知识目标	了解内容类社交电商的机会；了解内容类社交电商的挑战		
	能力目标	能够独立分析内容类社交电商的机会与挑战		
	素质目标	通过对行业发展的机会与挑战的分析，培养学生辩证思考的能力		
思政目标	通过学习小红书如何顺应国家政策，挖掘电商行业发展的机遇，进而实现自身的高速发展的过程，引导学生思考行业发展与国家政策的关系，进一步思考自身发展与国家政策的关联，培养学生对国家政策重要性的认识			

项目四　内容类社交电商

知识导图

```
                                    ┌─ 扩充平台内容生态
                              ┌─机会─┤  提升男性用户比例
内容类社交电商的机会与挑战─┤      └─ 构建电商交易闭环
                              │     ┌─ 内容社区的规范化管理
                              └─挑战─┤
                                    └─ 内容和电商的平衡发展
```

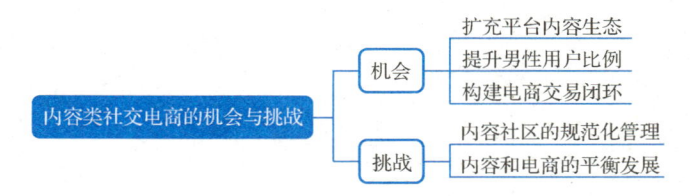

任务实施

一、机会

（一）扩充平台内容生态

小红书对平台内容生态的设想可以用三个关键词概括：垂类、视频和直播。所谓垂类，是指除传统类目的美妆、时尚等优势领域外，小红书还重点在泛娱乐和泛知识两个方向发力。泛娱乐包括影视、音乐、舞蹈、游戏；泛知识包括财经、科技、教育、读书。视频和直播则是两个重点发力的内容形态。

对内容维度和内容形态的拓展，共同构成了小红书对平台内容生态的基本设想，基于目标，小红书的实现路径之一就是进行流量扶持。2019年11月，小红书在创作者开放日上宣布了一系列重大更新，推出创作者中心、品牌合作平台、好物推荐平台和互动直播平台等，其中提到内测电商直播。2020年4月，小红书在创作者云开放日上提出将推出"创作者百亿流量向上计划"，聚焦定向扶持视频创作者、直播创作者及泛知识、泛娱乐品类创作者。小红书的直播分为互动直播和带货直播两种类型，前者占比90%，后者占比仅为10%，互动直播的主要功能在于围绕品牌推广需求策划品牌话题活动页，品牌的其他合作笔记可在该话题页中与直播内容相呼应。尽管小红书带货式直播业务仅占10%，但由于用户黏性高，强调分享性和互动性，主播与粉丝之间具备高互动性和高信任感，因此，其购买转化率显著高于其他平台，呈现高转化率和高复购率的特征。小红书用户以高线城市年轻女性居多，精准的消费人群是促使小红书平台形成高转化率和高复购率的主要原因，同时也是吸引品牌入驻和合作的优势。"创作者百亿流量向上计划"页面如图4-40所示。

图4-40　"创作者百亿流量向上计划"页面

相比较抖音、快手等短视频平台凭借流量入局直播带货领域，小红书开展直播业务较晚。直播行业马太效应明显，头部主播掌握着95%以上的资源，其在带货能力和供应链方面优

137

■ 社交电商

势明显。小红书平台以腰部 KOL 和 KOC 为主导，平台以培育和扶持主播为主。从商品供货来源看，小红书自营商城、第三方品牌商是主要渠道。小红书积极与品牌合作，为品牌商提供与直播相关的基础服务，达到推广第三方品牌商和提升曝光度的目的。小红书直播电商业务发展模式如图 4-41 所示。

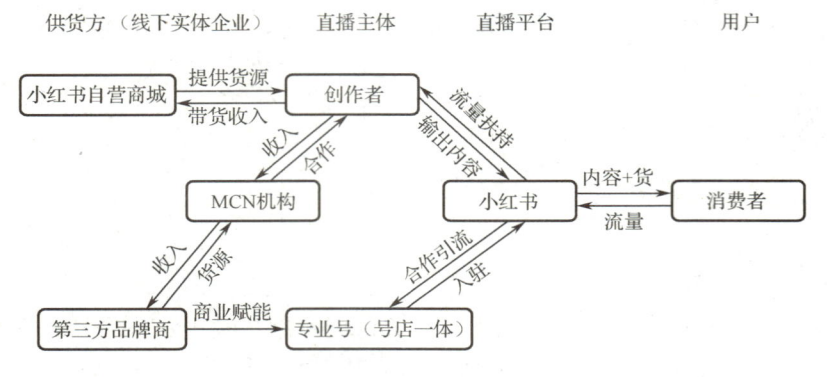

图 4-41　小红书直播电商业务发展模式

（二）提升男性用户比例

小红书在投资者的印象中一直是一个女性用户更为活跃的平台，但随着用户规模不断扩张，小红书也在寻求通过拓宽自身 SKU，鼓励明星、KOL 分享与男性用户相关的兴趣内容来吸引更多的男性用户。2021 年上半年，小红书推出"MCN 男性内容激励计划"，引进数码、潮流、理财、运动、汽车、金融等多领域 KOL 及男性内容创作者，并抛出 20 亿流量扶持招揽 MCN 机构参与，致力于打破用户圈层，进一步满足男性用户的内容需求。"含男量"内容的提升将帮助平台进一步打开用户增长空间。小红书"MCN 男性内容激励计划"如图 4-42 所示。

图 4-42　小红书"MCN 男性内容激励计划"

（三）构建电商交易闭环

2019 年年初，小红书进行架构调整，迈出电商业务升级的关键一步。此次调整将原社区电商事业部升级为"品牌号"部门，品牌号部门围绕"品牌号"这一核心产品，整合公司从社区营销一直到交易闭环的资源，为品牌方提供全链条服务，帮助其不断提升商业价值。升级"福利社"部门，整合商品采销、仓储物流和客户服务的全流程职能。在技术端，聚合公司所有业务线的技术团队，为公司业务增长提供更强大的驱动力；在职能端，设立平台部，整合市场营销、品牌公关、政府事务、行政等职能部门，通过对横向职能的聚合管理，对外打造小红书品牌形象，对内为公司运营提供坚实的后盾。

小红书架构调整如图 4-43 所示。

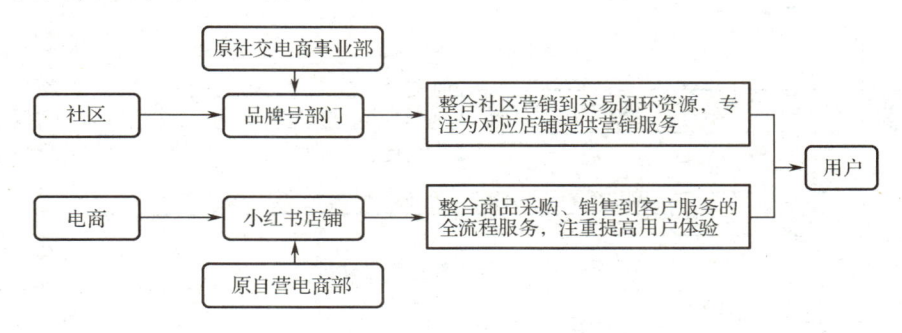

图 4-43　小红书架构调整

在构建电商交易闭环的过程中，平台采取的主要措施如下。

① 将品牌号升级为企业号。小红书企业号的亮点在于包括数据洞察、定制 H5、运营工具、粉丝互动、连接线下等在内的多项服务得到升级。小红书企业号不仅放宽商家入驻的准入门槛，即凡持有营业执照的主体均可申请入驻。同时，对入驻商家提供线上店铺、线下门店关联，匹配实体门店的具体位置等服务，小红书更可根据用户所在地理位置就近向会员推荐门店，从而促进线下实体店消费的闭环。

② 切断淘宝外链，倚重内部流量闭环。2021 年 8 月，小红书关闭带货笔记中的外链权限，直播带货的外链功能保持不变，推行"号店一体"新规，让"种草"和"拔草"环节都发生在小红书体系内，构建电商交易闭环。2021 年 1 月小红书才全面开放外链，不到一年的时间又选择关闭，本质上只是在短暂窗口期做测试，试探用户的接受度和转化率，但效果并不理想。从平台的投放逻辑剖析，不带外链的带货笔记对品牌反而有更多好处：首先，用户看到带外链的笔记，单击率会变低，同样的内容就需要更高的价格来获得曝光量，品牌获取流量的成本变高了；其次，跳转淘宝对于品牌方来说实际价值有待考究，因为在淘宝的营销生态体系里，如果想让商品权重变高，就需要有更多的搜索量，直接从小红书跳转到淘宝，对品牌帮助不大。如果不带外链，用户"种草"后自发去淘宝进行搜索，反而能产生更高的价值。

③ 推出"号店一体"新规，加强"拔草"环节变现能力。区别之前"企业号 + 个人号 + 红 V 认证"的底层账号体系。新规后，小红书站内只存在专业号和非专业号两种身份认证体系，社区内所有账号主体都可以申请认证专业号，对粉丝量没有门槛要求，既为热门品类用户提供身份选择类型，如时尚博主、美食博主、健身博主、美妆品牌博主、咖啡馆博主等，又为快速发展中的小微行业提供可选类型，如民宿、普拉提工作室、剧本杀体验馆等，同时又为成熟品牌树立自己的明确品牌调性的身份类型，如美妆品牌、家居品牌等。这一调整大大降低了小红书站内个体参与商业行为的门槛。另外，小红书站内的店铺体系也将完全打通，去掉现有薯店 1 000 粉丝的门槛，不再有商城店铺和薯店的区分，这意味着所有店铺不论多大体量、背后运营主体规模如何，在小红书都能获得相对平等的流量机会。通过账号和店铺绑定，一方面，对内容感兴趣的用户可以通过笔记中 @ 商家标签直达商家账号，提升用户与商家的互动效率；另一方面，专业号商家店铺可以在笔记中添加商品标签，用户单击标签即可到达商品详情页，完成交易，交易链路得以缩短，从而完善生态私域流量的闭环，流量转化率得到进一步提升。

小红书专业号功能如图 4-44 所示。

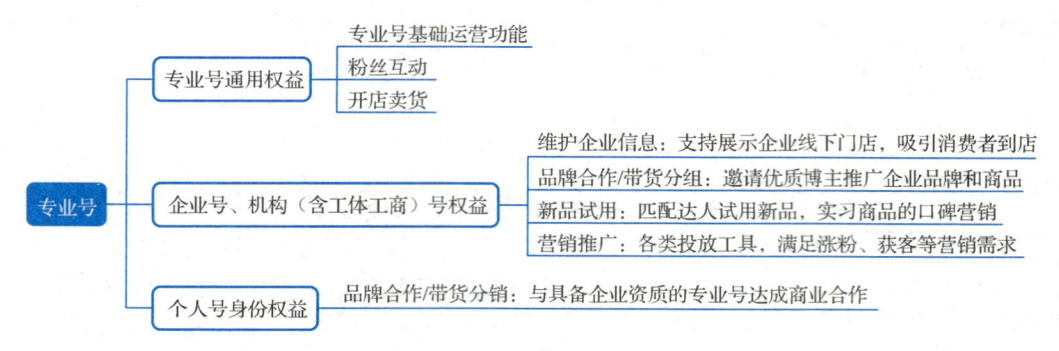

```
                        ┌─ 专业号基础运营功能
         ┌─ 专业号通用权益 ─┼─ 粉丝互动
         │                └─ 开店卖货
         │                            ┌─ 维护企业信息：支持展示企业线下门店，吸引消费者到店
         │                            ├─ 品牌合作/带货分组：邀请优质博主推广企业品牌和商品
专业号 ───┼─ 企业号、机构（含工体工商）号权益 ─┼─ 新品试用：匹配达人试用新品，实习商品的口碑营销
         │                            └─ 营销推广：各类投放工具，满足涨粉、获客等营销需求
         └─ 个人号身份权益 ── 品牌合作/带货分销：与具备企业资质的专业号达成商业合作
```

图 4-44　小红书专业号功能

二、挑战

（一）内容社区的规范化管理

在小红书商业化不断提速的过程中，平台逐渐衍生出各种不良风气，"种草"笔记中屡屡出现炫富、拜金、假名媛等负面内容，一度登上微博热搜。与此同时，平台还被曝出存在笔记灰色产业链现象，职业团队招募写手，通过素人发布笔记的方式为品牌做推广，"种草"笔记的真实性遭到质疑。

针对以上情况，小红书推出"啄木鸟计划"，对社区虚假推广等违规内容进行地毯式排查与清理：2019 年，小红书共处理作弊笔记数量达 443.57 万篇；2020 年，小红书进行虚假医美内容专项行动，下架违规笔记 7 600 余篇；2021 年 4 月，小红书《社区公约》上线，从分享、互动两个方向对用户的社区行为规范做出规定，要求博主在分享和创作过程中如受商家提供的赞助或便利，应主动申明利益相关，在申明利益相关前提下，由用户自行判断是否"被种草"；2021 年 9 月，小红书针对"佛媛"现象进行专项清理计划，共清理违规笔记 70 余篇。不断规范平台内容的小红书以良好的社区分享生态为基础，建立健全创作者、品牌、用户三方健康纽带，探索多元化变现模式。小红书"啄木鸟"计划治理违规内容如图 4-45 所示。

图 4-45　小红书"啄木鸟"计划治理违规内容

（二）内容和电商的平衡发展

自始至终，小红书都在面临着一个让它处境尴尬的问题：内容和电商的边界在哪里？无论内容创作者还是平台，都需要靠商业化来变现；但当社区内容呈现出过多的商品属性时，

其内容本身的价值和公允度就会受到质疑。虽然各个平台都在强调"内容+电商",也就是所谓的内容电商,但目前并没有一家能够完全将两个功能有机地整合进同一个平台。

电商平台期望通过三种模式达到私域流量在站内完成"种草""拔草"的完整闭环:一是以小红书、抖音为代表的先内容后电商;二是以淘宝为代表的先电商后内容;三是以美团为代表的电商、内容两手抓。

这三种模式的形成都有其特殊的历史原因,但相同的是它们都处在同一个大背景之下。随着红利的日渐消退,电商平台再也无法通过模式创新获得更多流量,何况流量成本也在不断攀升,这导致三种模式也都有着各自的优势和遇到的问题。

小红书以内容起家,在互联网流量日益见顶的当下,拥有自我"造血"的能力十分重要,同时,多年深耕内容也使其赢得了多数用户的信任。不过,电商考验着供应链、物流、售后等能力,而淘宝、京东、拼多多三大阵营占领了服饰、3C、下沉等多个市场,想要突破封锁较为困难,这也导致大多数用户在小红书上被种草了某一产品,转头却去了其他电商平台下单。相关数据显示,即使在切断淘宝外链的2021年,小红书电商业务收入占比也仅为10%,其余90%都来自广告。这种收入结构与百度十分相似,成为单纯的导流工具,空有一身"流量"本事却只能收取广告费。

相关数据显示,小红书有60%的流量来自搜索页。主动搜索的特性让其工具属性更强,这种工具属性与当年的百度有一定差异。当下互联网孤岛化严重,这也意味着不同软件的内容特性决定了其搜索范围,在小红书上以生活知识、美妆、购物为主,而美食、知识问答、电影等流量则被美团、知乎、豆瓣等App拿在手上。类目多少向来决定了搜索工具天花板的高低。

任务小结

内容型社交电商的主要机会包括扩充平台内容生态、提升男性用户比例、构建电商交易闭环。内容型社交电商的主要挑战包括内容社区的规范化发展、内容和电商的平衡发展。

任务实训

内容型社交电商该如何平衡内容和电商?请以文档的形式提交实训报告。

任务评价

评价类目	评价内容及标准	分值(分)	自己评分	小组评分	教师评分
学习态度	全勤(5分)	10			
	遵守课堂纪律(5分)				
学习过程	能说出本次工作任务的学习目标(5分)	40			
	上课积极发言,积极回答老师提出的问题(5分)				
	了解内容类社交电商发展面临的机会(5分)				
	了解内容类社交电商发展面临的挑战(5分)				
	能够独立分析内容类社交电商的机会与挑战(20分)				
学习结果	"任务实训"考评(50分)	50			
合计		100			
所占比例		100%	30%	30%	40%
综合评分					

项目五

社区团购类社交电商

社区团购是指一定数量的消费者通过社区或社会中的一些提供社区团购的组织机构，以低折扣购买同一种商品的购物行为。与网络团购相比，社区团购需要在社区或其他特定地点设立服务部，消费者可在服务部交付钱款，当商品出现问题时获得售后保障等。同时，团购组织机构也可以通过服务部收集居民购买需求信息，联系合适商家提供商品。

社区团购用户的典型画像是三线以下城市、中年已婚女性，对价格较为敏感。社区团购面向的消费群体特征决定了消费者对于产品的性价比、快速配送以及商品质量的关注度非常高。对比传统购物方式，社区团购在选择多、履约快、品质好和价格省4个方面均体现了优势。

团长是社区团购商业模式的重要节点。团长承担了引流、用户运营（促进活跃购买和对接售后服务等）和自提点货品分发三大功能，将流量成本、部分运营成本和最后一公里物流成本三大成本合为团长佣金成本，整合后的成本更低。目前，大部分社区团购平台的团长以线下店主和宝妈为主。

社区团购面临的主要机会包括拓展产品品类、经营自有品牌和优化供应链环节。社区团购面临的主要挑战包括监管力度加大、团长问题突出、市场竞争激烈。

任务一　社区团购类社交电商概述

任务清单

工作任务	社区团购类社交电商概述	教学模式	任务驱动
建议学时	1学时	教学地点	一体化实训室
任务描述	学习社区团购类社交电商的概念、行业发展历程和代表企业发展历程		
学习目标	知识目标	了解社区团购类社交电商的概念； 了解社区团购类社交电商的发展历程； 了解社区团购类社交电商的代表企业及其发展历程	
	能力目标	能够判断社区团购类社交电商的适用产品类型； 能够分析社区团购类社交电商和传统电商的差异	
	素质目标	通过对社区团购类社交电商发展历程的分析，形成分析事物发展一般规律的思维	
思政目标	通过梳理国内社区团购类社交电商行业的发展历程，引导学生关注民族企业的崛起和发展。通过重点讲解代表企业家的个人成长经历，以及他们如何带领社区团购类社交电商企业发展壮大的过程，帮助学生了解并学习艰苦奋斗、勇于开拓、敢于创新的民族企业家精神		

知识导图

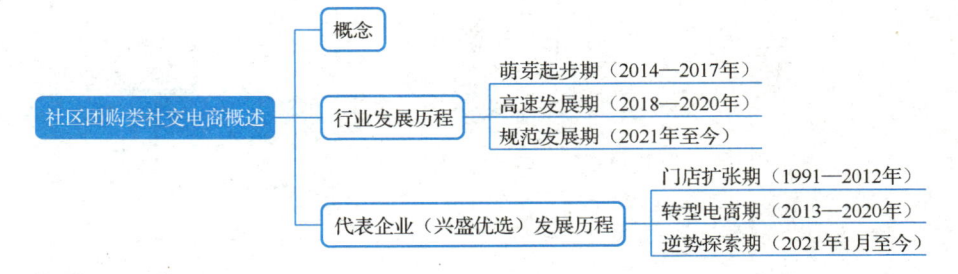

社区团购类社交电商概述
- 概念
- 行业发展历程
  - 萌芽起步期（2014—2017年）
  - 高速发展期（2018—2020年）
  - 规范发展期（2021年至今）
- 代表企业（兴盛优选）发展历程
  - 门店扩张期（1991—2012年）
  - 转型电商期（2013—2020年）
  - 逆势探索期（2021年1月至今）

任务实施

一、概念

社区团购是指一定数量的消费者通过社区或社会中的一些提供社区团购的组织机构，以低折扣购买同一种商品的购物行为。与网络团购相比，社区团购需要在社区或其他特定地点设立服务部，消费者可在服务部交付钱款，当商品出现问题时获得售后保障等。同时，团购组织机构也可以通过服务部收集居民购买需求信息，联系合适商家提供商品。

从模式上看，社区团购属于S2B2C电商的一种，主要有以下三方参与：

- 社区团购平台（S）提供产品、物流仓储和售后支持；
- 团长（B）负责社群运营、商品推广、订单收集和最终的货品分发；
- 社区居民（C）加入社群后通过微信小程序等工具下订单，社区团购平台在第二天将商品统一配送至团长处，消费者上门自取或由团长进行最后一公里的配送。

社区团购运营模式如图5-1所示。

■ 社交电商

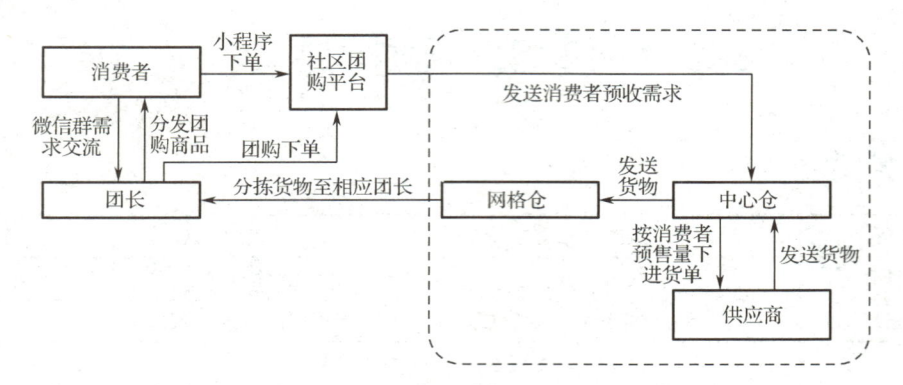

图 5-1 社区团购运营模式

典型的社区团购运转周期为 24 小时，其流程为：在当日 23:00 之前，消费者通过社区团购小程序或 App 自主下单，或者通过团长下单；社区团购平台在 23:00 汇总当天订单数据并发送给供应商；供应商收到订单后会在次日 00:00 之前，将货物分批次运输到共享仓/云仓或中心仓；中心仓对货物进行初步挑拣分类，并在次日 02:00 之前将货物运输到网格仓；网格仓需要在 4 个小时内按照订单对货物进行进一步的挑拣分类；次日凌晨 06:00，网格仓安排司机将货物配送给各个团长处，团长收到货物的时间不迟于次日 11:00；消费者在次日 11:00 之后自行前往自提点提取货物。社区团购业务流程概览如图 5-2 所示。

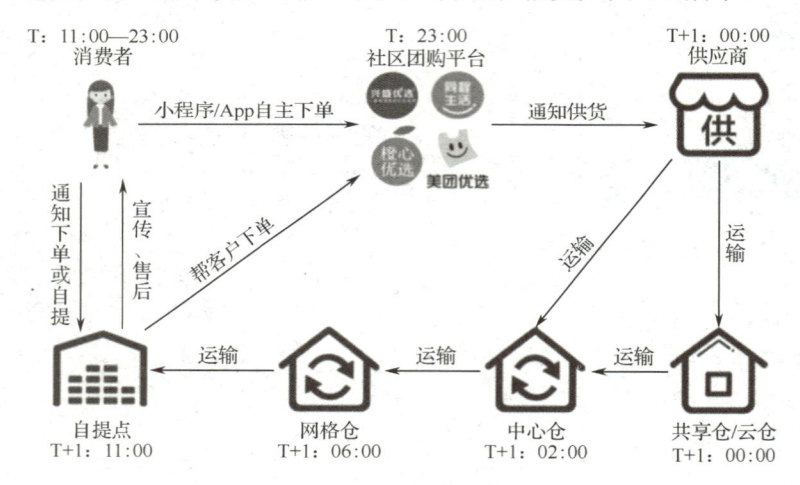

图 5-2 社区团购业务流程概览

二、行业发展历程

（一）萌芽起步期（2014—2017 年）

社区团购并非全新的生鲜电商模式，早期就已存在拼团的社交电商行为。微信红包的出现，向更广泛的人群普及了移动支付功能，是社区团购发展的基础。

2014 年，长沙、武汉等地区有团长通过微信和 QQ 群收集订单后集中向供应商下单，以获取更低的采购成本。移动支付、拼团和微商的成熟为社区团购模式的出现创造了条件。2016 年，社区团购"你我您"在长沙成立，以社区为入口立足家庭消费场景，标志着社区团购的产生。该阶段主要以 QQ 群、微信群等作为主要载体，采用手工记账方式。同时，社区团购的 SKU 品类有限，容易触碰到发展的天花板，营业收入普遍不高。该阶段，社区团购模式初步形成，但商品主要在 QQ 群和微信群展示，品类受限，营业收入难以提升。社区团购"你我您"页面如图 5-3 所示。

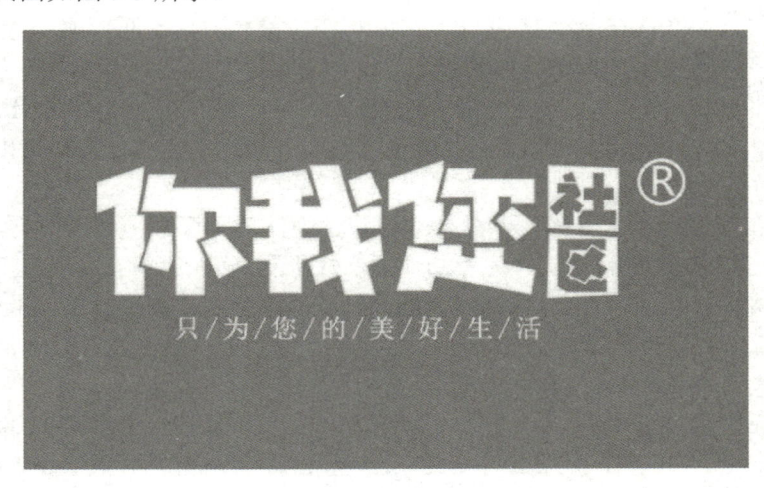

图 5-3　社区团购"你我您"页面

2017 年，随着小程序的发布，部分社区团购企业开始把运营重心转向小程序，团购品类和方式得到增加。

（二）高速发展期（2018—2020 年）

2018 年，邻邻壹、松鼠拼拼、十荟团等一批社区团购公司分别获得红杉中国、IDG、真格等一线创投机构投资，百团大战盛况再现。二线城市某些社区团购企业单个城市月 GMV 达 2 000 万元，区域模式得到验证；社区团购进入扩品、扩区的规模化扩张阶段；美团、每日优鲜、百果园等大公司开始关注并布局。

2020 年以来，人们的消费习惯发生了改变，社区团购迎来了爆发式增长。商务部流通产业促进中心在 2020 年 5 月发布的报告显示，终端零售渠道结构发生了明显变化，生鲜电商、社区菜店和社区团购消费激增，社区团购模式得到迅速推广。

互联网巨头也纷纷布局社区团购：2020 年 6 月，滴滴旗下社区团购品牌"橙心优选"上线；7 月，美团宣布成立"优选事业部"；8 月，拼多多旗下社区团购项目"多多买菜"上线；10 月，苏宁菜场社区团购平台上线；12 月 11 日，京东集团发布公告表示，将向社区团购平台兴盛优选投资 7 亿美元。

（三）规范发展期（2021 年至今）

2020 年 12 月 11 日，微信公众号"人民日报评论"发表文章评社区团购，表示"社区团购争议背后，是对互联网巨头科技创新的更多期待"，"别只惦记着几捆白菜、几斤水果的流量，科技创新的星辰大海、未来的无限可能性，其实更令人心潮澎湃"。该文一出，引起广泛解读和议论。

2020 年 12 月 22 日，市场监管总局联合商务部召开规范社区团购秩序行政指导会，阿里巴巴、腾讯、京东、美团、拼多多、滴滴 6 家互联网平台企业参加。为严格规范社区团购经营行为，会议要求互联网平台企业严格遵守"九不得"行为规范。

2021 年 3 月，市场监管总局依法对部分违规平台进行罚款等行政处罚。

■ 社交电商

【阅读材料】社区团购
"九不得"行为规范

2021年4月13日,市场监管总局会同中央网信办、税务总局召开互联网平台企业行政指导会。会议指出,烧钱抢占"社区团购"市场问题必须严肃整治。

总之,规范发展社区团购需要政府、平台、供应商和消费者共同努力,形成合力,推动行业健康有序发展。规范发展社区团购需要从多个方面入手:

① 建立严格的监管机制:政府应加强对社区团购行业的监管,制定并执行相关法规和政策,确保行业健康有序发展。同时,建立投诉举报机制,及时处理消费者投诉和举报,维护市场秩序。

② 规范平台运营行为:社区团购平台应遵守法律法规和商业道德,不得进行虚假宣传、价格欺诈等不正当行为。平台应建立完善的商品审核机制,确保所售商品质量可靠、来源合法。

③ 保护消费者权益:平台应尊重消费者的知情权和选择权,提供真实、准确的商品信息,不得通过虚假信息误导消费者。同时,建立完善的售后服务体系,及时处理消费者退换货等售后问题,保障消费者权益。

④ 加强供应链管理:社区团购平台应加强对供应链的管理,确保供应商具备合法资质和良好信誉。平台应与供应商建立长期稳定的合作关系,共同打造优质、高效的供应链体系。

⑤ 推动行业自律:建立社区团购行业协会或组织,推动行业自律和规范化发展。通过制定行业标准和规范,引导企业自觉遵守法律法规和商业道德,共同维护市场秩序和消费者权益。

三、代表企业(兴盛优选)发展历程

据新经销不完全统计,截至2021年3月,全国范围的社区团购平台数量合计285家。新经销根据平台GMV、在各个区域的影响力、未来发展预期等综合因素,选出了20家最具影响力的平台。社区团购平台TOP20如图5-4所示。这里选取其中最具影响力的兴盛优选作为代表进行分析。

图 5-4 社区团购平台 TOP20

兴盛优选是国内领先的社区团购电商平台，总部位于湖南长沙，是芙蓉兴盛旗下的社交电商平台。平台主要定位是解决家庭消费者的日常需求，提供蔬菜水果、肉禽水产、米面粮油、日用百货等全品类精选商品，依托社区实体便利店，通过"预售+自提"的模式为用户提供服务。

（一）门店扩张期（1991—2012 年）

兴盛优选创始人岳立华小学期间即帮助父母照看小卖部，于 1991 年开始涉足批发部，2001 年开始开设超市。早期兴盛超市面积较大，规模最小的是 100 多平方米，最大的有 800 多平方米，但大型超市意味着 SKU 种类增加，管理、销售人员规模增长，管理难度大大提升。据岳立华回忆，"论资金、实力、管理人员、经验，我们都没法与沃尔玛、新一佳等大型超市相比"。因此，岳立华此后将超市定位为社区超市，关闭了 100 平方米以上的超市，专注经营 30～80 平方米的超市。芙蓉兴盛便利超市如图 5-5 所示。

图 5-5　芙蓉兴盛便利超市

2010 年，芙蓉兴盛已成为长沙覆盖率最高的便利店品牌之一。截至 2020 年，芙蓉兴盛加盟店已经布局湖南、广东、湖北、江西等 15 个省市的 80 多个地级城市和 400 多个县级城市。据官网披露，芙蓉兴盛已发展 17 000 余家门店，投资回收期在 1～2 年。

（二）转型电商期（2013—2020 年）

2013 年 7 月，公司孵化电商平台"兴盛优选"，先后经历门店自配送阶段、网仓阶段、配送站阶段。2017 年，"预售+自提"模式逐渐成形。

（1）门店自配送阶段（2014 年 2 月至 2015 年 6 月），消费者网上下单，门店老板送货上门。

（2）网仓阶段（2015 年 6 月至 2016 年 1 月），以生鲜水果产品为主，公司投资 2 000 多万元组建配送团队。

（3）配送站阶段（2016 年 1 月至 2016 年 8 月），由于缺乏流量、运营成本高，模式运行 7 个月后转型。

（4）兴盛优选（手抄单阶段）（2016 年 8 月至 2017 年 10 月），预售商品与零售店形成补充，不会形成竞争，自提可以帮助门店引流，主打生鲜水果等高频刚需品。

（5）兴盛优选（下单系统上线阶段）（2017 年 10 月至 2021 年 1 月），2017 年 10 月，兴盛优选上线"阿必达"下单系统，新模式被复制推行到 62 家门店，订单从每天 2 000 单攀升至 20 000 单。据兴盛优选官网披露，2020 年，兴盛优选 GMV 突破 300 亿元，业务覆盖全国 15 个省份。众多社区电商企业中，兴盛优选在城市覆盖程度和下沉层级方面较为领先。

◼ 社交电商

兴盛优选发展阶段如图 5-6 所示。

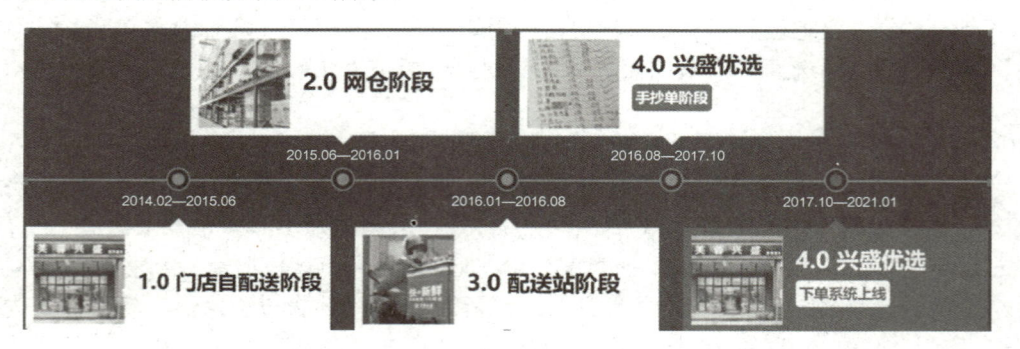

图 5-6 兴盛优选发展阶段

（三）逆势探索期（2021 年 1 月至今）

2021 年以来，受诸多因素的影响，社区团购面临巨大挑战。同程生活、食享会先后倒闭，橙心优选上线不到一年即下架，十荟团也陷入了裁员欠债的风波中。最早的"老三团"只剩下兴盛优选，它将独自迎战巨头多多买菜和美团优选的挑战。兴盛优选尚属幸运，比如 2020 年 7 月，兴盛优选拿到了 3 亿美元的战略融资。

兴盛优选在面对市场变化和竞争压力时，采取了一系列战略调整和业务模式的创新：

首先，兴盛优选在 2023 年遭遇了市场环境的挑战，特别是在广东市场的全线撤退和 COO 熊卫的辞任，使其在全国的覆盖范围大幅缩减，仅剩下湖南、湖北和江西三省。然而，兴盛优选并没有因此而放弃，反而更加坚定了其社区团购模式的探索和发展。

其次，兴盛优选在商业模式上进行了持续的迭代和创新。它采用的"平台预售＋用户自提"轻资产商业模式，有效降低了供应链成本，提高了运营效率。同时，兴盛优选还注重与供应商的深度合作，通过建立自建供应商系统——阿必达，实现了对商品质量的严格把控和供应链的优化。此外，兴盛优选在融资方面也取得了显著的进展。尽管面临市场环境的挑战，但兴盛优选仍然吸引了众多知名创投机构的关注和投资，包括京东、今日资本、腾讯等。这些资本的支持为兴盛优选提供了更多的发展资源和动力，使其能够在逆境中坚持探索和创新。

最后，兴盛优选在探索期也注重提升用户体验和服务质量。它不断优化订单处理、物流配送等环节，提高用户的购物满意度。同时，兴盛优选还通过举办各种促销活动和社区互动活动，增强了与用户的互动和黏性。

【阅读材料】兴盛优选创始人介绍

▣ 任务小结

1. 社区团购是指一定数量的消费者通过社区或社会中的一些提供社区团购的组织机构，以低折扣购买同一种商品的购物行为。

2. 从模式上看，社区团购属于 S2B2C 电商的一种，主要有三方参与：社区团购平台（S）提供产品、物流仓储和售后支持；团长（B）负责社群运营、商品推广、订单收集和最终的货品分发；社区居民（C）加入社群后通过微信小程序等工具下订单，社区团购平台在第二天将商品统一配送至团长处，消费者上门自取或由团长进行最后一公里的配送。

3. 社区团购类社交电商经历了三个主要的发展阶段：萌芽起步期（2014—2017年）；高速发展期（2018—2020年）；规范发展期（2021年至今）。

任务实训

试比较京东、阿里巴巴、美团、拼多多做社区团购的优势和劣势，分析谁的胜算更大。请以文档的形式提交实训报告。

任务评价

评价类目	评价内容及标准	分值（分）	自己评分	小组评分	教师评分
学习态度	全勤（5分）	10			
	遵守课堂纪律（5分）				
学习过程	能说出本次工作任务的学习目标（5分）	40			
	上课积极发言，积极回答老师提出的问题（5分）				
	了解社区团购类社交电商的概念及发展历程（5分）				
	了解社区团购类社交电商的代表企业及其发展历程（5分）				
	能够判断社区团购类社交电商的适用产品类型，能够分析社区团购类社交电商和传统电商的差异（20分）				
学习结果	"任务实训"考评（50分）	50			
合计		100			
所占比例		100%	30%	30%	40%
综合评分					

任务二　社区团购类社交电商的用户分析

任务清单

工作任务	社区团购类社交电商的用户分析	教学模式	任务驱动
建议学时	1学时	教学地点	一体化实训室
任务描述	以兴盛优选为例，学习社区团购类社交电商的用户特征和用户体验		
学习目标	知识目标	了解社区团购类社交电商的用户社会特征和行为特征；了解社区团购类社交电商的用户体验	
	能力目标	能够独立分析社区团购类社交电商用户体验	
	素质目标	培养学生的用户思维，从用户的角度去思考产品和服务	
思政目标	通过重点讲解兴盛优选如何通过改革生鲜产品供应链、采取"预售+自提+集采"等方式降低生鲜产品价格、提升用户体验，肯定民族企业为促进产业发展、为民众根本利益所做出的努力，引导学生关注民族企业的发展，培养学生形成"以民为本""以用户为中心"的商业思维		

149

■ 社交电商

知识导图

```
                    ┌─ 用户特征 ─┬─ 用户的社会特征
                    │            └─ 用户的行为特征
社区团购类社交电商的用户分析 ─┤
                    │            ┌─ 选择多
                    └─ 用户体验 ─┼─ 履约快
                                 ├─ 品质好
                                 └─ 价格省
```

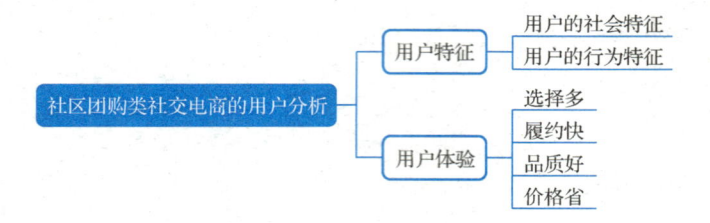

任务实施

一、用户特征

（一）用户的社会特征

根据新经销调研的数据，社区团购用户的典型画像是三线以下城市、中年已婚女性，对价格较为敏感；艾媒咨询的调研数据也显示，价格实惠是消费者选择社区团购平台进行购物的第一大原因。同时，作为家庭消费的采购又需要追求一定程度的质量，社区团购业态刚好满足了这部分人群的价值诉求。社区团购用户画像如图 5-7 所示。

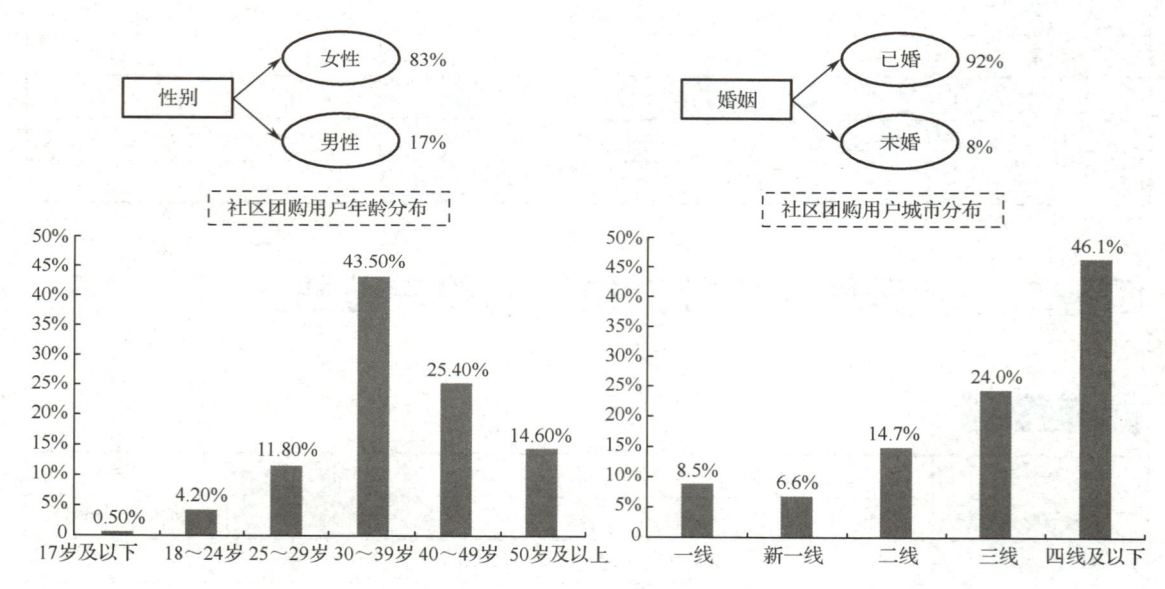

性别：女性 83%，男性 17%
婚姻：已婚 92%，未婚 8%

社区团购用户年龄分布：
- 17岁及以下：0.50%
- 18～24岁：4.20%
- 25～29岁：11.80%
- 30～39岁：43.50%
- 40～49岁：25.40%
- 50岁及以上：14.60%

社区团购用户城市分布：
- 一线：8.5%
- 新一线：6.6%
- 二线：14.7%
- 三线：24.0%
- 四线及以下：46.1%

图 5-7　社区团购用户画像

（二）用户的行为特征

社区团购面向的消费群体特征决定了消费者对于产品的性价比、快速配送及商品质量的关注度非常高。同时，社区团购商品中生鲜品类的占比一般接近 50%，生鲜品类具有"高频＋刚需＋低价"特征，对于社区团购的引流起到了重要作用，但同时也是消费者对于价格十分敏感的品类。根据艾媒咨询调研的数据，社区团购平台的商品价格实惠是大部分消费者选择社区团购的原因，占比 51.1%，但有过半的被调查者对商品质量存在担忧。除此之外，36.9% 的被调查者认为社区团购节省时间，36.4% 的被调查者使用社区团购的原因是邻友曾成功使用过，同时，29.3% 的人使用社区团购是因为身边多人使用，26.2% 的人使用是因为团长值得信赖，这均体现出社区团购的社交性、社群运营难度低等特点。我国社区团购被使用的原因（上）和被拒绝使用的原因（下）调查如图 5-8 所示。

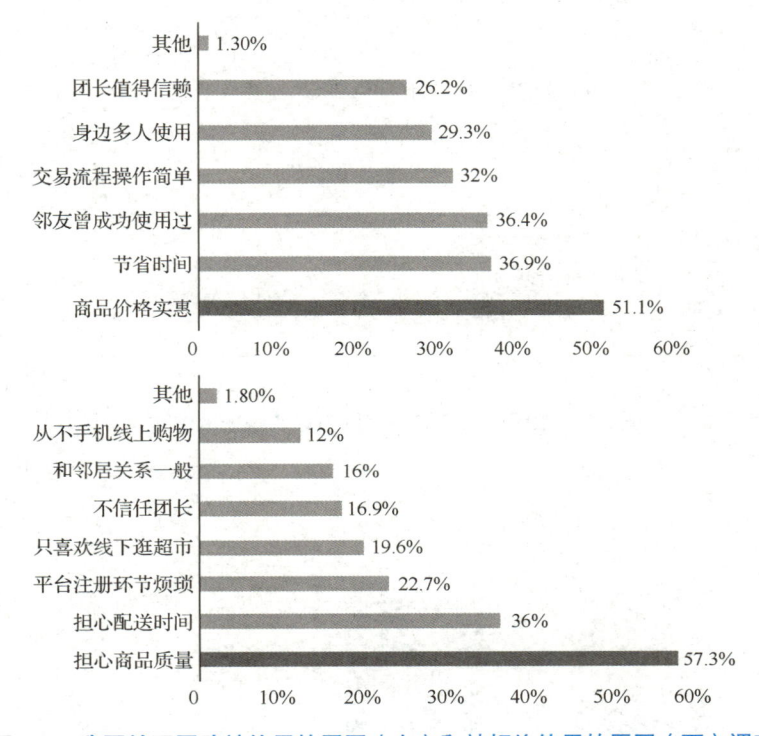

其他 1.30%
团长值得信赖 26.2%
身边多人使用 29.3%
交易流程操作简单 32%
邻友曾成功使用过 36.4%
节省时间 36.9%
商品价格实惠 51.1%

其他 1.80%
从不手机线上购物 12%
和邻居关系一般 16%
不信任团长 16.9%
只喜欢线下逛超市 19.6%
平台注册环节烦琐 22.7%
担心配送时间 36%
担心商品质量 57.3%

图 5-8 我国社区团购被使用的原因（上）和被拒绝使用的原因（下）调查

二、用户体验

对比传统购物方式，社区团购在选择多、履约快、品质好、价格省 5 个方面均体现了优势。社区团购与其他下沉市场购物渠道的对比如图 5-9 所示。

（一）选择多

社区团购补充了下沉市场在非本地生鲜、品牌标品上的购物资源。社区团购通过移动互联网集中下游需求，通过团长角色实现集单派送。目前，主流平台每天的 SKU 数量区间在 1 000～2 000 个，且有 30% 左右的选品每日轮动上新，丰富度高于当地线下商超。相比以往，下沉市场消费者能够接触到更多非本地生产的生鲜品类，如大品牌的乳饮、食品和日用品等标品，丰富了本地购物的品类选择。

（二）履约快

社区团购的次日达模式优于传统电商，相比县镇超市集采省时省力。传统快递电商对农村地区的配送时效往往为 3～4 日，在夏季则更不具备运送生鲜品类的能力。社区团购通过中心仓统揽、网格仓分片覆盖可以做到当日下单次日到达，配送时效大幅提升，使得跨省生鲜品进入农村市场成为可能。规模化的配送服务允许消费者不再受采购容量和运输时间的限制,将"赶集"的高强度劳动转变为"自提"的低强度劳动,为消费者提供很大程度上的便利。社区团购的供应链模式如图 5-10 所示。

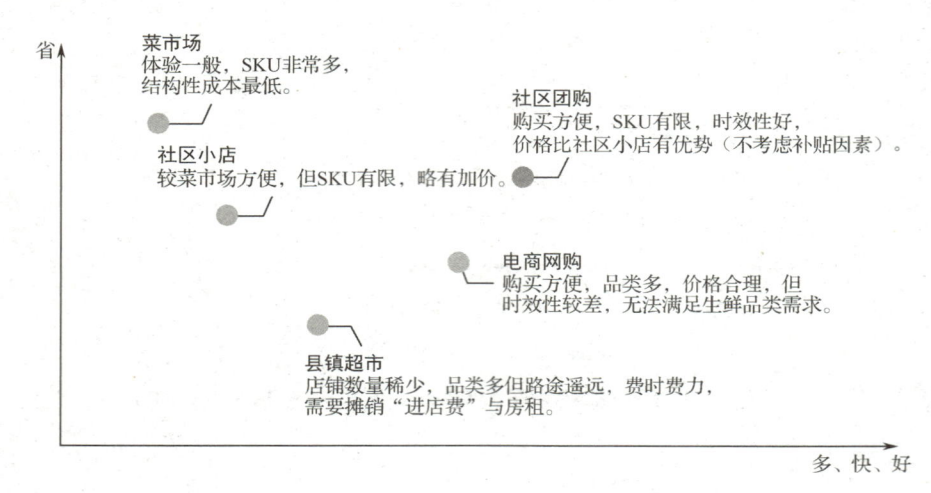

图 5-9 社区团购与其他下沉市场购物渠道的对比

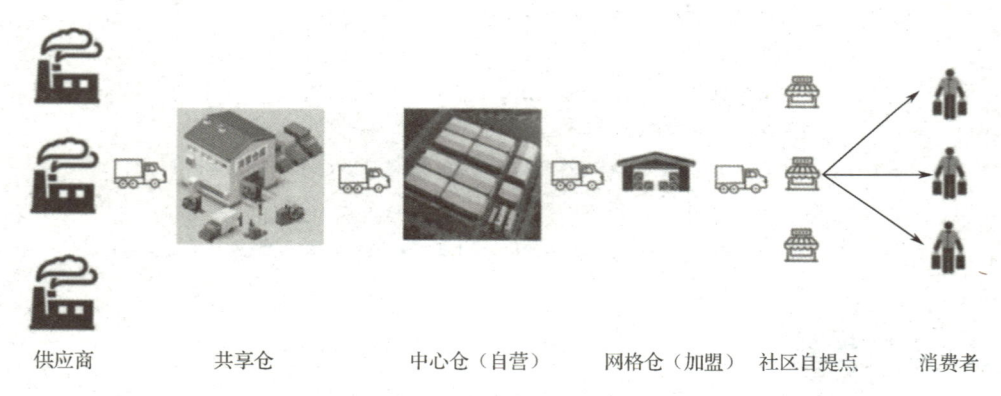

图 5-10 社区团购的供应链模式

(三)品质好

社区团购标品的品牌保障与统一采购、生鲜配送时效的提高保证了产品品质。品类方面,平台不断引入全国性品牌商,提升跨省生鲜供应能力,酒水乳饮、调味品和粮油米面等品类品牌覆盖度较高。平台的质控能力相比线下社区小店更严格,集中采购也为消费者增添了一份保障。对于短保类产品,配送时效的提高能够为消费者提供相比于传统电商渠道更良好的商品品质。

(四)价格省

社区团购通过"预售+集采+自提"模式降低了经营成本,为消费者提供更低价的商品。
"预售"在很大程度上解决了上游生鲜供给和下游消费需求在时间上的不匹配,能够有效地提高渠道的商品周转率,而周转率是衡量零售渠道效率的重要指标之一。在极限情况下,社区团购模式能够接近零库存,做到库存日清。

"集采"能够减少流通环节、降低加价空间和产品流通损耗，规模效应带来的采购成本下降是比较显著的。社区团购可以理解为一种自营电商模式，这种模式对于很多生鲜品类可以实现省级层面集采，少数品类可以实现大区级或者全国层面集采。典型的传统电商平台未实现规模化集采，仍是消费者侧分散的需求对应商家侧分散的供给。因此，社区团购存在价格优势。

"自提"对优化物流、节约成本具有重要意义。从物流行业大数据看，最后一公里的配送成本占全部物流配送成本可达30%，这是物流行业投入重资产打造最后一公里自提点的重要原因之一。团长提供的自提点有效地消化了这一部分成本。各个社区团购平台商品价格对比如表5-1所示（说明：数据仅作参考用）。

表5-1 各个社区团购平台商品价格对比

	兴盛优选	沃尔玛小程序	每日优鲜	盒马鲜生	永辉超市	美团买菜	拼多多	淘宝（产品全，价格区间大）
鸡蛋（元/枚）	0.65	1.05	0.81	2.60	0.66	0.66	0.89	0.97
牛肉片（元/500g）	35.80	51.43	74.50	70.50	44.75	43.00	24.90	54.67
鸡胸肉（元/500g）	9.57	17.95	8.90	18.17	25.20	12.22	8.40	15.99
土豆（元/500g）	1.40	2.64	1.40	6.63	2.29	2.99	1.16	2.56
五花肉（元/500g）	26.65	45.71	45.00	97.00	32.80	37.25	24.95	32.90
大白菜（元/500g）	2.49	11.90	2.33	8.97	4.98	2.20	1.08	2.38
苹果（元/500g）	4.50	12.98	12.85	11.00	4.99	5.97	3.48	2.28
香蕉（元/500g）	3.00	7.07	5.90	7.62	3.88	5.60	1.39	2.18

任务小结

1. 社区团购用户的典型画像是三线以下城市、中年已婚女性，对价格较为敏感。社区团购面向的消费群体特征决定了消费者对于产品的性价比、快速配送及商品质量的关注度非常高。

2. 对比传统购物方式，社区团购在选择多、履约快、品质好、价格省4个方面均体现了优势。

任务实训

社区团购通过"预售＋集采＋自提"模式降低了经营成本，为消费者提供更低价的商品。请回顾拼购类社交电商的低价原因，详细分析社区团购低价的原因和拼购类社交电商的低价原因有什么异同，并以文档的形式提交实训报告。

■ 社交电商

任务评价

评价类目	评价内容及标准	分值（分）	自己评分	小组评分	教师评分
学习态度	全勤（5分）	10			
	遵守课堂纪律（5分）				
学习过程	能说出本次工作任务的学习目标（5分）	40			
	上课积极发言，积极回答老师提出的问题（5分）				
	了解社区团购类社交电商的用户社会特征和行为特征（5分）				
	了解社区团购类社交电商的用户体验（5分）				
	能够独立分析社区团购类社交电商的用户体验（20分）				
学习结果	"任务实训"考评（50分）	50			
合　　计		100			
所占比例		100%	30%	30%	40%
综合评分					

任务三　社区团购类社交电商的商家服务

任务清单

工作任务	社区团购类社交电商的商家服务	教学模式	任务驱动
建议学时	2学时	教学地点	一体化实训室
任务描述	以兴盛优选平台为例，学习社区团购类社交电商的供应商管理和团长管理		
学习目标	知识目标	了解社区团购中供应商的入驻条件； 了解社区团购中供应商的管理模式； 了解社区团购中团长的入驻条件； 了解社区团购中团长的激励机制	
	能力目标	能够完成社区团购供应商的入驻流程； 能够完成社区团购团长的入驻流程	
	素质目标	通过对社区团购社交电商的入驻条件、管理模式、激励机制的学习，不断引导学生独立决策，培养学生自主进行商业决策的能力	
思政目标	通过对兴盛优选平台经营各个环节，包括供应商入驻、供应商管理、团长入驻、团长激励等环节中具体规范的详细讲解，引导学生形成兢兢业业、脚踏实地的工匠思维，培养学生的职业道德和职业素养		

知识导图

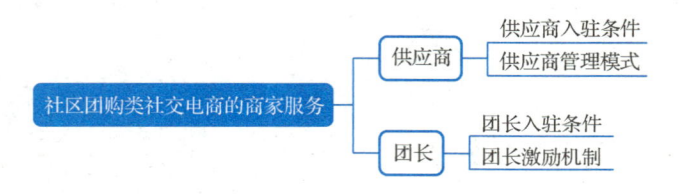

社区团购类社交电商的商家服务
- 供应商
  - 供应商入驻条件
  - 供应商管理模式
- 团长
  - 团长入驻条件
  - 团长激励机制

> 任务实施

一、供应商

(一) 供应商入驻条件

社区团购商品中生鲜的占比一般接近 50%。因此，社区团购平台招募的供应商也以水果生鲜类的供应商为主。例如，兴盛优选的主打品类是蔬菜水果、肉禽水产、酒水零食、粮油调味、家居百货等。兴盛优选长沙 SKU 分布情况如图 5-11 所示。

兴盛优选长沙 SKU 1808 个

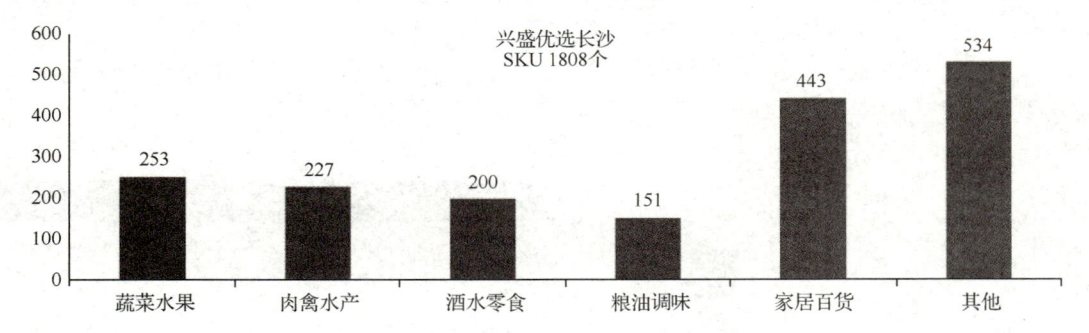

蔬菜水果	253
肉禽水产	227
酒水零食	200
粮油调味	151
家居百货	443
其他	534

图 5-11 兴盛优选长沙 SKU 分布情况

兴盛优选供应商入驻条件主要有以下几点：

① 商品品质：供应商入驻品类需要先寄样给兴盛优选进行审核，如果质量不符合，是无法成为兴盛优选供应商的。

② 商品价格：为兴盛优选团购平台提供的供货价格，必须在市场上具有竞争优势。

③ 营业资质：经营负责人没有受到任何刑事处罚，且有相关行业的营业执照；认同社区团购电商品牌理念及企业文化。

④ 供应商入驻费：供应商需要向平台缴纳一定的费用。

兴盛优选供应商申请小程序如图 5-12 所示。

图 5-12 兴盛优选供应商申请小程序

（二）供应商管理模式

社区团购对品牌商的传统渠道冲击较大：一方面，其零售价较传统渠道便宜 20% 左右，经销商的价格体系被打乱；另一方面，社区团购的采购渠道更为多样，价格变动快及热卖商品机制使得货物源头难被追踪。但是，由于社区团购平台的销售占比逐渐提升，团购渠道实质上也帮助品牌推进下沉市场的渗透，品牌方也希望通过变化发展壮大市场。因此，品牌方也会考虑推出差异化的产品和定价，以平衡现有经销体系及新兴市场的开拓。根据中金公司研究部的调研数据，在乳制品和酒水等品类，由于消费习惯及相关品牌的高认知度，下游消费者更倾向于购买全国性的品牌。因此，在社区团购平台上食品类中的品牌厂商占比较高。例如，兴盛优选平台上食品的品牌厂商占比为 35%～40%，非食品的品牌厂商占比不到 10%，非食商品主要集中在新、奇、特商品这一块。

美团优选（武汉）和多多买菜（武汉）的全国性品牌占比（左）和主要全国性品牌示例（右）如图 5-13 所示。

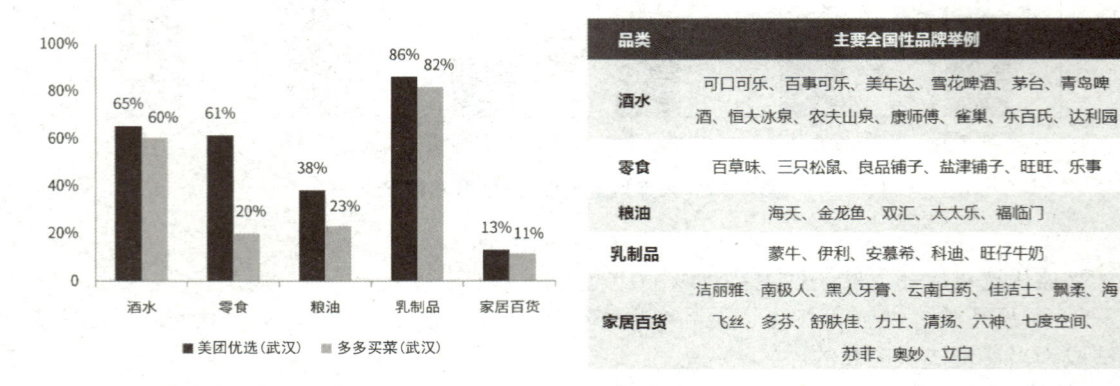

品类	主要全国性品牌举例
酒水	可口可乐、百事可乐、美年达、雪花啤酒、茅台、青岛啤酒、恒大冰泉、农夫山泉、康师傅、雀巢、乐百氏、达利园
零食	百草味、三只松鼠、良品铺子、盐津铺子、旺旺、乐事
粮油	海天、金龙鱼、双汇、太太乐、福临门
乳制品	蒙牛、伊利、安慕希、科迪、旺仔牛奶
家居百货	洁丽雅、南极人、黑人牙膏、云南白药、佳洁士、飘柔、海飞丝、多芬、舒肤佳、力士、清扬、六神、七度空间、苏菲、奥妙、立白

美团优选（武汉）柱状数据：酒水 65%、零食 61%、粮油 38%、乳制品 86%、家居百货 13%
多多买菜（武汉）柱状数据：酒水 60%、零食 20%、粮油 23%、乳制品 82%、家居百货 11%

图 5-13 美团优选（武汉）和多多买菜（武汉）上的全国性品牌占比（左）和主要全国性品牌示例（右）

一些小众品牌有利于平台扩大利润空间和保障团长佣金。因此，兴盛优选等社区团购平台在品牌供应商外还会合作许多小众品牌、小厂商。此外，同小众品牌、新品牌合作，更容易达成独家供应协议，增加竞争力。例如，2019 年 1 月，兴盛优选小程序端上线了品牌馆频道，主打"优选独供"。馆内产品包括围绕家庭日常消费的三大类食材：豆制品、鸡蛋及蛋制品、水产，共 26 个单品，品牌包括乡下人、攸一美等。这 26 款在售商品的单价均在 20 元以内，而小程序显示的销量非常高，一款团购价 8.9 元的湘里山林农家散养土鸡蛋 12 枚 / 盒，累计销量达到 74 820 件。

兴盛优选品牌馆页面如图 5-14 所示。

二、团长

（一）团长入驻条件

团长是社区团购商业模式的重要节点。团长承担了引流、用户运营（促进活跃购买和对接售后服务等）和自提点货品分发三大功能，将流量成本、部分运营成本和最后一公里物流成本三大成本合为团长佣金成本，整合后的成本更低。目前，大部分社区团购平台的团长以宝妈和线下店主为主。不同类型团长的优势、劣势分析如图 5-15 所示。

图 5-14　兴盛优选品牌馆页面

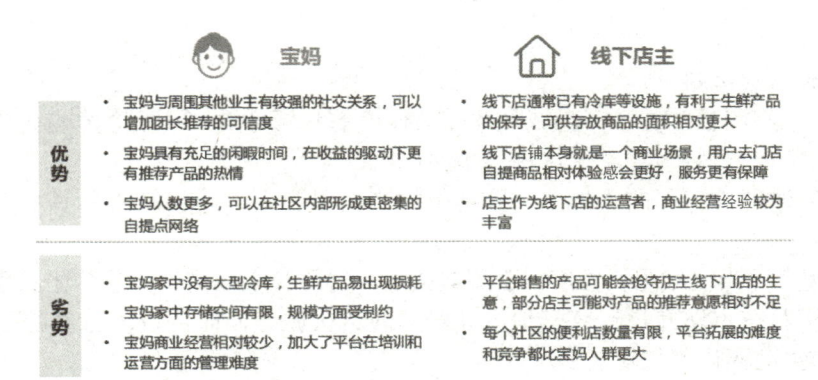

图 5-15　不同类型团长的优势、劣势分析

	宝妈	线下店主
优势	・宝妈与周围其他业主有较强的社交关系，可以增加团长推荐的可信度 ・宝妈具有充足的闲暇时间，在收益的驱动下更有推荐产品的热情 ・宝妈人数更多，可以在社区内部形成更密集的自提点网络	・线下店铺通常已有冷库等设施，有利于生鲜产品的保存，可供存放商品的面积相对更大 ・线下店铺本身就是一个商业场景，用户去门店自提商品相对体验感会更好，服务更有保障 ・店主作为线下店的运营者，商业经营经验较为丰富
劣势	・宝妈家中没有大型冷库，生鲜产品易出现损耗 ・宝妈家中存储空间有限，规模方面受制约 ・宝妈商业经营相对较少，加大了平台在培训和运营方面的管理难度	・平台销售的产品可能会抢夺店主线下门店的生意，部分店主可能对产品的推荐意愿相对不足 ・每个社区的便利店数量有限，平台拓展的难度和竞争都比宝妈人群更大

总体来说，社区团购属于发展初期，团长缺口非常大。因此，各社区团购平台仍处于抢夺团长的阶段。此阶段对团长的要求并不高，大部分平台的要求是有门店即可，部分平台甚至可以接受没有门店的小区住户成为团长。

兴盛优选的入驻宣传口号是"无品牌、无距离,任何店铺只要认同兴盛优选文化均可加入，零风险，零投资，零门槛。24 小时全自动营业时间随时随地做生意，只要你想做，你就能拥有一个属于自己的优选平台"。

入驻特别说明：
● 兴盛优选是芙蓉兴盛品牌旗下的电商平台。

- 所有加盟兴盛优选的门店不需要缴纳任何费用。
- 只要你是实体店（不局限于芙蓉兴盛），有营业执照即可加入。

加盟兴盛优选的门店只需要去官网扫描门店入驻报名小程序，填写相关资料即可。需要提交的资料如下：
- 姓名；
- 联系方式；
- 微信号；
- 身份证正反面照片；
- 营业执照照片；
- 门店所在具体位置；
- 中国建设银行账户（要求与身份证信息相符合）；
- 门店门头拍照。

兴盛优选门店入驻小程序入口如图 5-16 所示。

图 5-16　兴盛优选门店入驻小程序入口

（二）团长激励机制

社区团购中心团长掌握了高忠诚度及高信任度的私域流量，是社区团购业务拓展中的重要环节。各大平台对团长佣金率的高低态度不一：

① 美团优选背靠集团的本地生活业务，地推力量强大，团长的佣金率水平处于行业中游水平；

② 兴盛优选更为依赖团长推广，引流效果好，对团长激励措施完善，团长忠诚度高；

③ 多多买菜在本地商户运营落地方面经验较为欠缺，同时，也因流量的强势和强大的品牌认知度而主动弱化团长功能；

④ 十荟团、盒马则与饿了么、零售通和菜鸟驿站等基础设施配合迅速拓点，且货品质量高，团长美誉度高，易获团长支持。

在应用上线阶段，各个平台往往重金抢团长；但到了平台格局逐渐趋于稳定时期，多多买菜和美团优选平台逐步弱化了团长的引流角色，强调自提点的作用，压低团长的佣金率；而当低佣金率致使部分团长流失后，平台又调整佣金结构，增加激励，逐步实现动态平衡。相关数据表明，目前各平台平均佣金率的特点如下：

① 多多买菜最低，基础佣金仅为 3%～5%，对主动运营型的团长不利，下游团长数量较少；

② 美团优选从初始的 10% 调整为 5%～7%，同时调整佣金结构，降低基础佣金率，提

升激励佣金率，鼓励团长持续运营；

③ 盒马和兴盛优选在新进入的城市对所有品类保持10%的较高基础佣金率，叠加激励后对团长的吸引力更强。

各平台细分品类对应的团长佣金情况（长沙地区）如图5-17所示。

	米面粮油	蔬果生鲜	冷冻食品	日用品
多多买菜	1.5%~1.7%	8.0%	8%~10%	
美团优选	5%	8%	9%	
兴盛优选	3%	10%~11%	8%~9%	11%~13%
盒马优选		均为实际付款的10%		

注：均为不含激励的基础佣金率。
资料来源：中金公司研究部。

图5-17 各平台细分品类对应的团长佣金情况（长沙地区）

在平台的实际运营过程中，部分便利店团长担心团购分流自身客源，同时分拣耗时耗力，因此面对平台的政策秉持博弈心态，容易在佣金率降低时转投其他平台进而导致销量不稳定。兴盛优选稳扎稳打，在创始地长沙拥有5万～6万名团长，数量远高于当地其他平台，团长忠诚度较高，其团长运营的方式主要包括以下几点：

① 先发优势，品牌在当地的认可度高；

② 货品质量相对较优，便于提升团长邻里口碑，团长的推广热情度高；

③ 团长为主要引流渠道，用户留存依赖团长社群内的良性互动，因此团长佣金率始终稳定在一个较高的水平；

④ 平衡团长线下店收益，维持线上线下品类差异，帮助团长引流，补贴终端店的运营短板。

任务小结

1. 社区团购商品中生鲜的占比一般接近50%，因此，社区团购平台招募的供应商也以水果生鲜类供应商为主。

2. 在社区团购平台上食品类中的品牌厂商占比较高；一些小众品牌更有利于平台扩大利润空间和保障团长佣金率。

3. 团长是社区团购商业模式的重要节点。团长承担了引流、用户运营（促进活跃购买和对接售后服务等）和自提点货品分发三大功能。

4. 团长掌握高忠诚度及高信任度的私域流量，是社区团购业务拓展中的重要环节。

任务实训

在社区团购平台的团长佣金率结构中，多多买菜最低，基础佣金率仅为3%～5%，请思考并说明：为什么多多买菜给团长设置这么低的佣金率？与兴盛优选这类高佣金率的平台相比，多多买菜是如何吸引团长的？请以文档的形式提交实训报告。

■ 社交电商

任务评价

评价类目	评价内容及标准	分值（分）	自己评分	小组评分	教师评分
学习态度	全勤（5分）	10			
	遵守课堂纪律（5分）				
学习过程	能说出本次工作任务的学习目标（5分）	40			
	上课积极发言，积极回答老师提出的问题（5分）				
	了解社区团购中供应商的入驻条件及管理模式（5分）				
	了解社区团购中团长的入驻条件及激励机制（5分）				
	能够完成社区团购供应商及社区团购团长的入驻流程（20分）				
学习结果	"任务实训"考评（50分）	50			
合　　计		100			
所占比例		100%	30%	30%	40%
综合评分					

任务四　社区团购类社交电商的机会与挑战

任务清单

工作任务	社区团购类社交电商的机会与挑战	教学模式	任务驱动
建议学时	2学时	教学地点	一体化实训室
任务描述	以兴盛优选为例，学习社区团购类社交电商在未来将会遇到的主要机会与需要应对的主要挑战		
学习目标	知识目标	了解社区团购类社交电商发展面临的机会； 了解社区团购类社交电商发展面临的挑战	
	能力目标	能够独立分析社区团购类社交电商发展面临的机会与挑战	
	素质目标	通过对行业发展的机会与挑战的分析，培养学生辩证思考的能力	
思政目标	通过学习与国家扶贫兴农、互联网+等相关的战略，了解兴盛优选如何顺应国家政策，挖掘电商行业发展的机遇，进而实现自身的高速发展的过程，引导学生思考行业发展与国家政策的关系，进一步思考自身发展与国家政策的关联，培养学生对国家政策重要性的认识，以及培养学生关注国家发展的大趋势。 通过重点讲解国家出手整治社区团购价格战的案例，及其对保障民生、稳定物价的重大意义，引导学生关心国计民生，防止学生形成唯利是图的商业思维，培养学生的规则意识		

知识导图

```
                              ┌─ 拓展产品品类
                       ┌ 机会 ─┼─ 经营自有品牌
社区团购类社交电商的机会与挑战 ┤      └─ 优化供应链环节
                       │      ┌─ 监管力度加大
                       └ 挑战 ─┼─ 团长问题突出
                              └─ 市场竞争激烈
```

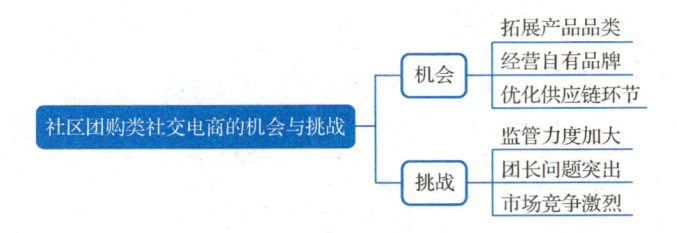

任务实施

一、机会

（一）拓展产品品类

现阶段，大部分社区团购平台生鲜品类的占比在 50% 左右。水果生鲜作为高频高复购的消费品，是天生的流量产品，比较容易打造爆款单品。此外，水果生鲜也是一个低毛利、高损耗、高物流成本的品类，社区团购通过预售制，集采集配，能有效降低周转资金、减少配送储存成本，提升水果生鲜供应链的效率。社区团购各产品品类占比如图 5-18 所示。

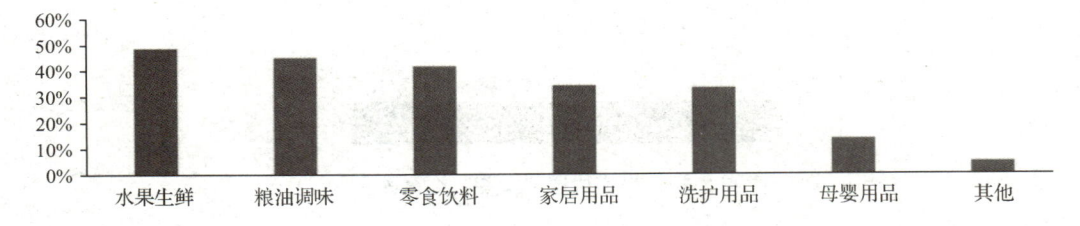

图 5-18　社区团购各产品品类占比

随着社区电商的发展，服务类的项目也会逐渐入驻社区电商，如招工、广告服务等能够掌握核心资源的项目。各平台还会随着自身主体的发展，发展生鲜、日用百货等复购率高的商品以外的细分板块，如花卉、旅游、宠物、钓鱼等细分领域。

例如，兴盛优选除了推出传统的生鲜品类，还推出了服饰家纺、绿植花宠等品类。就女装而言，从价格来看，除少量冬装外，大部分衣服价位在 200 元以下，覆盖年轻用户至中年群体。新增服饰家纺之前，兴盛优选的主打品类是水果、蔬菜、肉禽蛋、日用百货等品类。与线上平台丰富的品类相比，社区团购早期都还是集中在水果生鲜及日用百货这些刚需高频消费的品类。兴盛优选推出服饰家纺类目，至少意味着社区团购朝着电商的全品类的方向运作。兴盛优选"女装"类目页面如图 5-19 所示。

（二）经营自有品牌

自有品牌是社区电商发展的方向之一。相关数据显示，国内零售业自有品牌占比为 3%～9%，美国零售业自有品牌占比高达 19.5%，英国零售业自有品牌占比高达 47.5%。而自有品牌的毛利率多数达到 20% 以上，这是社区电商求之不得的毛利率。在社区电商的赛道中，自有品牌的发展空间很大。

图 5-19　兴盛优选"女装"类目页面

（三）优化供应链环节

对于上游供应商，给社区团购供货的吸引力在于回款快、订单确定性强且渠道费用低。但是，社区团购的订单量还不能满足大型经销商的批量贸易模式，主要表现在以下几个方面：

① 一级批发商非常习惯快进快出的大批量贸易模式，相比之下社区团购体量仍较小；

② 社区团购的成单时间晚，需要供应商快速响应，尤其是水果生鲜的分拣、打包、进货，对供应商的服务能力要求较高；

③ 部分一级批发商缺乏适应社区团购平台的服务能力。

产地直采可以从源头控制供应链，进一步缩短供应流通环节，同时丰富消费者的产品 SKU 选择。水果生鲜品类部分采用产地直采会是长期方向，主要原因有以下几点：

① 平台直采一般是对接产地的大生产基地，不一定比产地批发商去下沉地区收货更有价格优势；

② 单一地区的单个水果生鲜品类的产量有限，需要进行全国性采购，但水果生鲜的单位商品采购的价值量相对较低，在高速流转的模式下难以平衡库存成本、货损及及时性。

传统商品供应链模式（左）和未来社区团购供应链模式（右）如图 5-20 所示。

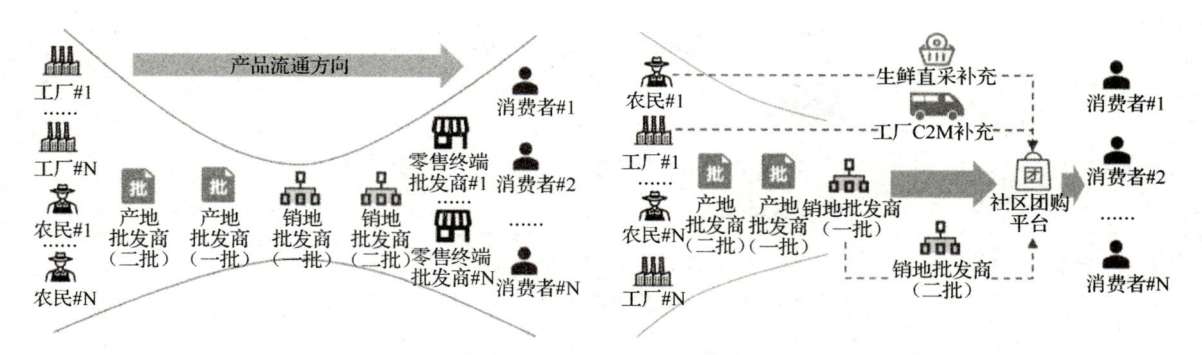

图 5-20　传统商品供应链模式（左）和未来社区团购供应链模式（右）

二、挑战

（一）监管力度加大

针对社区团购运营过程中出现的各种问题，各级监督主体相继出台了一系列监督政策。社区团购行业相关的监管政策如表 5-2 所示。

表 5-2　社区团购行业相关的监管政策

时　　间	监管主体	事　件
2020 年 9 月	国家市场监督管理总局	发布《经营者反垄断合规指南》：为鼓励经营者培育公平竞争的合规文化，建立反垄断合规管理制度，防范反垄断风险，保障经营者持续健康发展
2020 年 10 月	国家市场监督管理总局	出台《规范促销行为暂行规定》：明确促销降价需明确促销的基准价，将各种"红包""优惠券"等促销方式纳入监管
2020 年 12 月	国家市场监管总局	针对社区团购业态提出"九不得"，主要围绕低价倾销、数据优势"杀熟"、商品品控等多方面做出了规范要求
2021 年 2 月	国家市场监督管理总局	颁布《国务院反垄断委员会关于平台经济领域的反垄断指南》，预防和制止平台经济领域垄断行为，保护市场公平竞争，促进平台经济规范有序创新健康发展
2024 年 3 月	国家市场监督管理总局	发布《经营者反垄断合规指南（征求意见稿）》，拟从提示经营者反垄断合规风险、指导经营者建立健全反垄断合规管理组织体系，加强合规管理运行和保障等多个层面进行更细化的指引，并引入了参考案例说明

资料来源：国家政府网站，国家市场监督管理总局，中金公司研究部。

长期来看，针对市场良性竞争的监管或呈常态化趋势：一方面，对于培养用户消费习惯并依赖补贴引流的互联网平台会有较为长期的影响；另一方面，新进入者也会失去大力度补贴获取市场的手段，行业竞争的趋缓使得平台中心从市场规模拓展转向各项环节的优化。

（二）团长问题突出

根据南都民调中心消费生活监测榜课题组的数据，社区团购的大部分问题与团长有关。因此，对团长的规范化管理显得尤为重要。社区团购投诉问题分析如图 5-21 所示。

通过团长完成前期拉新引流后，平台对团长的管理应该更加规范化，应该从团长培养和考核激励两方面双管齐下。平台自身也会通过多种方式拉新，如在团购群中引入机器人发送优惠信息等，团长在拉新上的重要性逐步降低。

■ 社交电商

汇总2020年3月1日至2021年3月10日涉及4家社区团购平台：

共 **2,796** 条投诉

1. **下单后配送提货体验差、售后服务不到位**   73.3%
   缺货、收不到货、货不对板、提货点地址不明确或歇业、强制取消订单等

2. **社区团长队伍良莠不齐**   38.5%
   业务不熟练、联系不上团长、团长推卸责任、因团长退出而导致无法收货等

3. **团购产品质量无保证**   19.8%
   农副食品不新鲜、缺斤少两、货不对板

4. **虚假宣传，价格欺诈**   2.0%
   虚假大额补贴、买单红包、购物返额等

图 5-21   社区团购投诉问题分析

社区团购团长管理未来发展趋势如图 5-22 所示。

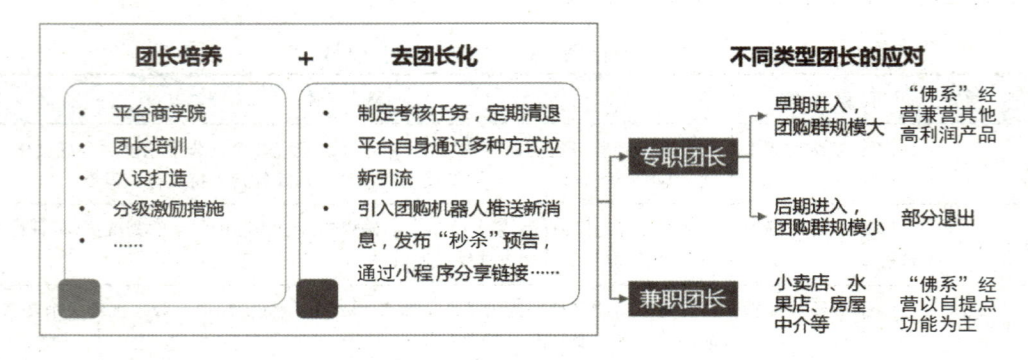

图 5-22   社区团购团长管理未来发展趋势

（三）市场竞争激烈

由于进入门槛较低，且市场潜力巨大，社区团购市场备受关注。目前，各大互联网巨头纷纷入场，利用主站的巨大流量扶持旗下社区团购平台，市场竞争非常激烈。

以多多买菜为例，多多买菜主要的入口为拼多多 App 上 "多多买菜" 频道及微信小程序，主站用户画像中来自二线及以下城市、40 岁以上的女性占比较高，且优势品类农产品与社区团购主打产品相近，主站与社区团购用户流量重合度高。此外，多多买菜与主站共同采用低价选品策略，锁定核心用户流量，巩固用户留存。在此基础上，主站给予多多买菜频道高度流量倾斜，具体措施如下：

① 首页精准推荐，对于曾经打开过多多买菜的用户，其资源位处于首页中央靠左，流量高于"百亿补贴"的流量；

② 搜索页引导，多多买菜产品居于搜索结果前列；

③ 首页弹窗推荐、积分、佣金等方式鼓励分享，促使会员分销，在社交裂变中实现低成本获客。多多买菜流量位如图 5-23 所示。

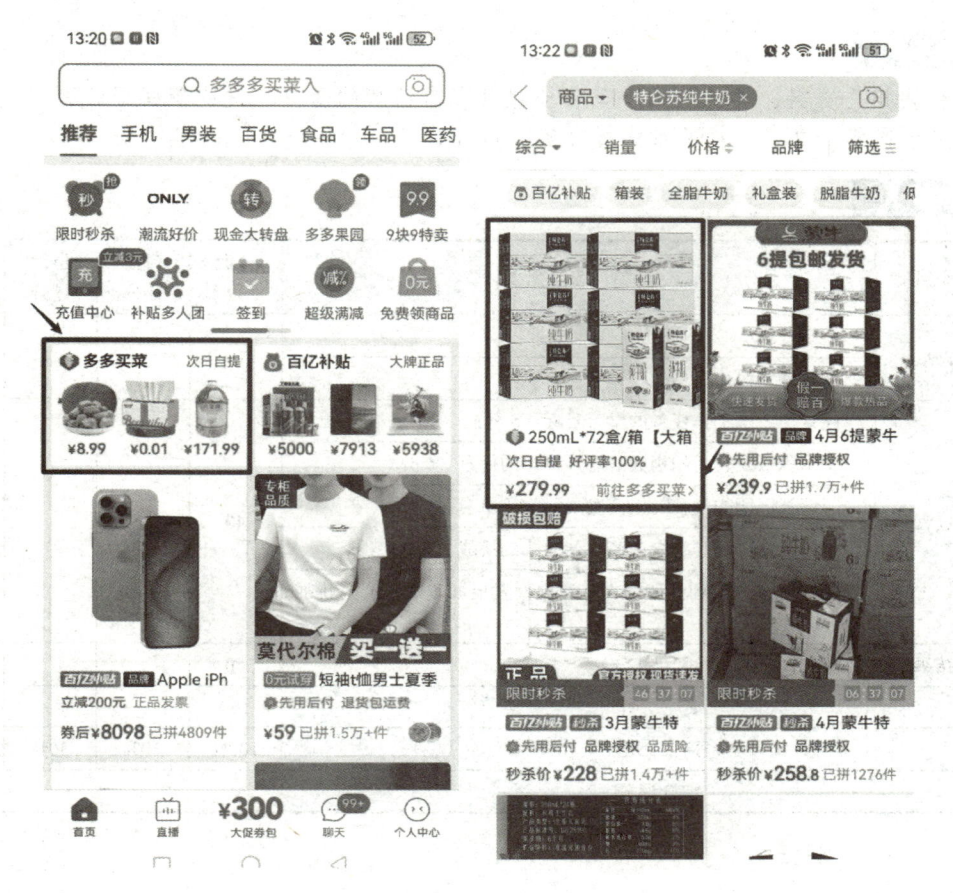

图 5-23　多多买菜流量位

除了主站巨大的流量扶持，社区团购头部平台还可以获得主站的资金支持。为了抢占市场，主站对社区团购平台实行大规模的补贴，导致了激烈的价格战。

目前，社区团购头部平台竞争格局胶着。监管趋严导致价格补贴战收缩，叠加基建履约不成熟等原因，各平台割据的局面可能会拉长。

① 美团优选：注重全面长期发展，对各环节的规范化要求高，前期借助业务拓展优势开团，在下沉市场（村镇）拓团点的节奏明显快于其他平台。

② 多多买菜：在流量端和供应链（农产品/经销商/小众品牌）有优势，组织韧性强，单量始终紧跟美团优选，且单体经济模型更佳。

③ 兴盛优选：由芙蓉兴盛电商部发展而来，深耕湖南市场，湖南区域单量遥遥领先，区域供应链和仓配履约优势明显。

④ 盒马集市（淘菜菜）：由集团内部多个业务部门合并而成，更着重于集团内协同，差异化定位于较高品质的产品。

任务小结

社区团购面临的主要机会包括拓展产品品类、经营自有品牌和优化供应链环节。社区团购面临的主要挑战包括监管力度加大、团长问题突出和市场竞争激烈。

■ 社交电商

任务实训

请查阅相关资料，详述国内外零售业经营自有品牌的历史，说明哪些经验可以被国内社区团购平台借鉴，并以文档的形式提交实训报告。

任务评价

评价类目	评价内容及标准	分值（分）	自己评分	小组评分	教师评分
学习态度	全勤（5分）	10			
	遵守课堂纪律（5分）				
学习过程	能说出本次工作任务的学习目标（5分）	40			
	上课积极发言，积极回答老师提出的问题（5分）				
	了解社区团购类社交电商发展面临的机会（5分）				
	了解社区团购类社交电商发展面临的挑战（5分）				
	能够独立分析社区团购类社交电商发展面临的机会与挑战（20分）				
学习结果	"任务实训"考评（50分）	50			
合　　计		100			
所占比例		100%	30%	30%	40%
综合评分					

参考资料

[1] 蒋隽怡. 社交电子商务商业模式研究 [D]. 上海：上海交通大学，2013.

[2] 京东，尼尔森. 2017 社交电商行业白皮书 [R]. 2017.

[3] 茹莉. 微商商业模式解析及其规范化发展 [J]. 河南社会科学，2018，26（10）：117-120.

[4] QuestMobile 研究院. QuestMobile 社交电商洞察 [R]. 2018.

[5] 艾瑞咨询. 2019 中国社交电商行业研究报告 [R]. 2019.

[6] 中国互联网协会. 2019 中国社交电商行业发展报告 [R]. 2019.

[7] 果集数据. 2021 年上半年社交电商行业分析报告 [R]. 2021.

[8] 德邦证券. 电商行业：复盘拼多多崛起之路——兼论社交电商崛起的逻辑 [R]. 2021.

[9] 新经销. 2020—2021 年 Top 20 社区团购平台研究报告 [R]. 2021.

[10] 网经社. 2021 年度中国社区团购市场数据报告 [R]. 2022.

[11] 浙商证券. "出海＋社区拼团＋品牌化＋支付"，迎增长和盈利拐点——电商系列深度报告 [R]. 2022.

欢迎广大院校师生 **免费** 注册应用

www.hxspoc.cn

华信SPOC在线学习平台
专注教学

- 数百门精品课
- 数万种教学资源
- 教学课件 师生实时同步
- 多种在线工具 轻松翻转课堂
- 电脑端和手机端（微信）使用
- 测试、讨论、投票、弹幕…… 互动手段多样
- 一键引用，快捷开课 自主上传，个性建课
- 教学数据全记录 专业分析，便捷导出

登录 www.hxspoc.cn 检索 华信SPOC 使用教程 获取更多

华信SPOC宣传片

教学服务QQ群：1042940196
教学服务电话：010-88254578/010-88254481
教学服务邮箱：hxspoc@phei.com.cn

电子工业出版社　华信教育研究所